TOMOHIRO MACHIYAMA

町山智浩

100 MOVIES THAT UNDERSTAND
AMERICA AT THE MOMENT

# 今のアメリカがわかる
# 映画100本

CYZO

# はじめに

PROLOGUE

本書は2007年から約10年間にわたって「月刊サイゾー」に連載してきたコラム「映画でわかるアメリカがわかる」から100本を集めたものです。

「映画でわかるアメリカがわかる」というタイトルは、「アメリカ映画を観るとアメリカのことがよくわかる」という意味ですが、同時に「アメリカのことを知らないと、アメリカ映画はよくわからない」とも言えると思います。

私はアメリカに住んでもう20年近くになります。中年になってから渡米したこともあって英語能力は本当に恥ずかしいレベルですが、それでも、アメリカに住むことでしかわからないアメリカ映画のディテールがだいぶわかるようになりました。

たとえば『ズートピア』（2016年）。さまざまな動物たちが共存する都市ズートピアを舞台にしたディズニー・アニメ映画で、日本でも大ヒットしました。その中に、こんな場面があります。キツネのキャラクターが、羊のキャラクターの頭のてっぺんのもふもふした毛を見ているうちにどうしても触りたくなって、手を伸ばすが、ヒロインのウサギに「ダメ！」と止められます。ここでアメリカの映画館では大爆笑になりましたが、日本ではどうだったのでしょう。

このシーンは、アフリカ系の人にとっての「あるある」です。アフリカ系以外の人種の人々は、彼らのチリチリした髪をやたらに触りたがるのです。特に子どもは「ねえ、さわらせて」と手をのばしてくるので本当にうんざりするそうです。

多民族社会にはストレスや摩擦があり、マナーがあります。相手の身体的特徴を口に出してはいけない。人種や民族で個人を決めつけてはいけない……。アメリカに住む者なら小学生でも『ズートピア』はアメリカについての物語だとわかるでしょう。

しかし、日本に暮らす人々にとっては、動物たちのおとぎ話にしか思えないのはしかたのないことです。

同じようなことは最近人気のスーパーヒーロー物にも言えます。『キャプテン・アメリカ／ウィンター・ソルジャー』（2014年）は、架空の対テロ機関シールドが潜在的テロリストへの先制攻撃システムを計画する物語です。首都ワシントンにあるシールドの本部ビルの、ポトマック川を挟んだ対岸に、上から見るとアルファベットのC型をしたビルが見えます。このビルは劇中何度か映りますが、アメリカ人なら誰でも知っているビル、ウォーターゲイト・コンプレックスです。

1972年の大統領選挙中、このビルにあった民主党の選対事務所に盗聴器を仕掛けようとした者が逮捕されました。盗聴を命じたのは共和党のニクソン大統領であり、さらに事件をもみ消そうとしたことも発覚し、ニクソンは辞任に追い込まれました。このウォーターゲイト事件はアメリカ国民に政治に対する深い疑念を残しました。キャプテン・アメリカは愛国的なヒーローでしたが、当時、連載中のコミックスのなかで、大統領の陰謀に幻滅して星条旗のコスチュームを棄てて、国家なき男ノマドと名を変えて放浪することになりました。

ですから、ある程度の年齢のアメリカ人なら、『キャプテン・アメリカ／ウィンター・ソルジャー』でウォーターゲイトのビルを見れば「ああ、これは政府による国民監視の問題を描いているんだ」とわかるわけです。でも、日本に住んでいる観客には、ただのヒーローものにしか見えないでしょう。

本書はそんな風にアメリカ映画に映されたアメリカの現実を解説していきます。アメリカ映画はいつだって鏡のように、その時のアメリカを映してきました。この10年間もそうでした。

2007年は『告発のとき』や『チャーリー・ウィルソンズ・ウォー』『君のためなら千回でも』など泥沼化したイラク・アフガン戦争を反映した作品が多く、2008年からしばらくは『インサイド・ジョブ』や『マイレージ、マイライフ』『マージン・コール』『カンパニー・メン』など金融崩壊を扱った映画が多くなります。2012年以降、全米各地で警察官による黒人殺害事件が頻発しますが、映画のほうも、『ディア・ホワイト・ピープル』や『大統領の執事の涙』『フルートベール駅で』『グローリー　明日への行進』など、黒人差別の歴史を見つめ直す作品が増えていきました。

さて、トランプ時代のアメリカ映画はいったいどうなるでしょうか？

# 目次

CONTENS

## 2009

## 2010

## 2011

## 2012

## 2013

## 2014

## 2015

## 2016

## 2017

2007.12

『告発のとき』

# イラク帰還兵はなぜ殺されたのか？

2003年7月、イラク占領に参加したアメリカ兵リチャード・デイヴィスが無事に祖国に帰ってきたが、2日後に行方不明になった。ミズーリの自宅で待つ両親の元にも帰らなかった。軍はリチャードをAWOL、つまり脱走兵扱いした。しかし、彼の父親は元MP（憲兵）で、「わしの息子が脱走するはずがない」と、独自に息子探しを始めた。

この事件を基にした映画『告発のとき』が、アメリカで公開された。『ミリオンダラー・ベイビー』『クラッシュ』『父親たちの星条旗』でアカデミー賞の常連となった脚本家兼映画監督ポール・ハギスの新作で、父親役はトミー・リー・ジョーンズだ。

父は息子リチャードがイラクから帰ってきたジョージア州フォート・ベニングの基地を訪ね、彼の荷物が全部兵舎に残されているのを見て、脱走ではないと確信する。「私物を一切持っていかない脱走なんてありえない。それに息子は、任期を満了してミズーリの家に帰るはずだった。脱走する必要がない」

リチャードは、兵士になるべくして生まれてきた。父はMPとしてフィリピンに駐在中に、軍医だった同国人女性と結婚し、2人の間にリチャードが生まれた。高校卒業と同時に自分から陸軍に入り、現在は2期目だった。

ただ、息子はイラクから一度だけ父親に電話してきた。「父さん、ここから出たいよ」そう言って息子はすすり泣いていた。彼は、めったに泣くような男ではなかった。

イラクからアメリカに帰った次の日の夜、リチャードは4人の戦友と一緒にストリップ

**『告発のとき』**
製作・監督・脚本＝ポール・ハギス／出演＝トミー・リー・ジョーンズ、シャーリーズ・セロン、スーザン・サランドンほか

バーに行った。彼はひどく酔っ払い、ダンサーに絡んで暴れたので店を叩き出された。ほかの4人はリチャードと別れて基地に帰った。そしてリチャードは消えた。

『告発のとき』は実話を元にしてはいるが、フィクションなので、地元の美人刑事（シャーリーズ・セロン）が捜索に参加し、リチャードの行方を突き止める展開になっている。実際は、リチャードの失踪から4カ月後、隊内で「彼は基地の近くの森に埋まっている」という噂が広まって、軍が探したところ、死体を発見した。

死体は火をつけて焼かれ、ほとんど白骨化していた。骨には、33カ所に及ぶナイフの傷が残っていた。

やがて、リチャードと最後に外出した4人の兵士が逮捕された。ストリップバーで暴れたリチャードと4人が口論しているうちに、マルティネスという兵士がナイフでいきなりリチャードのわき腹を刺したという。致命傷ではなかったが、逮捕を恐れた4人はリチャードを殺すことにした。バーガインという兵士は証言する。

「マルティネスはリチャードに馬乗りになって、何度も刺していた。腎臓、肝臓、心臓、頭……。リチャードは『家族に会いたい』と叫んでいた。そのうちに『僕は死ぬ』と2回うめいて静かになった。マルティネスは、さらに刺し続けていた」

マルティネスは妻子のある優等生的な兵士だったから、軍は驚いた。彼は何も反論しなかった。裁判ではマルティネスともうひとりが無期懲役、バーガインは殺人に協力したとして、懲役20年の判決を受けた。

しかし、最大の謎が残されている。なぜリチャードは戦場で生死を共にした友人に惨殺され、誰もそれを止めなかったのか？　警察も映画『告発のとき』も、その謎に答えていない。

「奴らはイラクで民間人をレイプし、残虐行為をした。それを知っているリチャードを、始末しようとしたんだ」

父はそう主張して、軍に調査を求めた。軍が調べると、リチャードの部隊が、負傷した捕虜の傷に指を突っ込んで虐待したという証言が出た。ところが、それをしたのはリチャード自身だったという。軍はリチャード殺しとイラクでの戦闘に関連はないと結論した。

「しょうがなかったのさ」

殺人現場にいた兵士のひとりで、ただ見ていただけなので執行猶予5年で済んだウッドコフは、CBSテレビの取材に応えてそう言った。30回以上も刺したのに？

「僕らは戦場から帰ったばかりだった」と、ウッドコフは言う。「なんでも暴力で解決する場所からね。それが戦争だろ？」

マルティネスは戦場での習慣で、思わずリチャードを殺してしまったというのか？

「そうかもね」と、彼は答える。「あの晩、僕はナイフを置いて出かけた。もし持っていたら、反射的に誰かを刺してしまう気がしたから。まだイラクにいる感覚が抜けてなかったんだ」

有罪になったマルティネスとバーガインは、戦場での体験によるPTSD（心的外傷後ストレス障害）が殺人の原因だとして減刑を求めている。

「ニューイングランド医療ジャーナル」が発表した陸軍の調査によると、06年までにイラクとアフガニスタンに従軍した兵士の10～15%がPTSDと診断されている。これは、兵士の数に換算すると1万3000人から2万人に及ぶのだ。

# 2008.01

## 『アメリカン・ギャングスター』

# マフィアを出し抜いた黒人麻薬王

刑事リッチー・ロバーツ「私の捜査によると、フランク・ルーカスはマフィア以上の存在です」

地方検事「どのファミリーだ？」

刑事ロバーツ「奴はイタリア系じゃありません。黒人です」

検事「マフィアが100年かかってもできなかったことを、黒人にやれるはずがない！」

リドリー・スコット監督の新作『アメリカン・ギャングスター』は、1970年代のニューヨークでマフィア以上の勢力を誇った麻薬王フランク・ルーカスについての映画だ。タイトルが示すように、デンゼル・ワシントン演じるルーカスは闇のアメリカン・ドリームの具現者として描かれている。

ルーカスは、当時続いていたベトナム戦争でアメリカ兵たちがインドシナで産出する麻薬に溺れているというテレビニュースを観て、単身現地に飛んだ。タイとビルマとラオスの国境にまたがる「黄金の三角地帯」で、山岳民族が大量のケシを栽培している。当時、ケシから採った阿片はヘロインに加工され、フランスを通過してNYのマフィアに届いていた。有名な「フレンチ・コネクション」だ。中間業者のせいで末端価格は原価の何十倍にも膨れ上がる。ところがルーカスは現地で直接交渉して、ヘロインを「生産者価格」で仕入れた。

問題は、そのヘロインをどうやってアメリカに運ぶか。ルーカスは米兵を買収して、ベトナムで戦死して故郷に空輸される兵士の棺桶につけた二重底にヘロインを隠させた。輸送機がアメリカの基地に着くと、待機したルーカスの仲間がヘロインだけを抜き取る。つまり国税を使ってヘロインを密輸したのだ！　キッシンジャー国務長官を乗せた特別機に、ヘロインを隠して運んだことすらあった。

この信じられないほど大胆な手口で輸入したヘロインを、ルーカスはほとんど純度100パーセントのまま、「ブルー・マジック」と名づけてハーレムの路上で売った。安くて高品質のブルー・マジックは、マフィアがブドウ糖などを混ぜて10倍に薄めたヘロインを市場から蹴散らした。ルーカスの売り上げは、1日100万ドルに達した。

「ジャンキーどもが背中を丸めて自分のチンポをくわえるほど、上質のヤクだった」。ルーカスは2000年の「ニューヨーク・マガジン」のインタビューに答えて笑う。その記事を映画化したのが、『アメリカン・ギャングスター』だ。映画はルーカスの絶頂期に焦点を絞っているが、映像化されなかった部分も実に映画的だ。

ルーカスは1930年、南部サウス・キャロライナの貧しい農家に生まれた。人種差別のひどい土地で、6歳のルーカスは、近所の黒人少年が「白人の娘を猥褻な目で見た」という理由でKKKに殺されるのを目撃した。13歳になったルーカスは家を出て、アメリカ各地を放浪してNYの黒人地区ハーレムにたどり着いた。そして「ハーレムのゴッドファーザー」と呼ばれる伝説的な黒人ボス、バンピー・ジョンソンの下で働き始めた。バンピーは68年に62歳で死ぬまで、マフィアからハーレムの仕切りを任されていた。

「でも、俺は白人どもの下で働くもんか」。そう誓ったルーカスは、ヘロイン戦争でマフィアに圧勝した。資産は当時の金で5000万ドルを超えた。家族を田舎から呼び寄せてニュージャージーに買った豪邸に住まわせ、自分はパーク・アヴェニューのリージェンシ

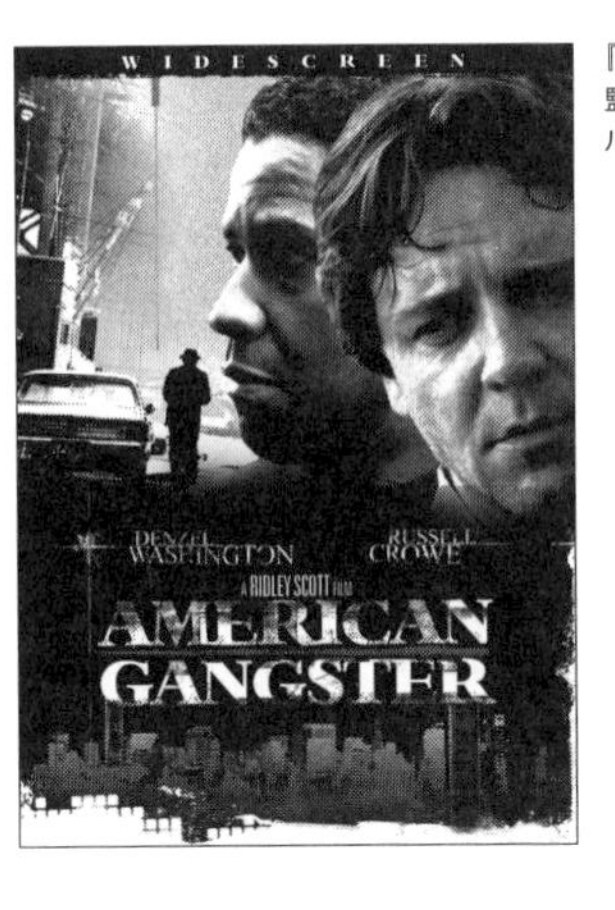


『アメリカン・ギャングスター』
監督＝リドリー・スコット／出演＝デンゼル・ワシントン、ラッセル・クロウほか

ー・ホテルのスイートに暮らし、ロールスロイス、ベンツ、コルヴェットを乗り回し、ラスヴェガスでサミー・デイヴィスJr.と遊び、モハメド・アリの試合観戦に5万ドルもするチンチラのコートを着て現れた。

これほど派手に振る舞っても捕まらなかったのは、NY市警の麻薬捜査班SIUが賄賂を受け取っていたからだ。その腐敗ぶりは映画『プリンス・オブ・ザ・シティ』（81年）に詳しく描かれている。

しかし、隣のニュージャージー市の刑事リッチー・ロバーツ（ラッセル・クロウ）は決して買収に応じず、執念の捜査の末に75年、ついにルーカスを逮捕した。ルーカスは30年の刑を受けたが、なんと彼を逮捕したロバーツ刑事自身が弁護士に転職してルーカスの側に立った。映画には出てこないが、ロバーツはルーカスの麻薬で息子を失った母親を彼に会わせた。

「ルーカスは両手で顔を覆った。指の間から後悔の涙があふれた」ロバーツはそう回顧している。罪滅ぼしのため、ルーカスは警察に協力した。SIUの汚職警官たちの情報を提供したのだ。ルーカスの刑は半分に減免された。

釈放後もルーカスとロバーツの奇妙な友情は続き、2人は仲良く『アメリカン・ギャングスター』のアドバイザーを務めている。77歳のルーカスは自分の最大の武器は、「人に好かれることだ」と言っている。ルーカスを起訴した検事スターリング・ジョンソンも取材に答えて、「人は、あいつのようなPisser（大胆なことをやってのける男）を好きにならずにいられない」と言っている。「それが問題なんだよ」と。

## 『チャーリー・ウィルソンズ・ウォー』

# ソ連を崩壊させたエロ議員と有閑マダム

**2008.02**

トム・ハンクスが自分の主演作として、ノンフィクション『チャーリー・ウィルソンズ・ウォー』の映画化権を買った時、世間は驚いた。チャーリー・ウィルソンは民主党の元下院議員で、トム・ハンクスも民主党の大物サポーター、2人とも黒人や中絶の権利を支持し、銃の規制に賛成するリベラルだが、それ以外はまるで似ていないからだ。

チャーリーはとにかく女好きで、1980年代、グッドタイム（ごきげん）・チャーリーと呼ばれ、連夜プレイメイトをはべらせてパーティでバカ騒ぎを繰り返していた。秘書は「チャーリーズ・エンジェル」と呼ばれる巨乳美女ばかりで、「デカパイの秘書は、タイプが打てる秘書より探すのが難しいよ」と自慢した。

ウィルソンは、セックスだけでなく、酒とコカインにも溺れていた。そんなただれた政治家を、なぜ『フォレスト・ガンプ』の善人俳優が演じるのか？

この遊び人こそ、ソ連を倒した「英雄」だったからだ。

『チャーリー・ウィルソンズ・ウォー』の原作は、CBSテレビのプロデューサー、ジョージ・クライルが2003年に書いた本で、ソ連と闘うアフガニスタンのイスラム教ゲリラ、ムジャヒディーンをウィルソンが支援した極秘作戦を20年後に暴露した。

チャーリーにアフガン支援を勧めたのは、彼が寝た何百もの女のひとり、ジョアンヌ・ヘリングという億万長者の未亡人だった。映画ではジュリア・ロバーツ扮するヘリングがウィルソンとベッドで一戦交えた後、鏡の前で化粧を直しながらソ連打倒をけしかける。

**『チャーリー・ウィルソンズ・ウォー』**
監督＝マイク・ニコルズ／出演＝トム・ハンクス、ジュリア・ロバーツ、フィリップ・シーモア・ホフマンほか

ヘリングはウィルソンと同じくテキサス出身で、「世界を股にかけるスカーレット・オハラ」と呼ばれていた。生涯に3回も大富豪と結婚し、昼の奥様向けテレビ番組の司会を15年間も務め、政財界の大物に人脈を広げた。2番目の夫だった石油輸入業者と共に中東、アジア、アフリカを飛び回り、各国高官と親交を深めた。

政財界に隠然たる力を誇るヘリングは保守的なキリスト教原理主義者で、共産主義を憎んでいた。79年、中央アジアにイスラム革命が広がるのを懸念したソ連がアフガンに侵攻すると、義憤に駆られたヘリングは親しいパキスタン大統領の助けでアフガンに命がけの潜入を果たし、ソ連軍と戦うムジャヒディーンを撮影した。そのフィルムを当時のレーガン政権に見せてゲリラ支援を求めたが、今でこそ冷戦に勝利したといわれているレーガン政権はソ連と対決したくないと二の足を踏んだ。

そこで民主党のウィルソンがヘリングのために奔走し、予算審議を仕切ってアフガン支援の「極秘」予算を通した。ウィルソンは、酒や女を愉しみながら共産主義と戦うジェームズ・ボンドに自分を重ねていた。

作戦を実行したCIAの担当官は、ガスト・エイヴラコトス（フィリップ・シーモア・ホフマン）というギリシャ移民二世で、一流大卒のWASP（編註：White Anglo-Saxon Protestantの略。アメリカの白人エリート層）ばかりのCIAでは異端だった。手柄を焦った彼は母国ギリシャに反共政権を樹立しようと軍事クーデターを裏から操ったが、軍事政権はすぐに崩壊、CIA駐在員は命からがら国外に逃げ出した。この失敗で冷や飯を食わされたエイヴラコトスは、アフガン作戦に再起を賭けた。

極秘作戦なので、アメリカの兵器を直接アフガンに送るわけにはいかな

い。そこでイスラエルが捕獲したソ連製のAK47ライフルやAK47の中国製コピーを、パキスタン経由でアフガンに密輸した。弾薬をエジプトから買うため、ウィルソンはテキサスのベリーダンサーを雇ってエジプト国防相を接待した。ベリーダンスは中東の発祥だがイスラム教では禁じられているので、国防相は鼻の下を伸ばして喜んだ。

しかしソ連は強かった。なかでも大型武装ヘリ、ハインドは、凄まじい火力で山岳地帯に隠れたゲリラを掃討した。ついにアメリカは最新型の地対空誘導ミサイル、スティンガーをゲリラに与えることを決断した。1人で持ち運べて発射できるスティンガーは、巨大なハインドを一発で撃墜した。これで戦局は一変した。ソ連軍は1万5000人の戦死者を出してアフガンから撤退した。さらに、それをきっかけに91年、ソ連崩壊が始まった。

エロ議員と有閑マダムとCIAの問題児が、世界の半分を支配した帝国を倒したのだ。

これで終われぱハリウッド風ハッピーエンドだが、マイク・ニコルズ監督は『チャーリー・ウィルソンズ・ウォー』を感動実話ではなく、ブラック・コメディとして演出している。失笑するしかないオチがついているからだ。ソ連撤退後のアフガンでムジャヒディーンたちはアメリカから与えられた武器で覇権争いを始め、最終的に政権をつかんだタリバンは9・11テロで3000人のアメリカ人を殺した。

「アメリカがソ連撤退後のアフガンを放置したせいだ」。今年73歳（08年現在。10年2月に死去）のウィルソンは悔やむ。苦い教訓を得た彼は、展望なきイラク戦争に激しく反対している。

2008.03

## 『君のためなら千回でも』

# 凧に託されたアフガン難民の願い

映画『君のためなら千回でも』は、サンフランシスコの街並みを対岸に臨む、バークレーの湾岸公園から始まる。筆者の家の近所だ。そこは凧揚げの名所で、週末には日本や中国、タイやインドネシアなど世界各国からの移民たちがそれぞれの伝統的な凧を揚げている。

アフガニスタンの凧もある。ここベイエリアには、リトル・カブールと呼ばれるアフガン・タウンがある。アフガンからは、1979年のソ連軍侵攻から現在まで十数万人がアメリカに逃れ、ベイエリアだけで6万人が暮らしている。『君のためなら～』の原作者カーレド・ホッセイニも、その1人だ。

「幼い頃、カブールでペルシャ語吹き替えのスティーヴ・マックイーンの映画を観ていた時は、自分がアメリカに住むなんて夢にも思わなかった。ましてや自分の小説が、ハリウッドで映画化されるなんて」

現在、42歳のホッセイニは80年、15歳の時に政治難民としてアメリカに亡命した。父はソ連に潰されたアフガン王国の外交官だった。アメリカで医者になったホッセイニが2003年に発表した自伝的小説『君のためなら～（カイト・ランナー改題）』は、全世界で800万部を売る大ベストセラーになった。

ホッセイニの分身である主人公アミールは裕福な家の息子で、召し使いの息子ハッサンと兄弟のように仲良く育ち、首都カブールの空に凧を飛ばして遊ぶ。アミールに何を頼まれても、ハッサンはニッコリ笑って言う。「君のためなら千回でも」と。

「アフガンと聞くと人々がイメージするのは、戦争とテロとイスラム原理主義だ。でも、僕が子どもの頃は世界中からヒッピーが訪れる平和な国だった。それを描きたかったんだ」

しかし12歳の時、ハッサンが不良たちにレイプされる。現場を目撃したアミールは、彼を助けずに逃げ出した。

その背景にはアフガニスタンの民族問題がある。ホッセイニを投影した主人公アミールはパシュトゥーンというペルシャ系、つまり白人で、アフガニスタンの支配民族である。召使のアリはハザラというモンゴル系で、人口の1%しかいない少数民族。タリバン政権はハザラに人権を認めず、虐殺すらしていたのだ。

アフガンが戦乱に巻き込まれると、アミールは父と国を脱出する。アメリカで平穏で豊かな生活をつかんだ後も、幼なじみを圧制と貧困の故国に置き去りにしてきた罪の意識はアミールを苛み続ける。そんなある日、彼は1本の電話で、罪を償う方法を知らされる。タリバンに誘拐されたハッサンの息子を救出するために、アフガンに帰れと。

「レイプ・シーンは不必要だと批判された。でも、ハッサンは僕がアフガンに残してきた無辜の民の象徴で、彼らがソ連軍やタリバンに30年近くも踏みにじられてきた悲劇を表現するには、屈辱的なレイプでなければ」

アミールが二十数年ぶりに命を賭して母国に帰る場面を、ホッセイニは想像で描写するしかなかった。01年9月11日、同時多発テロが起こったからだ。

「朝起きてテレビを観たら、ビルが崩壊し、その黒幕がアフガニスタンだと言っていた。僕はすでに帰化してアメリカ人になっていたが、突然、故国が敵国になってしまったんだ。でも結局、アフガンからの移民はそれほどひどい迫害を受けなかった。それも僕がアメリカ人を信じる理由のひとつだね」

**『君のためなら千回でも』**
監督=マーク・フォースター 原作／カーレド・ホッセイニ／出演=ハリド・アブダラ、ホマユーン・エルシャディ、ショーン・トーブほか

アミールはタリバンに見つかって、死ぬほど殴打される。

「でも、心のどこかで彼は罰せられたいと願っていた」ホッセイニは言う。

「あれは、故郷の人々を捨ててアメリカで豊かに自由に暮らす僕の罪悪感を込めたシーンだから」

小説を書き上げた後、ホッセイニはアメリカ軍によってタリバンから解放されたカブールに帰った。

「見る影もなく荒れ果ててた。街も人の心も。タリバンは軒先に花を飾ることも、子どもが凧で遊ぶことも禁じた」

『君のためなら〜』を映画化したのは、ハリウッドのドリームワークス。70年頃のカブールは、中国の新疆ウイグル自治区カシュガルのロケで再現された。

「CGで街の向こうにそびえる山々を加えたら、思い出の故郷が蘇ったよ」

キャスティングは、全世界からイスラム系俳優を集めた。成長したアミールを演じるハリド・アブダラは、エジプト人。父親役は、キアロスタミ監督の『桜桃の味』で知られるイランの名優ホマユーン・エルシャディ。

「監督のマーク・フォースターはスイス人で、音楽はスペインのアルベルト・イグレシアスだ。この映画には20カ国の人々がかかわっている。現場はまったく小さな国連みたいだったよ」

少年時代のアミールとハッサンは、本当のアフガン人の子役たちが演じた。しかし、子役の親たちは「殺される」と怯え始めた。アフガンのイスラム原理主義者は、滅んだわけではない。タリバンは、今も政権奪回を目指して戦闘を続けている。イスラムでは、同性愛は重罪で時には死刑で、レイプは被害者も同罪。レイプを描くアメリカ映画に出演した子どもたちは危険だ。

「ドリームワークスは公開を延期して、その間に子役とその家族を密かにアラブ首長国連邦に脱出させてくれた。残念なことに、アフガンはまだ本当に平和ではないんだ」

現在、ホッセイニは国連の親善大使としてアフガン復興活動に従事している。CGではなく、本当に自由で平和な母国を蘇らせるために。

2008.04

# 『JUNO／ジュノ』10代の妊娠コメディは何が間違っていたのか？

2008年のアカデミー賞授賞式で、最優秀オリジナル脚本賞を受け取ったディアブロ・コディ（29歳）は、原始人の毛皮みたいな豹柄のガウンをひらめかせてステージに上がった。真っ黒なボブにGOTHメイク、オスカーを握った腕には手足をロープで縛られたビキニの美女のタトゥーが。セレブの祭典に間違って紛れ込んだ、場末のストリッパーにしか見えないが、実際、彼女はつい3年ほど前までミネソタのストリップ・バーで踊っていたのだ。

コディはストリッパーの日常をブログに書き、それが出版エージェントの目に留まり、彼の勧めで書いたシナリオ処女作『JUNO／ジュノ』で、いきなりアカデミー賞に輝いた。またひとつのアメリカン・ドリームの誕生だ。

ジュノは、ミネソタに住む16歳の女子高生。幼なじみの少年ポーリー（童貞）に、つい処女を捧げたら一発で妊娠。しかしポーリーは、「あいつに精子なんてあったの？」と言われるほどのヘナチョコで、全然頼りにならない。

「伝統的にやりましょう。モーゼみたいに赤ん坊をバスケットに入れて、いい親に拾ってもらうのよ」

ジュノは養子を探している、金持ち夫婦を訪ねる。

「そんなに赤ん坊が欲しいなら、中国に行けばタダのiPodみたいにバラまいてるわ。射撃の的にしてるくらい」

パンクロックの歌詞みたいなキツいジョークを、マシンガンのようにまき散らすジュノ。「私は自分の精神年齢を超えた事態に直面してるの」と他人事のように言いながら、泣きも騒ぎもせず、巨大なおなかに集まる周囲の視線を「何よ、文句ある？」という表情ではね返して高校の廊下を歩いていく。

アメリカでは、年間100万人もの10代少女が妊娠する。その率は先進国中最高だ。「映画があまり描こうとしない重大な問題と、『ジュノ』は勇敢にも戯れてみせた。明るく楽しく」とNYタイムズほかのメディアは絶賛した。『ジュノ』は製作費750万ドルの20倍近くを稼ぎ出すヒットになったが、観客動員に一役買ったのはパンクやストリップと最も縁遠い人々だった。

キリスト教右翼である。

「ジュノが中絶を選択しなかったことをたたえたい」と、中絶反対派やキリスト教団体が『ジュノ』を推薦した。

ピューリタンの国アメリカでは、中絶はずっと違法だった。72年にやっと合法化されると、怒ったキリスト教保守派は、再び禁じるため政治に介入した。今も中絶は、大統領選挙で得票を左右するホットボタンだ。それはコディも十分承知で、ジュノに「私は神から命を預かった聖なる器よ。あんたのおなかに入ってるのは、さっき食べたタコスだけど」なんてセリフを言わせて、キリスト教徒をからかっている。

「だが、これは虚偽に満ちた映画です」

避妊と中絶の権利を守る団体「国際家族計画連盟」の前会長グロリア・フェルトは抗議している。問題とされるのは、ジュノが最初、中絶医を訪れる場面だ。入り口で、中絶反対のピケを張っている少女が言う。「妊娠第一期の胎児の指には、もう爪があるのよ」。ジュノは子宮の内側から引っかかれる気がして、怖くなってしまう。だが、これはウソ。爪ができるのはもっと後だ。さらに医院の中は暗く薄汚れ、受付の女性はそれこそストリッパー崩れのような服装でガムをかみながら「この同意書にサインしな」と冷たく言う。ジュノは嫌な気分になって中絶をあきらめる。

「本当の中絶医院は、患者の不安を軽減するため、最大限の努力をしています」と、フェルトは抗議する。『ジュノ』で描かれるのは、合法化前のヤミ堕胎医のイメージ、いわば中絶反対派が広めているイメージなのだ。

「中絶医の多くは、反対派の妨害や脅迫に耐えながら働いている。金のためではなく、不幸な女性を助けるために」

10代の母は、皮肉にもキリスト教が強い州、保守的な州ほど多い。そこでは絶対禁欲主義による性教育が行われている。婚前交渉を完全に禁止し、避妊も教えない。だが、そういう地域はたいてい貧しい田舎でセックス以外にやることもないため、禁欲はすぐに破られる。避妊法を知らないので妊娠する。宗教的に中絶できないので母親になる。高校を中退し、生活保護で暮らす。これが次の世代でも繰り返される。

この悪循環を断ち切るために戦う前出のフェルトは、「私もジュノでした」と訴える。彼女は16歳で出産し、子育てしながら苦労して大学を出た。コディには、出産や子育ての経験はない。

「経験した本人から言わせてもらうと、ジュノはまったく非現実的です」

ジュノは妊娠に少しも動じず、淡々と出産、赤ん坊を養子に出し、何事もなかったかのようにポーリーと恋人同士に戻る。何ひ

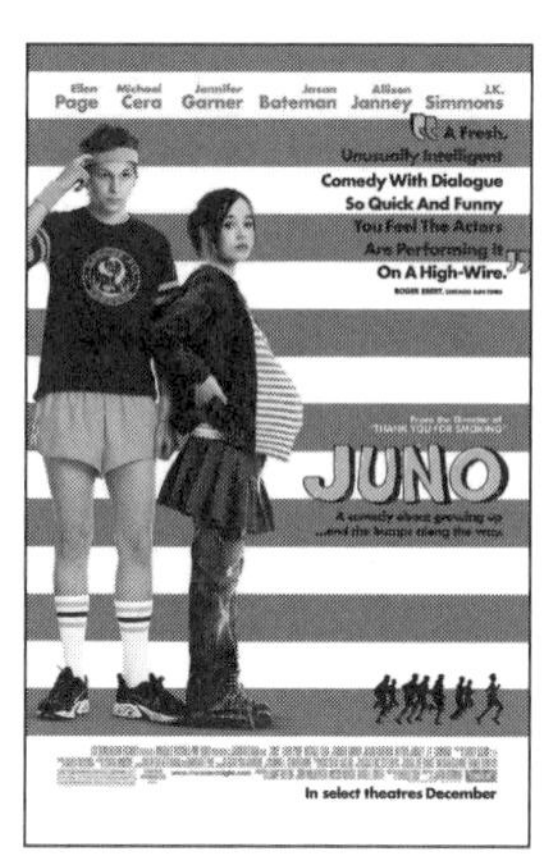


『JUNO／ジュノ』
監督＝ジェイソン・ライトマン／脚本＝ディアブロ・コディ／出演＝エレン・ペイジ、マイケル・セラ、ジェニファー・ガーナーほか

とつジュノの力になろうとせずに、オドオド逃げていた男と。

オイラも『ジュノ』は褒められすぎだと思うよ。だってジュノって「私はモーガン・フリーマン。骨を集めてるんだ」ってジョークを言うんだけど、『ボーン・コレクター』の主役はフリーマンじゃなくて、デンゼル・ワシントンだよ！

# 2008.05

## 『バーチ通り51番地』『クレイジー・ラブ』

# 自分を盲目にした男のプロポーズを受けた美女

ドキュメンタリー映画の題材は、社会問題や歴史、犯罪、有名人の伝記などが多いが、男女の愛についてのドキュメンタリーは珍しい。劇映画は愛を好んで描く。ロマンスとして、夢として、娯楽として。しかし、愛についてのノンフィクションは、今回紹介する2本の映画のように、時に愛というものの恐ろしさを暴いてしまう。

映画『バーチ通り51番地（51 Birch Street）』のタイトルは、監督のダグ・ブロックが生まれ育ったニューヨーク州ロングアイランドの家の住所から来ている。ブロックは「映画監督」ではなく、雇われて結婚式をビデオに撮るのが仕事だった。『バーチ通り51番地』は、ブロックの生家で両親が金婚式を祝うのを記録したホームビデオで始まる。その時点では、彼は映画を作るつもりはなかった。ビデオ屋であるブロックは、メモ代わりにカメラを回す癖があった。それがこのドキュメンタリーになったのだ。

ブロックの父はサラリーマンで、母は専業主婦。3人の子どもに大学を卒業させて、2人は80歳すぎまで一緒に暮らした。彼らは、ブロックが撮った何百ものカップルの中でも、最も幸福な夫婦だったはずだ。

金婚式の2年後、母は肺炎で亡くなった。すると父は50年以上連れ添った妻の喪に服すでもなく、フロリダに飛んで再婚した。相手は40年前に会社の同僚だった女性キティ。彼女も夫と死に別れていた。2人は40年間、誰にも知られずに逢瀬を重ねていたのだ。

父はなんの未練も見せずに、バーチ通りの家を売り払った。母の部屋から、段ボール箱

3箱分もの日記が発見された。そこには、妻の気持ちを気にかけない冷たい夫への幻滅、愛してくれる人を求める孤独、良妻賢母の仮面をかぶり続ける苦痛が切々と痛々しく吐露されていた。母と父の50年の結婚生活には、愛はなかった。ブロックは何も知らなかった。ところが、父の再婚相手キティも同じことを言う。「私の夫は、私の心を知ろうとしなかった。でも、あなたのお父さんはわかってくれたの」。そんなふうに彼女を愛せる父が、どうして母を愛せなかったのか？

もう1本の映画『クレイジー・ラブ』も、ブロックの両親と同じ世代の夫婦を主役にしている。

1958年、32歳の弁護士バート・プガッチは、理想の女性に出会った。彼女はリンダ・リス。ナタリー・ウッドとエリザベス・テイラーに少し似た、肉感的な21歳だった。プガッチはリンダに夢中になり、連日豪華な食事を振る舞い、ドレスやアクセサリーを買い、キャディラックでドライブした。しかし、彼は妻子持ちだった。それを知ったリンダは、彼が離婚するまで体を許さないと言った。するとプガッチはリンダを婦人科に連れて行き、処女鑑定をした。そう、彼はどうかしていた。

プガッチはリンダに離婚届を見せたが、それはニセモノだった。幻滅したリンダは彼の元を去り、別の男性と婚約した。怒り狂ったプガッチはリンダに言った。「君がたとえ自分のものにならなくても、ほかの男のものにはさせない」

59年6月、もうすぐジューン・ブライドになるリンダの部屋を誰かが訪ねた。ドアを開けたリンダの目から白煙が吹き上がり、肉の焦げる匂いがたちこめた。プガッチに雇われたチンピラが、苛性ソーダをかけたのだ。顔にひどい火傷を負い、両目を失明したリンダは婚約を解消された。プガッチは逮捕され、14年の刑を食らった。

**『クレイジー・ラブ』**
監督＝ダン・クローズ

**『バーチ通り51番地（51 Birch Street）』**
監督＝ダグ・ブロック

74年、36歳になったリンダは盲目のため仕事も得られず、暗闇の中で孤独に貧しく、希望のない日々を送っていた。ある朝、テレビのワイドショーを「聴いて」いると、自分の名前が呼ばれた。刑期を終えたプガッチが出演していたのだ。

「リンダ、今も愛している。結婚してくれ」

自分がレイプした女性に結婚を申し込むようなものだ。世間はあきれた。ところがリンダは、プガッチのプロポーズを受けた。

それから23年後の97年、70歳になったプガッチは、またしても世間を騒がせた。彼が5年間、愛人として抱えていた27歳下の女性が別れると言いだしたので、彼女を性的に虐待し、「殺すぞ」と脅迫した。この裁判では証人としてリンダが法廷に呼ばれた。彼女は「素晴らしい夫です」と弁護したが、彼は執行猶予付きの有罪になった。

いったいリンダは何を考えているのか？『クレイジー・ラブ』は、今も仲睦まじく暮らす2人の生活を映すだけだ。

リンダは孤独で貧しいまま老後を迎える恐怖に耐えられず、自分の人生を破壊した男に頼っただけではないか。しかし、プガッチは彼女をついに自分のものにできて本当に幸福そうだ。彼にはリンダの気持ちなんか見えていない。まさに愛は盲目。リンダはボストン・グローブ紙になぜプガッチと結婚したのかと聞かれて、「これは私の復讐です」と答えた。これも愛、あれも愛、たぶん愛、きっと愛……。

2008.06

## 『ハロルド&クマー／グアンタナモからの脱出』

# ハリウッドが認めたアジア系ヒーローって？

『ラスベガスをぶっつぶせ』という映画が、アジア系アメリカ人たちから激しく批判されている。

これは、1990年代にマサチューセッツ工科大学の学生たちが、確率論によるブラックジャック必勝法の実践として全米各地のカジノに挑戦し、合計5億円も荒稼ぎした実話を基にしている。

問題なのは、学生チームはリーダーのジェフ・マー（中国系）をはじめ大部分がアジア系だったのに、映画の主役はジム・スタージェスというイギリスの新人俳優になっている点だ。

アジア系アメリカ人は、ハリウッド映画において最も主流化が遅れている。黒人は、イケメンかラッパーかコメディアンならOK。ヒスパニックも、アントニオ・バンデラスみたいにセクシーならウェルカム。でもアジア系は無理だ。

ジャッキー・チェンやジェット・リーはスターになったが、彼らも格闘アクションの檻の外に出られない。たいていのアジア系俳優がもらえる役は、医者、証券マン、クラスのガリ勉、パソコンオタク、もしくはコンビニの店長くらい。勤勉だがクソマジメでつまらなくてダサくてセクシーじゃない。それがアジア系のステレオタイプなのだ。これが美女だと、回ってくるのは悪女か娼婦役ばかり。いずれにしても脇役ばかり。

だから、『ラスベガスをぶっつぶせ』の主役を白人にしたことに、俳優に限らずアジア系は皆怒った。ガリ勉だオタクだとバカにされてきたアジア系が得意の数学でヒーローになったのに、その役を白人が横取りするなんて！　ジェフ・マーのブログには、「白人の

**『ハロルド＆クマー／グアンタナモからの脱出』**
監督・脚本=ジョン・ハーウィッツ、ヘイデン・シュロスバーグ／出演=ジョン・チョー、カル・ペンほか

ケツを舐めた裏切り者」というコメントが殺到した。マーは「キャスティングをしたのは映画会社だ。僕は口を出せなかった」と言い訳している。ちなみに映画会社は、日本資本のソニーだ。

一方、今、アジア系から絶賛されている映画が、『ハロルド＆クマー／グアンタナモからの脱出』だ。

これはアジア系の若者コンビ「ハロルド＆クマー」シリーズの第2弾。ハロルド（ジョン・チョー）は証券会社に勤める大マジメな韓国系で、クマー（カル・ペン）は父の後を継いで医者になるはずが反発して落ちこぼれたマリファナ狂いのインド系。性格が正反対の2人組が繰り広げる、ハッパ、チンコ、差別、ウンコネタ満載の大馬鹿コメディだ。

シナリオを書いたJ・ハーウィッツとH・シュロスバーグは、ユダヤ系のコンビ。アジア系を主役にした理由について、こう語っている。

「僕らにはアジア系の友達が大勢いるけど、映画に出てくるような優等生ばかりじゃない。ポットヘッド（ハッパ狂い）や女ったらしもいる。つまり普通のアメリカ人さ」

1作目『ハロルド＆クマー／ホワイトキャッスルに行く』（04年）は、劇場公開では惨敗した。クンフー使いかニンジャ以外のアジア系が主役じゃ客は入らないというハリウッドの判断は、正しかったのか？　否。DVD化されると全米のポットヘッドの間でカルト映画になり、4年後に続編が作られたのだ。

今回の『グアンタナモからの脱出』で、2人はマリファナが合法のアムステルダムに行こうとして飛行機に乗るが、クマーは我慢できなくて機内でボング（マリファナの水パイプ）に火をつけてしまう。それがボム（爆弾）と

間違われて2人は逮捕。国土安全保障省の捜査官が2人を見て言う。

「アラブ人か。テロリストに違いない」

アラブ系とインド系の見分けがつかないのだ。

「もうひとりのほうは、どうして目が細くて吊り上がってるんだ？」

「コリア系だからですよ」

「コリアだって！　お前ら、北朝鮮とアルカイダだな！」

かくして2人は、アメリカ政府がテロ容疑者を拷問する、キューバのグアンタナモ収容所に送られてしまう！

テロリストとして追い詰められた2人は、なんと合衆国大統領ジョージ・W・ブッシュと対面する。ところがブッシュはいきなり「まあ、吸えや」とハッパを振る舞う！

極上のブッツで意気投合した3人は、身の上話を始める。「僕は父からインド系なら医者になれとプレッシャーかけられて、つらくて」。そう、優等生というアジア人のステレオタイプは、移民一世や二世が階級社会アメリカをよじ登るために、息子たちに叩き込んだスティグマだったのだ。それを聞いたブッシュは、「わかるよ！　わしも親父が大統領になれとうるさかったからな。向いてないのに……」と涙。こんなところで大統領とアジア系の若者たちが理解し合うとは！

『グアンタナモからの脱出』は、全米ナンバー2のヒットとなった。この映画でアメリカ人は、やっとアジア系に感情移入できたのだ。アメリカとは不良高校みたいなもの。いくら一生懸命勉強しても溶け込むことはできない。

一緒にスケベやバカをやって初めて、「お前もオレと同じ仲間だな！」と肩を組んでもらえるのだ。

## 『WALL・E／ウォーリー』
# ハリウッドは金融危機をどう生き延びるか？

2008.09

ピクサーの新作アニメ『WALL・E／ウォーリー』が、2008年のアカデミー作品賞候補と言われている。最優秀アニメではなくて「作品賞」だ。巨大産業による環境破壊、消費文明による人間の退化などリアルな問題を告発した傑作とはいえ、アニメが作品賞候補と噂されるのは異常な事態だ（アカデミー会員の6割は俳優だ）。しかし、しょうがない。賞に値する映画がほかにないのだから。

アメリカ映画はここ数年、アメコミやアニメ、テレビ番組、過去のヒット作や外国映画のリメイクばかりになり、オリジナリティとクオリティは史上最低レベルに落ち込んでいる。08年も半分以上過ぎているのに、価値のあるテーマを持つ品質の高い映画は『ウォーリー』だけだ。

こんな事態の原因は、サブプライムローンや石油価格高騰と同じところに根がある。

1990年代後半以降のハリウッド映画は、シティ・グループなどの銀行や、メリル・リンチやモルガン・スタンレーなどの投資銀行から資金を得ている。投資銀行は、主にヨーロッパで投資を募る。00年代のハリウッド大作の製作費の8割以上は、ドイツとイギリスから集められている。これは免税法があるためだ。イギリスやフランス、ドイツ政府はアメリカ製大作に押されて衰退した自国の映画を救うため、映画製作への投資を免税しているが、投資家たちはみんなハリウッド映画に投資したのだ（笑）。

たとえば『マッハGoGoGo』の実写版『スピード・レーサー』は、背景が全部CGなのに、撮影はドイツで行われている。ドイツ国内で撮影する映画への投資が免税されるからだ。イギリスでは自国民が主演する外国映画への投資も免税されるから、ハリウッド映画はジュード・ロウだのキーラ・ナイトレイだの、イギリス人俳優だらけになった。

これほど映画に投資が集まり始めたのは、１９９９年のＩＴバブル崩壊後である。欧米の株式市場が魅力的な投資先でなくなると、世界のマネーは中国やインドの株、サブプライムローン、石油先物、穀物、それに映画へと殺到し、買いつくし、バブルにして、弾けさせると、また次の獲物を探した。イナゴの大群のように。

投機イナゴたちはどんな映画を求めるか？　いい映画じゃない。儲かりそうな映画だ。「こんなに素晴らしい脚本を書いたんですが、投資してくれませんか？」と言ったところで、ファンド屋どもはシナリオなんか読めない。でも「あの大人気マンガの映画化です！」と言えば、10億円くらい一瞬で集まる。実際、00年代に最も多くの資金を集めた映画会社は「マーベル・スタジオ」、つまり『スパイダーマン』の出版元だ。マーベルは5年間でなんと６００億円もの資金を集めた。超大作が6本以上自己資金で作れる額だ。現在、大手の映画会社はマーベル製の映画を配給させて「いただいている」状態だ。

では、まともな映画はどうなる？　07年度にアカデミー賞を受賞した『ノーカントリー』などのアート系映画は、パラマウントのインディペンデント映画部門ヴァンテージの製作だが、同社が頼りにしていたモルガン・スタンレーによる１５０億円の投資ファンドは08年の初めに潰れた。芸術的な映画は、観客が先進国の教育程度の高い大人に限定される上に、映画祭などで賞を獲得しないと客が入らない。リスクばかり高くて、リターンが少ないのだ。でもマンガ映画なら、批評家に酷評されても、金さえかければたいてい当たる。

こうして、すべてのアメリカ映画が、金ばかりかけたバカ映画になった。ピクサーだけ

『WALL・E／ウォーリー』
監督・脚本＝アンドリュー・スタントン／声の出演＝ベン・バート、シガニー・ウィーバー、ジェフ・ガーリンほか

が、オリジナルでメッセージのある作品『ウォーリー』を作り得たのは、ピクサーの親会社ディズニーがハリウッドで唯一、投資銀行でなく自力で資金を調達しているからだ。ピクサーのトップであるスティーヴ・ジョブズとジョン・ラセターは、ディズニーの筆頭株主。彼らは投資家のためではなく、自分たちの作りたい映画を作れる。

08年、映画バブルはついにはじけた。

7月、ドイツ銀行がパラマウント映画への450億円のファンドを集められなかったと発表した。08年に入ってから、メリル・リンチやモルガン・スタンレーなどの大手向け映画ファンド・チームが次々に解体した。投資銀行各社がサブプライムローンで莫大な損害を出したからだ。ハリウッド映画は投資してから配当までに最低でも5年はかかる上に、配給会社が宣伝費だのプリント代だのあらゆる経費を計上してアコギに儲けを搾取するので、投資先としては決して優良じゃない。

こうして、金の卵を産むガチョウは死んだ。これからは自力で必死に金を調達して、金をかけずにアイデアを出さなければならない。いやあ、映画にとっていいことだね！

★サブプライム崩壊後、ハリウッド映画の市場は中国になった。興業収入はアメリカのそれと同規模になり、製作費も中国から投入され、いくつかのハリウッド映画会社は中国企業のものになった。映画の質は……？

2008.10

『I.O.U.S.A.』

# 史上最悪の借金地獄でアメリカ大ピンチ！

I・O・U・S・A・？　いおうさ？　じゃないよ！

I・O・U・は「I owe you（君に借りがある）」という意味で、IOUと書くと「借用書」のこと。ドキュメンタリー映画『I・O・U・S・A・』は、今のアメリカが抱えた莫大な負債についてのドキュメンタリーで、元GAOのデヴィッド・ウォーカーのレクチャーに基づいている。

GAO（ギャオ）といっても男声の女性歌手じゃなくて、連邦会計監査院のこと。政府の予算が適正に使われているかを監査する国家機関のことだ。その院長だったウォーカーは、「アメリカは4つの負債で破滅寸前だ」と警告する。

4つの負債の1発目は、「財政赤字」。

2001年に大統領になったブッシュは、いきなり富裕層と大企業に巨大な減税を行って税収を大幅に減らした。経済的な強者を優遇することで経済を活性化させる、という新自由主義に基づく政策だ。ところが、ブッシュはその一方でイラクに攻め込んで毎月120億ドルもの戦費を使い続けた。

「税収を減らしたら政府の支出を引き締めるものだろ？　収入を減らして支出を増やすなんて、分裂症だ」と、ウォーカーは呆れる。その結果、アメリカの財政赤字は史上最大の10兆ドルを超える勢いだ。

そして年金が破綻した。金に困ったブッシュ政権は、ソーシャル・セキュリティ（国民年金）の蓄えにも手をつけてしまった。もう老後の保障はない。

「政府の赤字を減らしてください！　このままでは、子どもたちが教育も福祉も受けられなくなります！」

ブッシュ政権の財務長官ポール・オニールは、何度も何度も警告を発した。しかし、チェイニー副大統領は「うるさい」と彼をクビにした。「レーガンは莫大な赤字を出したが、今でも史上最良の大統領だと思われているぞ」。しかし、ブッシュの作った赤字はレーガンの7倍以上なのだ！

4つの負債の2発目は「貿易赤字」。

レーガン政権の頃から、アメリカは産業型経済から金融型経済に移行した。つまり、モノを作らなくなった。コストのかかる工場を人件費の安い国に移したり、外国製品を輸入するようになった。身の回りを見てほしい。アメリカ製品などほとんどない。

でも、ドルが機軸通貨である限り、外国はモノを作って儲けた金でドルを買ってくれるから、アメリカは安泰。それに日本や中国は米国債を買って、金遣いの荒いお得意様アメリカを買い支えた。米国債の4割以上の債権者は外国になった。

ところが、サブプライム破綻でドルと株は下落した。このチャンスに外国は、アメリカの数少ない輸出産業を次々に買収、IBMのパソコン部門は中国に、バドワイザーはブラジルとベルギーの合弁企業に、バイオテクノロジーの大手ジェネンテックはスイスに。恐るべきことに、電力やガス、水道会社もイギリスに買収されていった。

『I.O.U.S.A.』
プロデューサー／クリスティーン・オマリ／ディレクター／パトリック・クリードン／出演=デヴィッド・ウォーカー、ウォーレン・バフェットほか

利益を上げる企業は外国所有になり、ビール代も水道代も外国に吸い取られ、税金も外国からの借金返済に回るだけ。それが金融という数字を回すだけで、実体としての産業がない国の末路だ。

3発目は「貯蓄不足」。

アメリカのGDP（国内総生産）は相変わらず世界一だけど、7割は個人消費。つまり使うだけ。

ブッシュ政権は消費や投資を刺激するために、低金利政策を続けた。人々は利息がつかない銀行に預けるよりも、低金利で金を借りて、収入以上の金を使った。株を買い、家を買い、外国製品を買いまくった（外国製品をね）。銀行やローン会社、クレジット会社も金を貸しまくった。年収400万円の若者に4000万円のローンを組ませた。このサブプライム・ローンは当然崩壊し、家も株も急落し、人々は資産を失い、ただ借金だけを抱えた。貯金してなかったし。

「国民は、要するに政府のやってることをマネしただけだ」と、ウォーカーは呆れ顔で言う。消費者の負債総額は3兆ドルを超え、支払い不能率は32％。サブプライムの次に来るのは、クレジット破綻だと恐れられている。

そして4発目は「指導者不足」。

アメリカは冷戦に勝ち、世界の覇者となった。クリントン政権は減税せずに支出を抑えて、任期満了時には5590億ドルもの黒字をため込んだ。世界一強くて豊かな国。それが、ブッシュ政権になってから8年で破産寸前だ。ブッシュが経済の暴走を放任し、支出を放置した結果だ。でも、『I・O・U・S・A・』はいわゆる反ブッシュ映画じゃない。出演者はウォーカーはじめ、共和党のロン・ポール議員や世界一の投資家ウォーレン・バフェットなど保守系の政治家や金融専門家ばかり。彼らが言いたいことは、ただひとつ。

「金もないのに使うな。金が欲しいなら、ちゃんと商品を売れ」

そんな、小学生でもわかることがわからない大国に金を貸しまくってる日本は、はっきり「You owe me（オレは債権者だぞ）」と、経済政策に口を出すべきだ。ただ言いなりになるだけじゃなくて。でなけりゃ共倒れだ。

★ブッシュ政権の市場放任で破綻した経済を救うため、オバマ政権は自動車産業に公的資金を投入したり、さまざまな景気刺激策で財政赤字を増やした。その埋め合わせのためオバマ大統領は富裕層への増税を必要としたが、議会を支配する共和党は増税を通さなかった。２０１７年に大統領に就任したドナルド・トランプは、１兆ドルのインフラ投資などでさらなる支出の増加と、さらなる減税を掲げ、財政赤字は無限に拡大しつつある。

2008.11

# 『ゴンゾ／ハンター・S・トンプソンの生涯と作品』

# アメリカを愛しすぎた伝説の〝愚か者〟

ハゲ頭にレイバンのサングラス、シガレットホルダーをくわえ、大量の酒とドラッグをキメ、執筆に行き詰まるとタイプライターをショットガンで吹き飛ばす。

ハンター・S・トンプソンは、1998年の映画『ラスベガスをやっつけろ』でジョニー・デップが頭の毛を剃って怪演したことで有名な、70年代に世間を騒がせたノンフィクション作家。

彼は自らを「ゴンゾ（イタリア語で「愚か者」という意味）」と呼んだ。ドキュメンタリー映画『ゴンゾ／ハンター・S・トンプソンの生涯と作品』は、セックス&ドラッグ&バイオレンスまみれのドン・キホーテの人生を描く。

ケンタッキーの田舎に生まれた不良少年トンプソンは、戦争に飛び込み、狩猟を愛した文豪ヘミングウェイに憧れてルポライターを目指した。暴走族ヘルズ・エンジェルズと一緒に生活した記録を出版し、「ニュー・ジャーナリズム」の風雲児として注目される。

67年、トンプソンが引っ越したベイエリアでカウンターカルチャーが爆発した。反戦運動、ブラック・パンサー、ヒッピー、サイケデリック、フリーセックス。フリーク（はみだし者）たちの革命。「これこそアメリカン・ドリームだ」とトンプソンは興奮した。

その夢は早くも68年に崩壊した。シカゴ民主党大会に取材に行ったトンプソンは、ベトナム戦争に反対するデモ隊が警官隊に袋叩きにされるのを目撃した。大統領選に立候補したロバート・ケネディが射殺された。トンプソンは「アメリカン・ドリームは死んだ」と

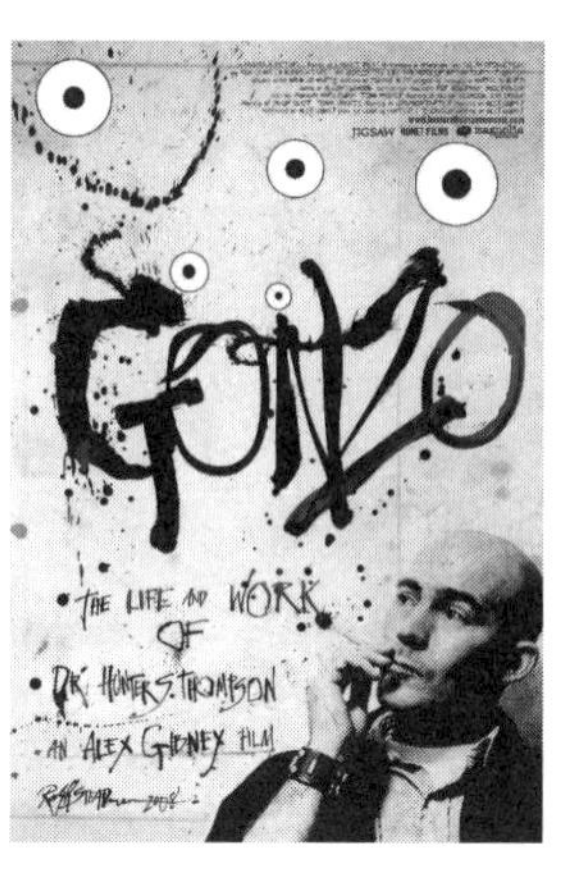


『ゴンゾ／ハンター・S・トンプソンの生涯と作品』
監督=アレックス・ギブニー

嘆き、ケネディの弔い合戦でもするかのように銃器を買い込み始めた。マグナム、ライフル、ショットガン……。

トンプソンは革命をあきらめなかった。コロラドの保養地アスペンで保安官選挙に立候補した。「フリーク・パワー」をスローガンに、アスペンをドラッグ解禁の地にすると宣言した。そんな保安官が選ばれるわけがなかった。トンプソンはドラッグと酒に溺れていった。

71年、「スポーツ・イラストレイテッド」誌から、ラスベガスで開かれるオートバイ・レースの取材を依頼された。写真につけるキャプション250ワードを書くだけの簡単な仕事だ。ところが、編集者が受け取ったのは10倍の量の未完成原稿だった。どこにもレースのことなど書いてない。書き手はなぜかキャディラックのオープンカーをレンタルし、トランクに「マリファナを2バッグ、75粒のメスカリン、LSDを2シート、卓上塩の小瓶半分のコカイン」などの薬と酒を山ほど詰め込んでラスベガス目指して砂漠を走りだす。行く先々で「アメリカン・ドリームはどこにある?」と尋ねながら。

「スポーツ・イラストレイテッド」に突き返された原稿を「ローリング・ストーン」誌が単行本として発売するとセンセーションを巻き起こした。それは、挫折したアメリカン・ドリームへの狂おしい挽歌だった。

72年の大統領選挙で、トンプソンはベトナム戦争即時停止を掲げた民主党のマクガヴァン候補を応援し、彼に同行して全米を回った。しかし、アメリカの民衆は戦争継続を主張するニクソンを大統領に選んだ。またしても失望したトンプソンはさらに薬に溺れ、これ以降は1冊もまともな本を完成できなくなる。

71年、モハメド・アリとジョージ・フォアマンのヘビー級ボクシング世界チャンピオン戦の取材をするため、トンプソンはアフリカのザイールに赴いた。先祖に白人がつけた奴隷の名前を捨て、ベトナム戦争への兵役を拒否した反逆児アリはトンプソンのヒーローだった。愛するアリがパンチ力で勝るフォアマンにKOされるのを見る勇気のないトンプソンは、試合に行かずにホテルでずっとラリっていた。おかげでアリの大逆転勝利を見そこない、記事も書けなかった。

トンプソンは何も書けなくなった。何台ものタイプライターが銃弾の餌食になった。妻と子どもは、薬と裸の女、銃弾が飛び交う環境に耐え切れずに出て行った。

2004年、トンプソンは久々に動きだした。イラク戦争を始めたブッシュを引きずり下ろすため、民主党のケリー候補の選挙キャンペーンに参加したのだ。

「ブッシュとニクソンの選挙なら、迷うことなくニクソンに投票するぜ」

そんなトンプソンの最後の希望は、またしても打ち砕かれた。

翌年、ブッシュが二期目に入った直後の2月20日、トンプソンはヘミングウェイと同じく銃で命を絶った。アメリカへの呪詛をまき散らしながら、実はトンプソンは誰よりも自由の国アメリカを信じ続けた。何度裏切られても。

8月20日、ジョニー・デップの寄付で、トンプソンの葬儀が行われた。ゴンゾのシンボルであるペヨーテを握った拳の形をした47メートルの塔が建てられ、そのてっぺんから大砲でトンプソンの遺灰が夜空に打ち上げられた。すべては彼の遺言通りだった。弔いの歌として流されたボブ・ディランの「ミスター・タンバリン・マン」も。

『ミルク』

# ゲイをカムアウトした世界で最初の政治家

2009.01

うちの娘と向かいに住むジョアンナちゃんは一緒にハロウィンでトリック・オア・トリートしたり、ローラースケートを練習したりする仲良しだ。ジョアンナちゃんのパパは、スティーヴさんとデヴィッドさん。2人は男同士の「夫婦」だ。

筆者の住むベイエリアには、世界中から同性愛の人々が集まってくる。サンフランシスコに世界一のゲイ・タウン、カストロ地区があるからだ。その「生みの親」といえるハーヴェイ・ミルクの生涯を描いた映画『ミルク』がアメリカで公開された。

ミルク（ショーン・ペン）は1972年、NYからサンフランシスコに引っ越して、カストロ通りにカメラ屋「カストロ・カメラ」を開いた。当時、カストロ地区は今のような場所ではなかった。ゲイ・バーはあったが、警官たちから執拗な嫌がらせを受け、店主や客が殴られたり、店を壊されたりしても泣き寝入りするしかなかった。

ミルクは立ち上がった。サンフランシスコの市政執行員（市政執行権を持つ市会議員）に立候補した。しかし、しょせんゲイは少数派。ミルクは3度立候補して3度とも落選。

ミルクは、あきらめずに自分の軍団を育てていった。道端で客を誘うウリセンボーイを拾って、選挙スタッフに雇った。選挙参謀には、革ジャンでバイクにまたがるレズビアンのタチ（男役）を抜擢した。カストロ・カメラは、ゲイやレズビアン運動のヘッドクォーターになった。

「ゲイへの差別に怒りながら、ほかの差別を見過ごすのは利己的だ」

そう考えるミルクは、それまでバラバラに戦っていた中国人や黒人などのマイノリティたちに共闘の輪を広げていった。

全米トラック運転手組合と手を組んだ時は、世間を驚かせた。当時、クアーズ・ビールは運送に組合員を雇わなかったので、組合は全米にクアーズの不買運動を呼びかけたが、ミルクはそれに応えて街中のゲイ・バーからクアーズ・ビールを排除させた。トラック運転手たちはゲイと見るとそれだけで殴りつけるマッチョの集まりだったが、これ以来、ミルクへの協力を惜しまなくなった。

ミルクが企画したゲイ・パレードは全米で報道され、ゲイであることを隠して苦しんできた人々が各地からカストロ地区に集まっていった。いつも仏頂面のショーン・ペンが、満面の笑顔で政治をカーニバルに変えた陽気な人気者を熱演する。

77年の市政選挙は各地区別の選挙になり、ミルクはついにカストロ地区代表に選出された。ゲイを公表した世界で初めての政治家になった彼は、当時のカーター大統領の妹と会見した。彼女は福音派キリスト教徒で、「同性愛は背信だ」と攻撃し続けていた。彼女と握手したミルクは、「この手でさっき何を触ったか、ご存じですか？」と言ってウィンクした。

78年、カリフォルニア州で、同性愛の学校教師を解雇する法案が提出された。世論調査での法案支持率は圧倒的。ミルクはマスコミに出て、徹底的に戦った。「異性愛者による性犯罪のほうが、同性愛者より多いですよ」「教師の同性愛が生徒に影響するなら、僕はどうしてゲイになったんですか？」

住民投票で法案は否決された。勝どきを上げる支持者たちに、ミルクは歴史に残る演説をした。

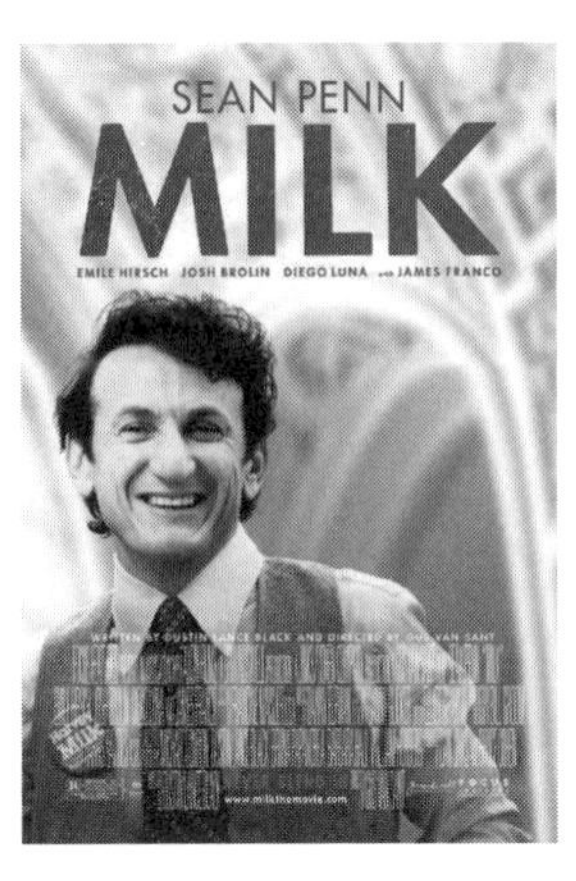


**『ミルク』**
監督=ガス・ヴァン・サント／出演=ショーン・ペン、ジョシュ・ブローリン、ジェームズ・フランコほか

「田舎町に1人の少年がいる。自分がゲイだと知り、将来への希望を失う。しかし、1人のゲイが政治家として活躍していることを知れば、彼は希望を持つことができる。ゲイに限らない。黒人だってアジア人だって障害者だって老人だって、希望なしには生きられない。だからカムアウトするんだ。人々に希望を与えるため」

しかし、その一方でミルクは「僕のように目立つ者は殺されるかもしれない」とも言っていた。「自分に自信が持てない人は、僕を憎むだろう」

それは彼の身近にいた。同じ市政執行員のダン・ホワイト（ジョシュ・ブローリン）だ。厳格なカソリックで、あらゆる点でミルクに対立する政敵だった。しかし、華々しく成果を上げるミルクの陰で何ひとつ成果を上げられずに精神的に追い詰められていく。

78年11月27日、ホワイトは市庁舎の市長室で自分を評価しなかった市長を射殺。すぐにミルクの部屋に行って彼に4発撃ち込んだ。そして、倒れたミルクの頭にさらに一発。

ところが、ホワイトに科せられた刑はたったの7年だった。陪審員は全員白人のストレートで、ゲイに圧倒された保守的な男に同情したのだ。その判決の夜、サンフランシスコ中のマイノリティが暴動を起こした。

それから30年。ベイエリアは世界のゲイの解放区となり、ミルクの生涯はハリウッド映画になった。だが、2009年11月4日の住民投票でカリフォルニア州民の過半数が同性婚禁止法案を支持した。ジョアンナちゃんのパパとパパの結婚も、正式には認められなかった。ミルクの戦いはまだ終わっていない。

★2013年、アメリカ連邦最高裁は、同性婚を禁じたカリフォルニア州法を違憲と判定した。これでアメリカは国として同性婚を認めた。

# 『007／慰めの報酬』
# 水道の民営化は007最凶の悪役

2009.02

ダニエル・クレイグがジェームズ・ボンドを演じる2作目『007／慰めの報酬』の悪役ドミニク・グリーンは、007シリーズ最弱の敵に見える。

グリーンに扮するマチュー・アマルリックは、デカいつり目がいかにもズルそうな阿部サダヲ顔。貧弱なグリーンとたくましいジェームズ・ボンドとの戦いはイジメを見るようだ。でも、グリーンはもしかすると数ある悪役の中でも最も凶悪かも。彼は南米ボリヴィアのクーデターを支援し、その見返りとしてボリヴィアの水の独占支配を狙っているのだ。

この話は、実際にボリヴィアであった「水戦争」を基にしている。1999年、発展途上国に経済援助をする世界銀行がボリヴィア政府に対して「6億円の債務を免除してやるから水道を民営化しろ」と要求した。莫大な負債にあえぐボリヴィア政府は、仕方なくアメリカの開発会社ベクテルに三大都市のひとつコチャバンバの水道を管理させた。

するとベクテルは、いきなり水道料金を2倍に値上げした。ボリヴィアの平均月収は一世帯1万円なのに、水道代は月3000円！　払えないとベクテルは容赦なく水道を止めた。貧しい人々が困って井戸を掘ると、ベクテルは水源が同じだと言って井戸からも使用料を徴収。仕方がなく泥水を飲んだ子どもたちが死んだ。

ついに市民は立ち上がり、警官隊と衝突。死者を出す大暴動の果てに、政府は水道を再び公共化した。追い出されたベクテル社は、ボリヴィアに対して25億円もの損害賠償を請求している。

『007／慰めの報酬』
監督=マーク・フォースター／出演=ダニエル・クレイグ、オルガ・キュリレンコ、マチュー・アマルリックほか

ほかの発展途上国も、世界銀行から水道の民営化を押し付けられている。世界の水道事業は、「水男爵」と呼ばれる一握りの企業に独占されている。フランスのスエズ、ヴェオリア、ドイツのRWE、アメリカのベクテル……。その役員たちが世界銀行の顧問になっている。どうしようもない癒着。

世界銀行の金でダムが作られ、水源が私有化され、下流の川の水は枯れ、井戸も枯れ、自然の水の循環システムは破壊され、渇いた人々は高い金で水を売りつけられる。たとえばレソト王国はアフリカでは珍しく水の豊かな土地だが、多国籍企業が群がって築いたダムに川をせきとめられ、地元民は水のない生活を強いられている。

水の私有化は発展途上国だけの問題じゃない。そもそもイギリスで始まったのだ。80年代、サッチャー政権は新自由主義経済による「小さな政府」を目指し、公共事業の民営化を推進した。イギリス各地の水道も民営化され、ロンドンでは水道局からテムズ・ウォーター社に管理が移った。テムズ社は水の漏出による損害を減らすために水圧を下げたので、ビルの3階以上には水が上がらなくなった。また、経費削減で、2つの汚水処理場を取り壊した。足りない処理場から汚水があふれ出し、2004年には60万トンの汚水が流出、テムズ川に流れ込んだ。その水を浄化して上水にしているのに！

テムズ社はドイツのRWE社の子会社で、利益追求のために徹底してコストを落とす。国民が生きるために必要な水を外国企業に任せるなら、いったいなんのための国家だろう。

同じく新自由主義を続けるアメリカでも、ジョージア州アトランタ市の水道が99年に民営化され、フランスのスエズ社の管理下に入った。スエズ社は、やはり水圧を下げた。水の出は悪くなり、水には赤い錆が混じった。人員削減のため、水道管が破裂しても修理が来るまで10日もかかった。結局4年目に、アトランタ市は水道を再び公共化するしかなかった。

それなのに、日本政府は水道の民営化に向かっている。先日、新潟東港臨海水道の民営化計画が発表された。また、フランスの水男爵ヴェオリアは、すでに日本の浄水事業に参入している。

「水道がダメならボトル水を飲めばいいじゃない」マリー・アントワネットが生きていたら、そう言うかもしれない。実際、世界で1年間に310億リットルも消費されているボトル水だが、実は百害あって一利もない商品だ。多くのボトル水が実際は水道水を蒸留しただけで、原価はタダ同然。また、本来無料の公共資源である地下水や川の水を勝手にくみ上げて値段をつけて売っているものもある。そのためにやはり井戸水が枯れ、川の水量が減るだけでなく、大量のペットボトルがムダに消費される。

水ビジネスは、現在、石油、電気に次いで3番目の巨大産業だが、1位になるのは確実といわれる。水の貴重さは年々増すばかりだからだ。途上国では農業の大規模化で水の使用量が増え、農薬で地下水が汚染される。工業化が水に与える影響は言うまでもない。

土地、石油、食糧を投機の対象にしてきた市場経済は、ついに水にその手を伸ばした。石油や電気がなくても生きていけるが、水なしでは無理だ。水の私有化を許せば、次は清浄な空気すら商品として独占される日がくるだろう。すべての命の源たる水で金儲けしようとする奴らは、007に退治されるべき悪党なのだ。

『フロスト×ニクソン』

# 米国民が待ち続けた大統領の謝罪の言葉

2009.03

2009年1月20日、オバマ新大統領の就任式。前大統領ジョージ・W・ブッシュを乗せたヘリコプターが飛び立つと、群衆は「ヘイヘイヘイ、グッバイ」と、野球でKOされてマウンドから降りるアウェイの投手を揶揄する歌で見送った。

34年前、同じように国民の憎悪を浴びながらヘリでホワイトハウスを去った大統領がいた。リチャード・ニクソンである。

1974年、ニクソン大統領がワシントンにあるウォーターゲート・ビルの民主党本部を盗聴しようとしたことが発覚した。さらに彼はFBIに圧力をかけて捜査を妨害し、補佐官に盗聴を命じた電話のテープを消去した。民主党は弾劾を要求したが、ニクソンは自ら職を辞し、最後まで謝罪しなかった。しかも後任のフォードから特赦を受けたので、法廷でニクソンを裁くチャンスも消えた。アメリカ国民はどうしても納得できず、モヤモヤした気持ちを抱え続けた。

それから3年後、ニクソンからついにアメリカ国民に対する詫びの言葉を勝ち取った男がいた。イギリス人テレビキャスター、デビッド・フロストである。彼と元大統領との丁々発止の戦いを描いた映画『フロスト×ニクソン』が、全米で公開された。

フロストはもともと政治にはそれほど興味のない、奥様番組の司会者だった。アメリカのテレビにキャスターとして売り込みをかけたが、「ただのタレントだろ？」と相手にされなかった。そこで、ニクソンのインタビューに一発逆転をかけたのだ。

CBSテレビもニクソンにインタビューを申し込んでいた。ニクソンは恩給を受け取れず金に困っていたので、インタビュー料を多く出すほうを選ぶと言った。結果、フロストは自分で莫大な借金をして、60万ドル（現在の数億円に相当）を提示してCBSに競り勝った。アメリカの視聴者が見たいものは、ただひとつ。ニクソンがウォーターゲート事件について懺悔し、謝罪する瞬間だ。その映像が撮れなければインタビューの映像はどこのテレビ局にも売れず、フロストは破産する。

ニクソンがインタビューを受けたのは、金のためだけではなかった。ここできっちり弁明して汚名をすすぎ、共和党の重鎮として政界に返り咲きたい。

インタビューは毎日2時間ずつ4日間で合計8時間撮影されるが、ニクソンはウォーターゲートに関する質問は2時間だけ、という条件をつけてきた。

最初の3日間、ニクソンはひとつの質問に対してダラダラと適当なことを話し続けて時間を稼ぎ、フロストに質問する隙を与えなかった。これで謝罪を引き出すことなどできるのか？

『フロスト×ニクソン』は舞台劇の映画化で、主役2人は舞台版も映画版も同じ。ニクソン役のフランク・ランジェラは本物よりもはるかにハンサムでダンディだが、だからこそ強敵としてドラマにサスペンスを与える。フロスト役のマイケル・シーンは、『クィーン』でブレア首相を演じた童顔の演技派。シナリオも『クィーン』のピーター・モーガン。

フロストがついにニクソンから謝罪を引き出し、この成功をきっかけにサーの称号を得るほどの大ジャーナリストへと出世したことは歴史的事実。結末は明白な上に、インタビューの内容は変えられない（DVDで発売されている）。この縛りの多い題材を、「静かなる決闘」へと盛り上げるため、モーガンはいくつかのフィクションを加えている。中でも、夜中に

**『フロスト×ニクソン』**
監督＝ロン・ハワード／脚本＝ピーター・モーガン／出演＝フランク・ランジェラ、マイケル・シーンほか

酔っ払ったニクソンが突然フロストに電話をかけるシーンは完全に捏造。劇映画で何を創作しても自由とはいえ、映画だけを見た人は事実だと信じてしまうだろうから、ちと問題だ。モーガンが『クィーン』でダイアナ妃の死に対するエリザベス女王の心境を勝手に想像しまくって2時間のドラマを作ったことに比べると罪は軽いが。

しかし、「元大統領を謝らせる！」だけの話が全米1000館以上で大公開されたのは驚き。やはりニクソン以下の支持率を記録したブッシュが、まだ謝っていないからだろう。

08年12月、ABCテレビのキャスター、チャーリー・ギブソンが任期終了間際のブッシュに単独インタビューした。ギブソンは当然フロストのニクソン・インタビューを知っているから、かなりストレートにブッシュから反省の言葉を引き出そうとした。たとえば「イラクに攻め込んで後悔していませんか？」と。でもブッシュは、「あれは情報が間違っていたせい」と責任転嫁するだけ。「大統領の8年間を総括すると？」という質問にもブッシュは「楽しかったよ」と答えて、ギブソンを呆れさせた。勝てない戦争を起こして何万人も死なせた上に、世界経済までダメにしておいて、「楽しかった」だって？

「歴史的にあなたは、どう評価されると思いますか？」と聞かれても、ブッシュは「気にしない。歴史になる頃には死んでるし」と実に無責任な答え。がっかりした「ローリングストーン」誌は、代わりにブッシュの一人称で謝罪記者会見を創作した。ニクソンのほうが反省しただけ、はるかに立派だったね。

2009.04

# 『グラン・トリノ』
# デトロイトとモン族とアメリカン・ドリーム

2008年の金融崩壊がきっかけで、自動車産業のビッグ3(フォード、GM、クライスラー)も経営危機に陥った。筆者は危機に揺れるデトロイトに取材に行った。かつて栄華を極めたモーター・シティは、巨大な廃墟と化していた。

「アメリカを支えた自動車産業を見捨てるな!」と訴える労働組合の集会に行き、「日本車を恨んでる?」と尋ねた。80年代、デトロイトの労働者たちは日本車を叩き壊すだけでは足りず、日本人だと勘違いして中国人青年を惨殺する事件まで起こしている。

「いいや。俺たちは昔ほどバカじゃない」組合の運動員は答えた。「『グラン・トリノ』も観たからな」

『グラン・トリノ』はクリント・イーストウッドがデトロイトでロケし、年老いたフォードの自動車組立工を自ら演じた映画だ。誰が観ても感動できる傑作だが、100パーセント理解するには、デトロイトの歴史とモン族について知る必要がある。

イーストウッド演じるウォルト・コワルスキーは、ポーランド移民の二世。20世紀初め、アメリカに渡ってきた新移民(ロシア、東欧、イタリア、アイルランドからの移民)たちは皆、母国語すら読めない貧農だった。同じ頃、デトロイトでヘンリー・フォードが流れ作業による自動車組み立てシステムを開発し、彼ら新移民と南部から流れてきた黒人を雇って、自動車の大量生産を始めた。

デトロイトで筆者が会ったロイター通信の記者ケヴィン・クロリッキーの祖父も、ポー

『グラン・トリノ』
監督・製作・主演／クリント・イーストウッド
／出演=ビー・バン、アーニー・ハーほか

ランド移民だ。

「爺さんも親父もフォードで働いた。親父は管理職になり、別荘さえ持った。そして僕と弟の2人を大学に行かせたんだ。アメリカン・ドリームだよ!」

それほど自動車産業は儲かっていた。60年代、アメリカ人の6人に1人が自動車関係の仕事に就き、世界最大の企業GMの会長は「我が社の利益はアメリカの利益だ」とまで言ってのけた。

この映画のタイトルになっているフォード・グラン・トリノは自動車産業の絶頂期、72年の車だ。主人公コワルスキーはフォードの工場でグラン・トリノにハンドルを取り付けていた。グラン・トリノは、シャーシのフレームにボディが乗った伝統的なアメ車。とにかくデカい。彼は今もその車を大切にし、ピカピカに磨き上げている。

ところが73年、石油ショックでガソリンの価格が跳ね上がると、鈍重でガソリンを食うアメ車の人気は急落し、燃費が良くて安くて高性能の日本車が売れ始めた。デトロイトはノンストップで崩壊していった。デトロイトの労働者の三代目は大学を出た後、地元の自動車産業に就かなかった。コワルスキーは嘆く。

「わしが50年間、フォードを作って育てた息子は今、トヨタのセールスマンをしてやがる」

コワルスキーの隣人たちは、職を求めてみんなデトロイトを去った。町は黒人のホームレスとギャングだらけになった。コワルスキーの隣の家にも有色人種が引っ越してきた。モン族の一家だ。

モン族はラオスに住む山岳民族だが、現在、およそ27万人がアメリカに住んでいる。「影のベトナム戦争」に参加したからだ。60年代、南ベトナムでは反政府ゲリラ、いわゆるベトコンが米軍を悩ませていた。ベトコンは北ベトナムから武器支援を受けていた。武器は隣国ラオス王国内の反政府軍パテト・ラオの勢力圏内を通る「ホー・チ・ミン・ルート」を経由していた。米軍はこれを断ち切りたかったが、ラオス国内での軍事活動は国際法で禁じられていた。そこで、ラオス領内のモン族を秘かにゲリラに訓練してパテト・ラオにぶつけたのだ。

アメリカは物資や金でモン族を懐柔した。もともと狩猟民であるモン族は優秀な戦士として勇猛に戦い、4000人近くが戦死した。ところが75年にアメリカはベトナムから敗退、モン族を置き去りにした。パテト・ラオはラオスの政権を握り、モン族を弾圧した。命からがらタイに脱出したモン族は、アメリカに「亡命」を求めた。

コワルスキーは、朝鮮戦争で戦った敵以外のアジア人を知らなかった。彼にとって黄色人種はみんなグーク（アジア野郎）でしかない。日本人と間違えて中国人を殺した自動車労働者と同じように。

そんなコワルスキーが、ひょんなことからモン族の少年を「一人前の男」に鍛え上げるハメになる。彼は嫌々ながら、「アメリカの男」の必修科目を教えていく。庭仕事、家や車の修理、乱暴な言葉、ナンパの仕方、そして正義。少年と心を繋いだコワルスキーは、戦争で殺したアジア人たちへの贖罪を果たす。それは、ダーティ・ハリーやガンマンとして悪人どもを処刑してきたイーストウッド自身の贖罪にも見える。

後にはグラン・トリノが遺された。デカく、強く、重いグラン・トリノはコワルスキーの、デトロイトの、アメリカの男の魂だ。それは少年に引き継がれた。この映画は古きアメリカへの切なくも美しい挽歌であり、同時に、多民族国家アメリカへの希望なのだ。

『マックスト・アウト～カード地獄USA～』

# カード社会アメリカの笑えない借金地獄ぶり

2009.05

ドキュメンタリー映画『マックスト・アウト（Maxed Out）』のタイトルは「限度額の上限まで借金した状態」という意味。サラ金用語でいえば、「天井張り付き」「借金で首が回らない」ってやつ。アメリカの借金地獄のルポだ。

アメリカはクレジットカード社会。マクドナルドでハンバーガー食べてもカードで支払う。カードの履歴（クレジット・ヒストリー）はその人間の信用度。この履歴が悪いとアパートを借りるのは難しいし、住宅ローンの利子は高くなる。

1997年、オイラがアメリカに来た当初は、カード履歴がゼロだから大手銀行はカードを発行してくれなかった。やっと取得できたのは、金利2割以上、限度額月たった5万円というアコギな会社のカードだけだった。これを2年くらい毎月ちまちま借りて返して少しずつ信用度を築いてから、やっと大手のカードの査定に合格した。

ところが、2000年頃から急に、誰でも簡単にカードを持てるようになった。学生でも、失業中でも、カード破産者でもだ。「悪い客」ほど儲かることにカード業界が気づいたからだ。「いい客」は少ししか借りないし、すぐに返すので、利子も最低限しか取れない。しかし、「悪い客」は返せる見込みなく借りて期限を過ぎても返せないから、延滞料や違約金を課し、利子も高くできる。同じ1000ドル（10万円）貸しても、「悪い客」からはその何倍もふんだくれる。

カード業界は「悪い客」に群がった。借金で首の回らない者に「ウチが借金をとりまとめましょう」と持ちかけ、永遠に金を返し続ける無間地獄に引きずり込む。破綻した客の債権を業者は競売にかけられ、それを買い集めたハイエナのような回収業者が執拗な催促で借り手を追い込んでいく。

要するに、闇金のヤクザがやっていたシノギを、大手の銀行や金融業界が横取りしたわけ。この時期に大手銀行ウェルス・ファーゴが全米最大の街金チェーンを傘下に収めたのは、実に象徴的だ。

これを可能にしたのは、カード業界から莫大な政治献金を受けたブッシュ政権と、上下院を多数支配する共和党だった。共和党は、大学内におけるカード勧誘を合法化しただけでなく、05年には「破産濫用禁止法」を可決。これで、定職のある中産階級は、いくら借金を抱えても自己破産できなくなった。仕事がある限り、永遠に搾り取られ続ける。

かくして人口3億人のアメリカでは15億枚ものカードが所有され、08年、国民のカード負債総額は95兆円に達した（日本国の一般会計予算は84兆円）。アメリカの世帯平均貯蓄額はマイナス90万円（日本は約1500万円）。カード業界は、06年までの5年間に4割以上増益した。この不況下で、09年中には全米のカード所有者の10人に1人がカード破産に陥ると予測されている。

「貸しまくり」はカードだけじゃない。この映画は05年、住宅バブルの絶頂で撮影されたが、ラスヴェガスの不動産業者が登場し「今は貯金がなくても、将来、家の価格が値上がりする分を担保に、銀行が住宅ローンを貸してくれるのよ」と微笑む。これはサブプライムだ。この直後、バブルははじけ、不動産価格は暴落した。サブプライム債権は証券化されて全世界の金融業者に売られ、金融メルトダウンを引き起こした。その破局を『マックスト・アウト』は見事に予言した。

『マックスト・アウト～カード地獄USA～』
監督・脚本＝ジェームズ・スカーロック

この映画は、アメリカ人が借金に麻痺した理由として、アメリカという国家自体が「マックスト・アウト」だからだと指摘する。80年のレーガン政権からアメリカは、際限なく国債を発行して借金を重ねてきた。そして、ブッシュ政権の大企業や金持ちへの無茶な大減税とイラク戦争による軍事支出で、財政赤字は史上最高の1100兆円（国民1人当たり360万円）を超えた。

現在、米国債の5割近くが外国の所有であり、国民の血税は福祉や教育には回らず、借金の返済に充てられる。アメリカは、いつ債務不履行宣言してもおかしくない。そうすれば米国債保有国のトップは中国で、2位は日本だから、アジアの経済は崩壊する。

★アメリカ人のカード負債の総額は2008年にピークに達したが、金融崩壊後、オバマ政権による規制で減少した。しかし、その後の高景気と共に再びカード負債は増え、2017年4月には2008年のレベルに達した。

2009.06

# 間欠ワイパーを発明した男とフォードとの30年間の戦い

## 『天才のひらめき Flash Of Genius』

筆者がガキの頃、自動車のワイパーは速いか遅いかしか調整できなかった。小雨の時は、すぐにブレードが乾いて引っかかってしまう。だから、運転しながら手でワイパーのスイッチを入れたり切ったりするしかなかった。そのために事故も多かった。

1回動くと数秒間を置いてから動く、間欠ワイパーを初めて見た時の驚きは今も覚えている。あれは1970年代後半だった。その間欠ワイパーを発明したのはロバート・カーンズという男だが、彼は30年間、なんの利益も得られなかった。彼の戦いを描いた映画『天才のひらめき Flash Of Genius』を観た。

カーンズはデトロイトに育ち、工学博士を目指したが、まだ博士課程で収入が少ないのにカトリックのため6人もの子どもを抱え、生活に追われていた。小雨の中、自動車を運転中にワイパーと格闘しながら思った。

「ワイパーも、まぶたみたいに動かないかな。数秒ごとに瞬きして眼球を潤すように……」

そうだ！　間欠ワイパーのひらめきを得たカーンズは、それから毎日、自宅の地下の洗濯場で試作品作りに取り組んだ。数秒に1回ずつパルスを発する発振回路を引き金にして、ワイパーを動かすことにした。

67年、カーンズは間欠ワイパーの特許を取得して、天下のフォードに売り込んだ。フォードは大喜びして、試作品を見せてほしいと求めた。カーンズは渋々フォードに試作品を

『天才のひらめき Flash Of Genius』
監督＝マーク・エイブラハム／出演＝グレッグ・キニア、ローレン・グラハム、アラン・アルダほか

提出した。ところが、いつまでたっても音沙汰がない。5カ月後、やっとフォードから連絡があったが、それは「あなたのワイパーは必要ない」というものだった。

事業家の夢破れたカーンズは政府の工業規格管理局に就職し、2年がたった。69年、フォードは新型ムスタングを発売した。そのセールスポイントは間欠ワイパーだった！

「私の発明を盗んだな！」カーンズが抗議しても、フォードは「この間欠ワイパーは、わが社が独自に開発したものだ」と言い張るだけ。カーンズは弁護士に相談するが、「世界的企業にたったひとりで逆らっても、勝てるはずがない」と、最初からやる気がない。そのうちにフォード以外の自動車まで、間欠ワイパーを備え始めた。

失意のカーンズは壊れた。大統領に選ばれた妄想に取り憑かれ、家を飛び出してアメリカを放浪、警察に保護され、精神病院に収容された時には髪の毛が真っ白になっていた。精神障害を理由に規格管理局は解雇された。

それでもカーンズは諦めなかった。78年、弁護士に頼まず自分でフォードを特許侵害で訴えた。裁判に取り憑かれた夫を見捨てて妻は家を出て行った。管理局の退職金だけが生活の糧だった。

しかし、成人した息子たちが訴訟事務を手伝ってくれた。子どもたちは父がワイパーを実験し、発明する過程を全部目撃しているのだ。

裁判は90年にやっと始まった。発明を盗まれてから20年以上経過している。ここにたどり着くまでに、たいていの原告は精神的にも金銭的にも疲弊して示談を受け入れてしまうのだが、カーンズは耐え抜いた。

裁判では、特許の要件である「非自明性」について争われた。「既存の発明である発振回路をワイパーに利用するなんて自明（誰でも思いつく）だ」

とフォードは主張した。それにカーンズは「天才のひらめき」で対抗した。

「天才のひらめき」とは連邦最高裁判事補ウィリアム・O・ダグラスの言葉だ。30年代、自動車のライターをめぐる訴訟があった。グッと押し込んで、熱くなるとポンっと飛び出すアレだ。ダグラスは「発明には〝天才のひらめき〟が必要だ。このライターにはそれがない」と、特許所有者の訴えを退けた。カーンズは「私は、まぶたの動きから間欠ワイパーを発明した。これは天才のひらめきだ」と訴えた。

判決の直前、世間の評判を気にしたフォードはカーンズに30億円の示談金を提示した。カーンズが勝訴しても受け取れる賠償金は約10億円にすぎないのに、彼は示談を拒否した。「発明家が欲しいのは金じゃない。自分が発明した事実が認められることだ」

92年、陪審はカーンズの主張を認めた。この勝訴の勢いでカーンズはクライスラーなど間欠ワイパーを使った各社を次々に訴え、すべての裁判で勝利した。最終的に彼が勝ち得た賠償金は、総計100億円といわれる。

日本では近年、知財高裁がスタートしたが、実際は特許庁が特許と認めた案件が裁判所で「発明とは認められない」と覆される事例がおよそ半分という。つまり、企業が個人や町工場の特許を侵害しても企業の罪にならない場合が多いのだ。たとえば携帯電話を振動させる装置の特許を持つ中小企業が大企業を訴えたが、知財高裁では「誰でも思いつく発想であり、特許に値しない」と判決されてしまった。

今、日本は知財立国を目指せとか言っているが、それは海外における大企業の権益を守れという意味であって、名も知れぬ天才たちのひらめきを守るためではないのだ。

## 『親愛なるザカリー Dear Zachary』

# 親友の遺児へのビデオが悲劇のドキュメンタリーに

**2009.07**

「親愛なるザカリーくんへ」『親愛なるザカリー』は、ザカリーという名の男の子の赤ちゃんの笑顔と、監督のカート・クインによる挨拶で始まる。

「君が生まれてきたとき、君のお父さんはもういなかった。だから、お父さんを知ってもらうために、このビデオを作った。大きくなったら見てほしいんだ」

『親愛なるザカリー』は、監督が親友の遺児のために作ったプライベート・ビデオだった。それがなぜ、ドキュメンタリー映画として一般に公開されることになったのか？

「ザカリーくん、僕は君のお父さんのアンドリューと小学校から高校までずっと一緒だったんだ。僕は子どもの頃からアマチュア映画を山ほど撮ったんだけど、全部、君のお父さんが必ず出演してるんだ」

古い8ミリのフィルムの中で笑うアンドリューは『スクール・オブ・ロック』のジャック・ブラックそっくり！　チビでデブだけど茶目っ気たっぷりの目、永遠のワンパク小僧。そしてザカリーは父に生き写しだ。

「お父さんがどれだけいい奴だったのか、君のお父さんをよく知る人たちに語ってもらうことにした」

カート監督はビデオ撮影の旅に出る。少年時代を過ごしたカリフォルニアの悪ガキ仲間、セントルイスに住む父方のいとこ、イギリスに住む母方のいとこ、医学を学んだカナダのニューファウンドランド島の学友たち、外科医として働いたペンシルヴェニアの病院の同僚たち。

『親愛なるザカリー』はここで突然、闇へと転げ落ちる。この病院近くの公園で、アンドリュー（当時28歳）は射殺死体で発見されたのだ。

警察はすぐに犯人を特定した。アンドリューのストーカーだったシャーリー・ターナーという女性だ。2人は同じ医大の学友だった。シャーリーは40歳のバツ2で、3人の子持ちだったが、アンドリューは同情もあってしばらく付き合ったらしい。

シャーリーは前の夫2人にも妊娠を楯に無理やり結婚を迫り、夫が逃げ出すと脅迫や自殺未遂を繰り返す女性だった。アンドリューも結局逃げ出すが、シャーリーは彼を追い回し、あげくに射殺した。警察に凶器の拳銃を発見されたシャーリーは「わたしが彼に貸したのよ。それで自殺したんでしょう」とシラを切った。アンドリューは顔面や尻を5発も撃たれていたのに！

シャーリーは故郷ニューファウンドランドで拘束された。驚いたことに彼女は妊娠していた。アンドリューの息子ザカリーだった。

そう、ザカリーの母は、父を殺した犯人なのだ。

アンドリューの両親は一人息子を失って絶望して自殺を考えていたが、孫が生まれると知って、仕事も家も何もかも捨ててカナダに移住した。ザカリーの親権を得るために。

シャーリーが刑に服せばザカリーの親権は自動的に祖父母のものになる。しかしカナダの司法はすぐに彼女をアメリカに引き渡さなかった。決定は1年以上引き延ばされ、その間にザカリーが生まれた。さらにシャーリーの弁護士と精神鑑定士は「再犯の可能性なし」という理由で一時保釈を要求し、馬鹿げたことに判事はそれを認めてしまったのだ！　保釈金は精神鑑定士が提供した。

**『親愛なるザカリー　Dear Zachary』**
監督=カート・クイン

かくして、アンドリューの祖父母は自分の息子を殺した女シャーリーと一緒にザカリーを育てる羽目になった。『親愛なるザカリー』には、3人がザカリーの1歳の誕生日を祝ったり、庭や公園やプールで遊ぶ映像が収録されている。知らない人が見たら幸せそうな家族だが、祖父ディヴの心は「あの女と手が触れ合うだけで腹わたが捻られる思いだった」と言う。ディヴたちはシャーリーから生活費がないと泣きつかれて、金まで与えた。自分たちは月4万円の安アパートに暮らしているのに。

そんな地獄もついに終わる。やっとカナダの裁判所はシャーリーの身柄をアメリカの司法に引き渡す決定に動き始めた。

しかし、彼女は逃げた。ザカリーを連れて。そして「再犯の可能性なし」のはずのシャーリーはまた殺人を犯した。すべては最悪の結果に終わった。

「性質が暴力的」と精神鑑定されたように、シャーリーは典型的な人格障害、いわゆるサイコパスだった。他人に共感できず、罪悪感や責任感がなく、慢性的な嘘つきで口がうまい。精神病ではない。あくまで「性格」だ。それを予防拘禁しろとは言わない。しかし、実際に殺人を犯してしまったなら、拘禁しなければ法治国家の意味がない。弁護士や精神科医は犯罪者の人権を守るためにほかの人の人権を侵害する可能性を作るべきではない。

それを訴えるために『親愛なるザカリー』は一般に公開された。最後の希望まで打ち砕かれたザカリーの祖父母だが、同じ立場の遺族たちと連帯し、カナダとアメリカにおける犯罪者の無闇な保釈を規制する法改正を求めて戦っている。

2009.08

『フード・インク』

# 100円バーガーを可能にする牛の大量生産工場

カウボーイはアメリカのアイコンだ。地平線の彼方まで広がる大平原でカウボーイに見守られながら草を食む牛たち。そんな風景が、ステーキやBBQやハンバーガーにかぶりつくアメリカ人の頭には浮かんでいるだろう。その幻想を木っ端微塵に打ち壊すのが『フード・インク』というドキュメンタリー映画だ。フード・インク（食品株式会社）というタイトルは、農業がすでに工業になってしまった現実を表している。

この50年間で、肉や野菜は大量に生産され大量に消費される工業製品になった。マクドナルドだけで世界に3万店舗、毎日4000万人以上の客に一個100円のハンバーガーを売っている。ファストフード産業の消費量と値段を可能にするには、牧場でのんびり牛を育てているんじゃ追いつかない。

『フード・インク』ではコロラド州の「牛工場」の実態を暴く。何万匹もの肉牛が狭い柵の中に押し込められている。足元には緑の草などない。代わりに大量のコーンが与えられる。品種改良によって澱粉質を増やした飼料用なので、牛は草の倍のスピードで育つ。

しかもコーンは安い。2008年に高騰したが、その前の生産者価格は25キロでたった300円だった。ところがコーン業者は増える一方。というのも連邦政府がコーン農家に莫大な助成金を払ってコーン生産を奨励しているからだ。しかも遺伝子組み換えによって虫もつかず、コーン生産は極端に簡単になった。現在、アメリカのコーン作付面積は日本の総面積を超えて増え続けている。

**『フード・インク』**
監督=ロバート・ケナー

こうして従来の何十倍もの規模で育てられた牛や豚を解体する屠畜場の数は逆に、かつて数百もあったのが現在はわずか13しか残っていない。1日に何百頭もの牛を処理する巨大な工場だけになったのだ。そこで働くのは、かつてのような熟練した職人たちではない。メキシコからの不法労働者ばかりだ。彼らは屠畜に関してズブの素人で、流れ作業のなかで一つの単純作業しかできない。肉から腸を切り離す。肉に付着した腸の内容物を洗浄する。そんな作業を朝から晩まで続けたら集中度が落ちる。そのため、アメリカでは年に何回も肉を媒介にしたコレラ感染事件が起こる。

『フード・インク』では隠しカメラを使ってアメリカの屠畜場内の撮影に成功した。驚くのはベルトコンベアのスピード。この速さに追いつくのは大変だ。何が起きても不思議じゃない。

屠畜場で働く不法移民は主にメキシコの寒村から来た。彼らはメキシコの主食であるコーンを作っていた農民だ。しかしアメリカ産コーンの量と安さに押されてメキシコのコーン農家は苦境にある。

負のサイクルをもうひとつ。ブッシュ政権はコーンから作るバイオ・エタノールを、高騰する石油の代替物にしようと提唱した。それがコーン価格の暴騰を引き起こし、世界的な食料と飼料不足へとつながった。ところが、今は誰もエタノールの話はしない。なぜなら、コーンは大量の石油肥料を消費するので、まるで石油の節約にならないとわかったからだ！

しかも日本よりも広いコーン畑にまかれた何十万トンもの石油肥料はやはり川を通ってメキシコ湾へと流れ込む。その栄養でプランクトンが異常繁殖し、海中の酸素を消費して赤潮を引き起こし、魚やエビを殺している。

『フード・インク』は、この異常事態の原因を、農業の寡占化、大企業による独占だと指弾する。現在、アメリカの牛や豚、鶏肉の生産はそれぞれ、わずか4つほどの巨大企業に独占されており、それぞれが行政に対する強大な影響力、圧力を持っている。食料と医薬品の安全を管理する政府組織FDA（食品医薬品局）の役員は食品会社や薬品会社の重役が兼任しており、管理能力はどん底に低下している。1972年にFDAは5万件を超える査察調査を行ったが、06年にはその2割以下の9000件しか行っていない。

それにしても100円のハンバーガーは安すぎる。この安さを実現するため、ファストフードと畜産周辺の人件費は限界まで安く抑えられる。給料を安くされた人々は自宅で料理するよりも安い100円バーガーばかり食べる。ここにも負のサイクルが作られる。

アメリカに比べると日本はまだマシだ。屠畜はまだ優秀な職人さんが丁寧に行っているし、アメリカ産牛肉の輸入規制も厳しい。でも、コーン暴騰の時は、飼料が買えずに多くの養鶏所が倒産した。メキシコ湾のエビにも頼っている。すべてはつながっている。100円バーガーしか食べられない貧困層も形成されつつあるし。

アメリカでは同時期に『エンド・オブ・ザ・ライン』というドキュメンタリー映画も公開された。そちらは過剰漁獲によって魚の絶滅危機を描いている。世界で一番多く魚（特にマグロ）を消費しているのは日本。その大半を取引しているのは三菱商事。アメリカのことは笑えないね。

★アメリカでは安いハンバーガーから客が離れ、牧草で育てた牛を使ったグルメ・バーガーに人気が集まっている。

『SWAP×SWAP 伝説のセックス・クラブ』

# 金も美貌もなくてもセックスしまくれた時代

**2009.09**

ニューヨークはセントラル・パークの西側、歴史科学博物館の近くに、ジ・アンソニアという古くて美しいビルがある。金持ちの高級アパートとしてアメリカ映画によく登場するビルだ。このビルの地下にかつて「プレイトーズ・リトリート」という店があった。店名は「プラトンの隠れ家」だが、プラトニック・ラブとは正反対に、フリー・セックスの乱交が行われていた場所である。

在りし日のプレイトーズ・リトリートを追うドキュメンタリー映画『SWAP×SWAP伝説のセックス・クラブ』が日本でも秋に公開される。

プレイトーズを作った男はラリー・レヴェンソン。ラリーは、家業のコーシャー（ユダヤ教の伝統的儀式に則って処理された肉）卸売りに従事する、3人の子を持つ父親だったが、当時流行していたスウィング（夫婦交換）ムーブメントの虜になってしまった。

1960年代、ヒッピーの若者たちが始めたフリー・セックス運動は、郊外の中産階級の家庭にも浸透した。サラリーマンのパパと、専業主婦のママたちが、週末の夜に子どもをベビーシッターに預けて、パーティをする。夫婦交換パーティだ。日本ではスワップ（交換）と呼ぶが、アメリカではスウィングと呼ぶ。スウィングには「自由奔放に行動する」という意味がある。セックスと愛を分けて考える「オープン・マリッジ」が新しい夫婦のかたちとして提唱された。

ラリーは妻に内緒でスウィング・パーティに入り浸ったのがバレて離婚されたが、逆にこれを堂々とビジネスにしようと思いついた。それがプレイトーズ・リトリートだ。入場料は1人25ドル。これに6週間5ドルの会員費を払う。中には、ディスコやジャグジー、食べ放題のバッフェがそろっている。客はみんな全裸になって遊びながら相手を探す。セックスの現場を他人に見られるのが恥ずかしい人には個室もあるが、呼び物はなんといってもマットレス・ルームだ。部屋の床全部が巨大なベッドになっていて、そこでは何十人もの男女が同時にセックスをしている。それは想像を絶する音と匂いだったという。

また、当時まだ20代でカメラマンを目指していたという女性はプールで泳いだ経験をこう回想する。

「裸で泳ぐ私を見ながら、プールの両端に並んだ男性がマスターベーションして、いっせいに射精したんです。ザーメンが私の上にアーチを描いて……。写真に撮っておけばよかったわ！」

こんな場所がまったく合法的に看板を掲げて運営されていたのだ。おまけにテレビCMまで打っていた！　とにかく当時はセックス革命の絶頂期だったからだ。72年にピル（経口避妊薬）が全面的に解禁され、セックスと妊娠が分離された。また同じ年には性器の結合をズバリ見せてしまうハードコア・ポルノも解禁になり、タブーなきセックス情報を満載した雑誌「スクリュー」が50万部も売り上げた。

『SWAP×SWAP』には当時のプレイトーズ店内の映像がふんだんに使われている。セックス専門のケーブルテレビ番組『ミッドナイト・ブルー』のために撮影されたビデオ・テープからの編集だ。さらに監督のマシュー・カウフマンとジョン・ハートは新聞広告でプレイトーズの常連だった人を募集し、彼らに当時の模様をインタビューした。おばあちゃんやおじいちゃんが30年前のフリーセックスを懐かしそうに語る。でも、実際の現場は

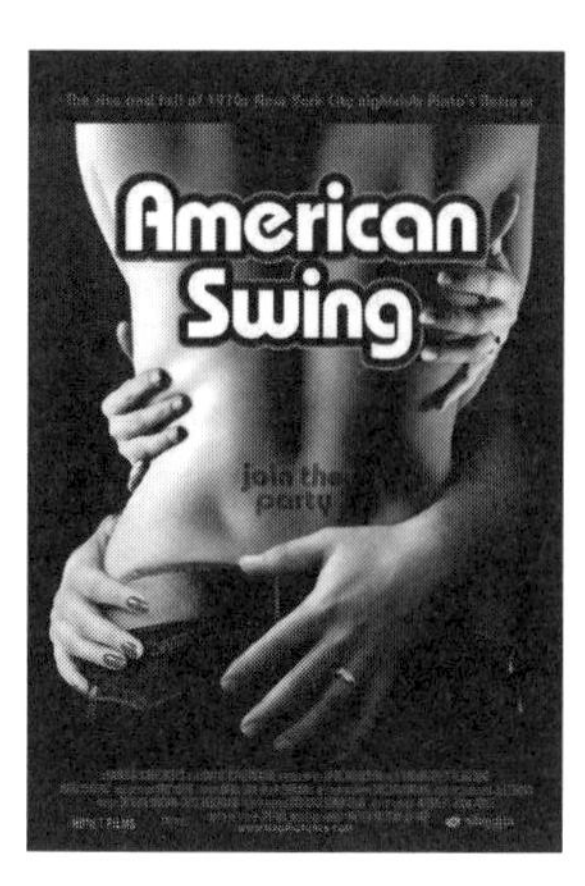


『SWAP×SWAP 伝説のセックス・クラブ』
監督=マシュー・カウフマン、ジョン・ハート

いいことばかりじゃなかったらしい。

「食べ物が用意されてたけど、スペルマが飛び交ってる中で食べる気にはならなかった」

「マットレスは大量の体液を吸って不潔だった。かゆいと思ったら、シラミだらけだったわ」

主催者のラリーは恋人のメアリーと2人で積極的にマスコミに登場し、入籍やセックスに縛られない新時代のカップルを演じた。

しかし、この楽園は内部から崩壊し始めた。まず、ラリーの浮気に我慢できなくなったメアリーが別の男を愛してしまい、その男がラリーを袋叩きにした。おまけにラリーは脱税で逮捕されて刑務所入り。釈放されてプレイトーズに帰ってきた直後にエイズ・パニックが巻き起こった。シラミどころじゃなかった。ニューヨーク市は公衆衛生上の理由でプレイトーズを閉鎖した。一文無しになったラリーはタクシー運転手として働きながら、独り寂しく死んだ。

この映画は期待するほどエロチックではない。なぜなら、美しい人はほとんど登場しないからだ。プレイトーズで楽しんだのは、女優やモデルではない普通の、しかも中年の人々ばかりだった。美男美女でもなければ、お金持ちでも有名人でも権力者でもない人々が、お金の交換なしに思う存分セックスできたのは、人類の歴史上でも、この時代だけかもしれない。

2009.10

『世界で一番偉大なパパ』

# あの有名人も？窒息オナニー死の悲喜劇

2009年6月4日、タイのバンコクのホテルで、ハリウッド俳優デヴィッド・キャラダイン（72歳）が死んだ。キャラダインは70年代、テレビシリーズ『燃えよ！カンフー』で人気を博したが、それ以降は不遇で、ゴミのような映画に山ほど出演して生活していた。数年前、クエンティン・タランティーノ監督の『キル・ビル』二部作（03・04年）で題名になっている殺し屋ビルを演じて久々に注目を浴びたが、一般人にはほとんど知られていなかった。

そんな往年のB級俳優であるキャラダインの死が世界のマスコミで大きく取り上げられたのは死体の状況が異常だったからだ。彼はクローゼットでハンガーをかけるパイプにロープで首吊り状態になっているのを発見されたのだ。さらにロープの反対側の端は細いひもでペニスに縛り付けられていた。警察は自殺ではなく事故と発表した。つまり、首吊りオナニーをしているうちに、ついうっかり本当に首を絞めてしまったというのだ。

多くの人々にとって、首吊りオナニーというのは初耳だった。しかし、首を絞めて酸欠になることで朦朧とした感覚を楽しむことはアスフィクシエイション（窒息）プレイと呼ばれ、かなり昔から知られていた。日本で最も有名なのは阿部定事件（36年）だろう。彼女はセックス中に互いの首を絞めあって快感を得ていたが、つい絞めすぎて相手の男を殺してしまい、そのペニスを切断したのだ。

首吊りプレイで死亡した有名人はキャラダインだけではない。80年代に一世を風靡した

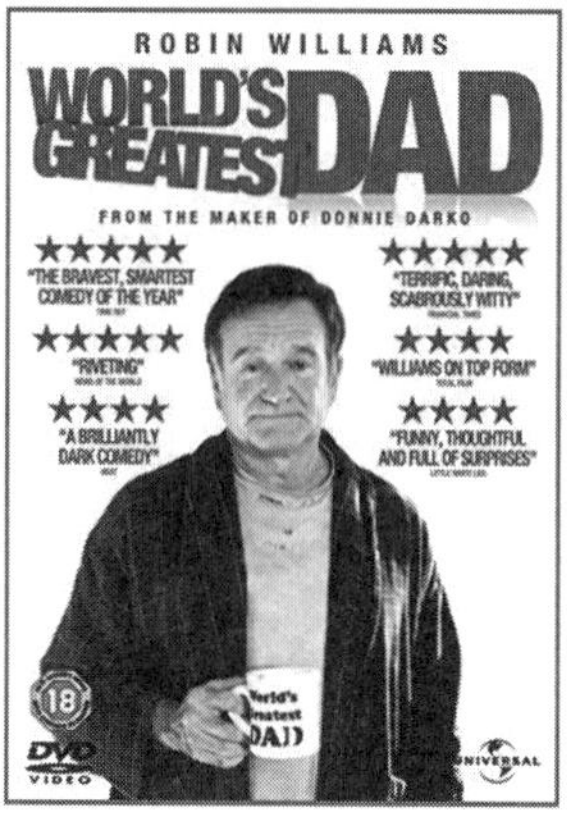

『世界で一番偉大なパパ』
監督=ボブキャット・ゴールドスウェイト

オーストラリアのロックバンド、インエクセスのリーダー、マイケル・ハッチェンスは97年、ホテルの部屋でベルトを首に巻いた死体で発見され、自殺と発表されたが、動機も遺書もないうえに、死体が全裸だったため、首吊りオナニー中の事故と言われている。

笑っていいのか悲しんでいいのか困ってしまう首吊りオナニー死。それについてのコメディ映画がとうとう作られた。タイトルはなんと『世界で一番偉大なパパ（The World's Greatest Dad)』という。

ロビン・ウィリアムズ演じる主人公ランスは、50代の国語教師。女房に逃げられて、息子を男手ひとつで育てているランスの夢は作家になること。何本も小説を出版社に送っているのだが相手にされない。学校ではショボい教師として、生徒からも教師仲間からもバカにされている。彼が受け持つ詩のクラスは人気がなくて生徒が集まらない。『いまを生きる』（89年）で素晴らしい詩の教師を演じたロビン・ウィリアムズが！

ランスの一人息子カイルは、ひどい劣等生。しかも性格が陰険なので高校では全校生徒から嫌われている。そのうえ性欲が異常に強く、朝から晩までネットでエロサイトを見ている。それもSMやスカトロとかアナルといった変態的なものばかりでオナニーしている。そんな息子とランスはなんとかコミュニケートしようと頑張るものの……。

「お前はどんな音楽が好きなんだい？」

「全部嫌いだ。音楽なんてオカマの聴くものだ」

「好きな映画は？」

「映画もカマくさいな」

「じゃあ、何が好きなんだ？」

「オマンコを見ることさ。一日中ね」

何ひとつよいところのない息子カイルは、ある日、首吊りオナニーの事故で死んでしまう。これは恥だと感じたランスは死体を普通の首吊り自殺のように偽装し、遺書を代筆する。その遺書は地元新聞に転載され、思春期の悩みを持つ全校生徒を感動させる。生前はカイルをキモがっていた女子も、イジメていたスポーツマンも手のひらを返したように「カイルはいい奴だった」などと言い始める。そして生徒たちは目を輝かせてショボくれ教師ランスを見上げるようになる。

いい気になったランスはさらに息子の日記をデッチ上げ、出版する。この話は最近ドイツで自殺した若者の遺書を集めた本がベストセラーになったことを元にしているらしい。カイルの日記は全米の話題になり、ランスは「世界一偉大な父親」に祭り上げられ、物書きとして認められる夢がついにかなう。そして女性からもモテモテになるのだが……。

ただ、カイルの唯一の友人だったアンドリューだけは、本を読んで疑い始める。「カイルはこんな本を書けるほど利口じゃなかった。それにこの本にはカイルがいつも言ってたことがひとつも書いてない。スカトロとかアナルセックスとか！」

『世界で一番偉大なパパ』をマイケル・ジャクソンの死後に観ると感慨深いものがある。生きてるうちは「少年愛の変質者」「黒人を裏切った」と言われていたマイケルが、死んだ途端に「平和と愛の天使」「人種の壁を超えた偉人」に祭り上げられちゃうんだもん！

★ロビン・ウィリアムズは長い間うつ病に苦しんでいたが、２０１４年に自宅で首吊り自殺してしまった。

2009.11

# 『ノー・インパクト・マン』
# トイレで紙も使えない
# 環境汚染ゼロ生活

環境に一切、悪影響を与えないで生活できないか？　自動車には乗らない。電気は使わない。ゴミは捨てない。

NYはマンハッタンのレストランで、コリン・ビーヴァンは言った。43歳になるノンフィクション作家のビーヴァンは、自分のエージェント（アメリカでは作家もタレントのようにエージェントと契約する）と次回作のアイデアを練っていた。それは2007年の12月。マンハッタンは凍てつくように寒いはずなのに、なぜかポカポカと暖かく、道行く人は腕をまくっていた。

これが噂の地球温暖化か？

ビーヴァンはそれまで環境問題に興味がなかったが、ふと思いついて「僕が1年間、環境に影響をまったく与えずに生活して、それを本にするのは？」と口走った。エージェントはやる気なさそうに「環境問題のヒーローになるのか？　スーパーマンみたいな？」と言った。ビーヴァンはひらめいた。

「ノー・インパクト・マンてのは？　環境にインパクトを与えない男」

ビーヴァンはノー・インパクト・マンとして1年間生活し、それをブログで発表、記録したビデオはドキュメンタリー映画にもなった。

同じ実験をした人が160年前にもいた。ヘンリー・デヴィッド・ソローはメイン州の森で2年間自給自足の生活をした。その体験を書いた『森の生活』は古典だ。ただ、ビーヴァンは森で隠遁するわけじゃない。ニューヨークの真ん中でそれをやろうというのだ。

「人類の半分は都市部に住んでいる。都市部でどれだけエコライフが可能かを試すんだ」

まず1日目、朝起きたビーヴァンは鼻をかもうとしてティッシュに手をのばした。「いかん！　紙は森林資源の浪費だ！」。彼はハンカチで鼻をかんで、それを流しで洗った。次にトイレ。トイレットペーパーはどうする？　うーん……。ビーヴァンはインド式を選んだ。手で拭いて手を洗う！

そして外出。ビーヴァンはアパートの9階に住んでいた。でもエレベーターは使わない。ちょっとした用事で家を出入りするだけでも重労働だ。

食べ物は産地が半径400キロ以内にあるものしか食べない。「スーパーで売られる野菜や肉はトラックや鉄道で何千キロも輸送される。大量の燃料を無駄にして」。でもファーマーズ・マーケットに行けば近所の農家で取れた野菜が買える。泥もついてるが発泡スチロールのトレイはついてこない。年間平均725キロにもなる一般家庭のゴミの2割が食料品のパッケージだ。

でも、コーヒーやお茶はどうする？　アメリカ国内では栽培していない。なら、もう飲まない！

ただ、困ったことにビーヴァンには妻子がいた。妻ミッシェルは親に甘やかされて育ち、39歳で何も料理できないお嬢さんだった。しかもブランドものが大好きで、スターバックスなしには生きられない！　それが夫の実験に無理やりつきあわされ、勤め先までキックボードで通わされる。ミッシェルのタンポンが1個ずつ透明な袋に入っているのを見たときもビーヴァンは「資源の無駄だ！」とブチ切れた。

この都会のサバイバルごっこに大喜びなのは1歳になったばかりの一人娘イザベラちゃん。何しろ毎日がキャンプみたい。夜になれば電灯をつけずに蜂の巣から作った蝋燭を灯

『ノー・インパクト・マン』

監督＝ローラ・ギャバート、ジャスティン・シャイン

す。暑い日はクーラーをつけずに水遊びだし。

もちろん失敗も多い。生ゴミを捨てずに土とミミズでコンポスト（堆肥）にしようとしたら、ハエが卵を産んじゃってハエだらけ。冷蔵庫をやめて、鉢と濡れた砂を使って水の蒸発で物を冷却しようとしたが、全然うまくいかずにミルクが腐って大騒ぎ。結局、クーラーボックスを使うことになる。中に入れる氷は？　隣の家の冷蔵庫から分けてもらうのだ（笑）。

冬はもちろん暖房のスイッチを切る。でも、ビーヴァンのアパートはセントラルヒーティングなので、壁や床を通るパイプに部屋が暖められて心地よい。「こんなものでヌクヌクしてちゃダメだ！」とビーヴァンは窓を開け放って、わざわざ部屋を冷やす。これって本末転倒じゃないの？

この実験に対して「偽善的だ」という批判も多い。ビーヴァン自身書いているように「生き物はただ息をするだけで二酸化炭素を吐き出す。ノー・インパクトなんて不可能だ」からだ。実際、ビーヴァンは電気は止めたけど、ガスや水道はずっと使ってたしね。

08年12月にビーヴァンの実験は終わったが、今もエアコンもテレビも皿洗い機も乾燥機も使っていないそうだ。「すごい節約になるんだよ」と言うビーヴァンのブログをハリウッドは映画化しようとしている。ノー・インパクト・マンを演じるのはウィル・スミス。『アイ・アム・レジェンド』でマンハッタンに1人取り残された男のサバイバルを演じ、『幸せのちから』でホームレスの証券マンを演じたからだろう。でも、ウィル・スミスは『アリ』のどしゃ降りに打たれるシーンで人工雨にミネラル・ウォーターを使わせたヘヴィ・インパクト・マンなんだけどな。

『インフォーマント！』

# 味の素の談合を告発した虚言癖で躁鬱の天才

2009.12

リシンは、豆や魚に多く含まれるアミノ酸の一種。成長促進剤として家畜の飼料に混ぜられる。これを生産する世界の大手四社の幹部が秘密の会議をしているビデオが公表された。彼らは「重さ1ポンドあたり1ドル16セントにしようか」などとリシンの価格を決めている。価格協定を結ぶ談合の現場だ。

首謀者は業界最大手のＡＤＭ（アーチャー・ダニエルズ・ミッドランド）社。日本の味の素や協和発酵もこの陰謀に加わった。

「我々ライバル企業は仲間、顧客は敵ですよ」などという恥知らずな言葉に混じって「そこにＦＢＩがいたりしてねえ」という冗談も飛び出す。実は彼らの談合や密会は隠しマイクやカメラで全部ＦＢＩに筒抜けだった。ＡＤＭの経営陣の一人、マーク・ウィテカーがＦＢＩのスパイだったからだ。

映画『インフォーマント（内通者）！』は１９９２年から3年間にわたってＦＢＩのために自社の闇カルテルの証拠を集め続けたマーク・ウィテカーの姿を描いた実話の映画化だ。

生化学博士であるウィテカーは33歳でＡＤＭのバイオ部門のトップに立った「神童」だった。彼の妻は夫が価格協定をしている事実を知り、「あなたがＦＢＩに通報しなければ、自分がやる」と迫った。困ったウィテカーがＦＢＩに会うと、彼らはウィテカーにスパイをやってくれれば罪を軽くしようと持ちかけた。かくしてウィテカーは隠しマイクやカメ

**『インフォーマント！』**
監督＝スティーヴン・ソダーバーグ

ラをつけられて、東京やメキシコなどの談合に駆け回る。

物語だけ聞くと、ニコチンの害を隠蔽するタバコ会社の内部告発を描いた映画『インサイダー』や、弁護士事務所の事務員が公害企業を追及した『エリン・ブロコヴィッチ』のような社会派ドラマかと思う。監督も『エリン・ブロコビッチ』と同じスティーヴン・ソダーバーグだし。しかもウィテカーを演じるのは『ボーン・アイデンティティー』シリーズの超人スパイ役で人気のマット・デイモン。FBIのスパイになったウィテカーは庭師に自慢する。

「僕は正義のスパイ0014だ。だって007の倍は頭がいいからね」

ハァ？？？？

実は『インフォーマント！』はコメディだ。マット・デイモンはソダーバーグの『オーシャン』シリーズでやってきた大ボケ演技に徹し、役作りのために太って、もっさい口ひげを生やし、おまけに頭にヅラまでのっけて笑わせる。マーヴィン・ハムリッシュ作曲の音楽もフザケた007調だ。

ウィテカーはいろいろとおかしい。『ザ・ファーム法律事務所』で自分の弁護士事務所の不正を告発するトム・クルーズと自分の区別がつかなくなる。興奮しすぎて眠れなくなり、早朝午前3時に庭の枯葉を掃除したりする（暴風雨なのに！）。

狂っている？ そのとおり、実は彼はもともと躁鬱病（双極性障害）だった。映画は彼のモノローグ、心の声で語られるが、その内容にはまったく脈絡がない。突然、日本のブルセラについて語ったかと思うと、北極の白熊について疑問を呈する。「白熊は雪にまぎれて獲物に近づくとき、自分の黒い鼻を隠すんだそうだ。自分の鼻が黒いって、どうやって知ったんだろう。海にでも顔を映したのかな？」

このウィテカーという男を応援していいのか悪いのか、観客が困っていると、ダメ押しのように彼はＦＢＩに告白する。「……実は僕、オフショアに幽霊会社を作って、偽の伝票などで会社の金をそこに振り込み、早い話、9億円くらい横領していたんだ。それってマズいかなあ？」

マズいよ！　ＦＢＩのエージェントたちは一番大事な証人が全然信用できない男だったことを知って頭を抱える。観客も。

ＡＤＭなど談合に参加した企業は１００億円もの罰金を科せられ、責任者たちは3年の懲役刑を受けた。ところがその捜査に協力したウィテカーは脱税やマネーロンダリングなどで、10年半もの刑を宣告されてしまった。

いちばん困ってしまうのは、病的な虚言癖のある犯罪者ウィテカーをどうしても憎めない点だ。裏切った同僚に対しても「ごめんね」の一言。これっぽちの邪気もない。デブでハゲのおっさんにもかかわらず、童顔のせいもあって、ウィテカーは純粋無垢に見えるのだ。勉強は得意だが倫理観の発達が遅れた少年が、何かの間違いで詐欺師ばかりのビジネス界に引きずり込まれ、周りの真似をしているうちに大変な犯罪をやらかしてしまっただけなのだ。

それは机上の理論を信じて金融市場を暴走させ、世界経済を崩壊させたウォール街の頭デッカチくんたちも同じだろう。これからは、こういう悪意なき経済犯罪が増えるだろう。ウォール街の連中は法で裁かれていないが。

ウィテカーは刑務所でさらに学位を取るだけでなく、他の受刑者に勉強を教えて大卒の資格を取らせたりして模範囚として評価され、2年ほど短い刑期で特赦を受けた。そして、彼を待ち続けた妻と子どもと再会し、今はサイプレス・システムというバイオテクノロジー会社を経営して成功している。

『プレシャス』

# 「大切」という名の少女が自分の大切さに目覚めるまで

2010.01

「オー、プレシャス！　プレシャス！」

お婆さんが可愛い赤ん坊を見かけた時なんかにそう言う。「プレシャス」とは「大切な」「かけがえのない」「可愛い」という意味。この場合「まー、かわいらしくて食べちゃいたい！」みたいな感じだ。彼女はプレシャスという言葉からいちばん縁がない存在だ。

映画『プレシャス』はヒロインの名前を題名にしている。プレシャス（ギャビー・シダイブ）は100キロを超える肥満である。ニューヨークのハーレムの貧困層用住宅に暮らしているのに、なんでこんなに太っている？　アメリカでは教養のある人ほどヘルシーな食事をしてエクササイズするからやせている。貧乏人は安くて脂っこいジャンクフードばかり食べて不摂生するから太っている。

プレシャスは16歳なのに、まだ中学生だ。両親がちゃんと学校に通わせなかったからだ。読み書き能力は小学生以下。DAYという単語も読めない。

それに妊娠している。子どもの父親はプレシャスの父親だ。彼女は7歳の頃から父に犯されてきた。今の子はプレシャスにとって二人目で、12歳の時にも父の娘を産んでいる。娘の名前はモンゴー。ダウン症の特徴であるモンゴロイド（東洋人）のような吊り目をしているからだ。

父はすでに家を出て行き、プレシャスは母親と暮らしている。母親（モニーク）はプレシャスを憎んでいる。自分の男を寝取った女だからだ。

**『プレシャス』**
監督=リー・ダニエルズ/出演=ギャビー・シダイブ、モニークほか

「プレシャス!」

母親の声には「大切」という気持ちはこめられていない。

「とっととなにか食わせなよ! あたしゃ腹が減ってんだ!」

母親は福祉に寄生して働こうともせず、朝から晩までテレビを見ている。そして、16歳の娘プレシャスに家事を押しつけ、奴隷のようにこき使う。娘が逆らうと灰皿や植木鉢やテレビすら投げつけ、洗脳するように怒鳴り続ける。

「プレシャス、お前はマザーファッカーだ! 何をやってもダメだ! クズだ!」

母に虐待されたり、父に犯されたり、不良たちからイジメにあっている間、プレシャスは現実を遮断する。想像の世界に逃避する。そこでは彼女はスーパースターだ。きらびやかなドレスを着て、スポットライトを浴びる。ハンサムなボーイフレンドが「プレシャス」と囁いてくれる。見ているだけで辛いドキュメンタリー風の映像にプロモーション・ビデオ的なファンタジーが割り込むと、プレシャスだけでなく観客も一瞬だけ救われる。すぐに現実に引き戻されるが。

監督のリー・ダニエルズはアフリカ系でMTV出身。ダニエルズの友人のマライア・キャリーが福祉課の担当官を演じている。すっぴんでリアルな演技をしているので最初は誰だか全然わからない。レニー・クラヴィッツも看護士役で出ているが、こっちはいつものようにセクシーでモテモテ(笑)。

プレシャスは逃避をやめる。学習障害者のための特殊学級で美しく聡明な教師レイン(ポーラ・パットン)に出会ったからだ。彼女は「あなたはクズじゃない」と言ってくれた初めての人だった。

原作は『ＰＵＳＨ』というタイトルで、アフリカ系の女性詩人サファイアが書いたベストセラー。小説ではプレシャスが長女を産む場面から始まる。医者が何度も「Ｐｕｓｈ（力んで）」と言う。教師レインはプレシャスにPush yourselfと言う。辛い現実から身を守るために殻に閉じこもったプレシャスをもう一度世の中に産み落とすために。

読むことの喜びに触れ、自分の気持ちを書くことで解放され、人生がプレシャス（かけがえのないもの）だと知った彼女は、母からの独立を決意する。その時、父がエイズで死んだ。プレシャスもＨＩＶに感染していた。

ハリウッドが嫌うリアルすぎる物語『プレシャス』は、低予算のインディペンデントでつくられた。しかし、これを観たメディアの女王オプラ・ウィンフリーが感動し、宣伝と配給を手伝った。全米で最も稼ぐ黒人女性であるオプラだが、やはり貧困層の出身で、母は十代で彼女を産んだ。幼い頃、叔父にレイプされた。また、14歳で妊娠して産んだ子どもを2カ月で失くした。傷ついた彼女を立ち直らせたのはやはり勉学だった。

オプラ効果で『プレシャス』は大ヒット、母役のモニークはアカデミー助演女優賞を受賞した。

言い忘れたが『プレシャス』は１９８７年を舞台にしている。原作者サファイアは、当時、ハーレムで教師として貧しい子どもたちに読み書きの素晴らしさを教えていた。そこでプレシャスみたいな娘たちを数え切れないほど見て、この物語を書いたという。

映画は現在のハーレムで撮影された。荒れ果てた街の風景は20年前となにも変わっていない。そしてまだ沢山のプレシャスたちがいる。

『マイレージ、マイライフ』

# ファーストクラスが住居!? リストラ請負人の〝福音〟

2010.02

「この一年で私はマイレージを35万マイル稼いだ」

『マイレージ、マイライフ』の主人公ライアン・ビンガム（ジョージ・クルーニー）は、年間322日も旅路にある。アメリカ各地を飛び回り、そのほとんどは飛行機の機内だ。

ライアンの仕事はキャリア・トランジション・カウンセラー。各企業に雇われて、従業員にレイオフを告げる「リストラ請負人」だ。つらい仕事をなんでもアウトソーシングするアメリカ企業は、人事課の汚れ仕事まで外注するようになった。

キツい仕事？　ライアンにとっては違う。彼は48歳で独身。この生活を楽しんでいる。飛行機はいつもファーストクラス。マイレージＶＩＰなので、どこの飛行機やホテルのチェックインも行列に並ぶ必要なし。最高の部屋に泊まり、最高の食事をし、行きずりのセックスを楽しむ。そんなライアンの目標はマイレージ１０００万マイルを達成すること。

「機上こそが私の家だ」

ライアンは成功したビジネスマンとして講演までしている。バックパックを持って「君たちの人生は、このバックパックに入るか？」と聴衆に問いかける。「人間関係はどうだ？　兄弟、両親、子ども、配偶者、恋人……。荷物が重ければ君は遅くなる」

ライアンは、何も抱えない。空気のように軽い。〝Up In The Air（宙に浮いた）〟は彼の人生を意味している。

ライアンはジョージ・クルーニーのために書かれたような役だ。クルーニー自身も48歳で優雅な独身。一時はマーク・ウォールバーグ、ブラッド・ピット、マット・デイモンといった弟分たちと世界を股にかけて豪遊していた。

「でも、あなたの弟分たちはみんな結婚して子どもを持ったから、もう一緒に遊んでくれないでしょう?」

2008年3月、『フィクサー』でアカデミー主演男優賞候補になったクルーニーに筆者がインタビューしたとき、そう聞いてみた。「寂しくないですか?」

「もちろん寂しいよ」クルーニーは苦笑いした。「でも、結婚は前に一度して懲りたからねえ」

『フィクサー』でのクルーニーは、ギャンブルで家庭も仕事もダメにした元検事。今は生活のために大企業相手の訴訟を丸めこむ「黙らせ屋」をやっている。要するに汚れ仕事だ。しかし、最後に自分の生活を捨て、法曹人としての使命を全うする。今回のクビ切り人は、その続編キャラクターのようだ。

ライアンの会社の社長は言う。

「不景気が続き、失業者が増えている。わが社にとっては儲け時だ!」

原作は00年にITバブル崩壊を反映して書かれたが、09年の映画化では08年の不動産バブル崩壊と金融危機を反映した映画になった。ライアンにクビを宣告された従業員は「何十年もこの会社に尽くしてきたのに」「住宅ローンと家族を抱えて、どうやって暮らせっていうんだ」と怒り、泣き、叫ぶ。それは演技ではない。監督のジェイソン・ライトマンはロケ地のセントルイスとデトロイトで新聞広告を出して実際に最近リストラされた人を集め、カメラに向かって職を失った気持ちをぶつけさせたのだ。

アメリカでは企業は理由もなく、いつでも自由に従業員を解雇することができる。就職するときに「企業側の都合でレイオフされても訴訟しない」という同意書にサインさせら

**『マイレージ、マイライフ』**
監督＝ジェイソン・ライトマン／出演＝ジョージ・クルーニー、ジェイソン・ベイトマン、ヴェラ・ファーミガほか

れるからだ。これをAt-Will（自由意思）雇用といい、80年代後半に始まり、現在は一部の州を除いてアメリカの常識になった。これはレーガン政権が推し進めた新自由主義経済によるダウンサイジングの一環である。簡単にリストラができるようになって企業は利益を上げたが、労働者はいつ切られるか予想がつかない事態になった。終身雇用制は消滅した。

ところがダウンサイジングの波はライアンの会社にまで押し寄せる。インターネット電話でリストラを宣告するシステムが導入されるというのだ。これなら出張経費も人員も削れる。クビになる人と直接会うストレスもない。

このシステムを提案したのは、新卒で採用された女子社員（アナ・ケンドリック）だった。

「お前に何がわかる。ただクビを言い渡せばいいってもんじゃない！」

その新人の研修を任されたライアンは、自分の仕事ぶりを見せる。

「なんで俺がクビに！」。そう嘆く従業員にライアンは「これはあなたの人生の終わりでなく、始まりです」と優しく語りかける。「この機会に、本当にやりたかったことをやりましょう」「家族との時間を取り戻すんです」

それはまるで「死の天使」だ。ユダヤ・キリスト教では、死ぬことになる人の前に天使が現れて「あなたは神に召されるのです」と告げて運命を受け入れさせるという。ライアンは資本主義という残酷な神の天使なのだ。

天使は、地上に舞い降りて人々に神の言葉を告げるとき以外は天上にいる。ライアンは地に足をつけて、家庭を持ち、子どもを育てることを夢見るが、かなわない。そして1000万マイルを達成したとき、彼は雲の上で生きていく定めを引き受けるのだ。

『シリアス・マン』

# 現代のヨブ記とジョークとロックンロール

2010.03

コメディアンにはユダヤ系が多い。マルクス兄弟とウディ・アレンのほかにも、メル・ブルックス、ピーター・セラーズなど挙げればキリがない。

実際、数千年にわたって弾圧されてきたユダヤ系はジョークの宝庫として知られている。笑いは過酷な現実から自分を守る盾だった。祖国を失い、差別され、宗教裁判で拷問され、ポグロムで家を焼かれ、ホロコーストで虐殺された。あまりに理不尽だ。こんな現実は受け入れ難い。なら、笑い飛ばすしかない。

『ファーゴ』『ノーカントリー』のユダヤ系映画作家ジョエル&イーサン・コーエン兄弟の新作『シリアス・マン』は、自分たちのユダヤ体験を初めて正面から描いたコメディだ。

舞台は1960年代終わり、ミネソタ州ミネアポリスの郊外住宅地。それはコーエン兄弟が思春期を過ごした時と場所。主人公のラリー・ゴプニックは地元の大学で教える教授。これもコーエン兄弟の父親と同じ。

春風亭昇太似のラリーはシリアス・マン（マジメな男）だ。20年間妻ひとすじ。家庭では良き父親。ユダヤ系の戒律を守って、実直勤勉に生きてきた。でも、全然報われない。「私、離婚したい」ある日突然妻が言い出した。「私、つきあってる人がいるの。その人とこの家に住みたいから、あなた、出て行ってくれる？」

浮気した妻に、ラリーは家を追い出される。ユダヤ教は女性の聖職者を認めないほど男尊女卑なのに、なぜか家庭では女が強い。こんなジョークがある。「ママ！　学芸会で役

『シリアス・マン』
監督＝ジョエル・コーエン、イーサン・コーエン／出演＝マイケル・スタールバーグ、リチャード・カインド

をもらったよ！　ユダヤ系夫婦の夫役！」「喜んでどうするの？　セリフがない役よ」

ラリーは、町はずれの汚いモーテルで暮らすことになる。40過ぎて独身の弟と一緒に。子どもたちはラリーに同情もしてくれない。高校生の長女は鼻の整形のことしか考えてない（ユダヤ系は、大きな鼻を低くすることが多い）。中学生の長男はマリファナとロックンロールに夢中で、父親の名前で勝手にサンタナのレコードを注文したりする。

　こんなに真面目に生きて、神を信じているのに、僕はどうしてこんな目に遭う？　すべては神の思し召しなら、神は何を考えている？　信心深いラリーはユダヤ教のラビ（教師）を訪ねる。ユダヤ数千年の叡智を蓄えている（ことになっている）ラビは、こんな話を始める。

「ユダヤの歯医者がゴイ（非ユダヤ人）の患者の歯の裏側にヘブライ文字が浮き出ているのを見つけた。それは『救い給え』と書いてあった。きっとハシェムからのメッセージだ」

ハシェムとは「畏れ多い」という意味で、敬虔なユダヤ人は神のことをそう呼ぶ。

「いったい何を救えというのか？　その歯医者は悩んで私に相談しに来た」

「なんて答えたんですか？」

「わからん。ハシェムの意志は我々人間には想像もつかんよ」

　誰よりも誠実なのに次から次へと災難に襲われ、それでも神を信じ続けるラリーは現代のヨブである。

　旧約聖書「ヨブ記」の主人公ヨブは、シリアス・マンだった。正義の人で、神を敬し、子宝に恵まれ、豊かに暮らしていた。彼を見たサタンが神に言う。「彼のような善人でも、すべてを失えば神を呪うでしょう」。神はサタンにやらせてみる。サタンはヨブの家畜をすべて奪い、子どもたちを全員事故死させ、ヨブにもひどい皮膚病を与えた。妻は「神を呪うべきだ」

とヨブをなじったが、彼は「神から幸も受けるのだから」と災いを受け入れた。しかし友人たちも「全能の神が苦難を与えたのだから、実は罪があるはずだ」とヨブに濡れ衣を着せる。ついにヨブは天に向かって問いかける。「私に罪がないことを神は知っているはずだ。それなのになぜ罰を与えるのか？　もし罪があるなら、なぜそう言ってくれないのか？」そしてさらに問う。「なぜ善人が不幸になり、悪人が栄えるのか？」

その時、天から神の声が響いた。神の遠大な計画を知る由もない人間が神を疑うな、と。その後、ヨブは健康を取り戻し、子どもも富も取り戻して幸せに暮らした。

「ヨブ記」は両刃の剣だ。病や天災や事故や差別や圧政に苦しむ罪なき人たちは、これを読んで苦難に耐えることもあるだろう。いつか報われる日が来ると。しかし、それは死んだ後、最後の審判の時かもしれないのだ。「ヨブ記」を読んで思わず失笑してしまったユダヤ人もいるだろう。こんな残酷な神に忠誠を誓って、そのせいで2000年も弾圧され、ガス室に送られたたなんて、と。

「真実が嘘だと知って、希望を失ってしまったら、どうする？」

ラリーの息子は、ハッパでラリったままバルミツバー（成人式）を終え、地元で最高位のラビからそう尋ねられて驚いた。それはジェファーソン・エアプレーンの「あなただけを」の歌詞だったから。

ラリーの息子はコーエン兄弟の投影だ。彼らを救ったのは信仰ではなく、ロックンロールだったらしい。

2010.04

# 『グッド・ヘア』
# 最近の黒人女性はなぜアフロ・ヘアでないのか？

「パパ、どうして私の髪はグッド・ヘアじゃないの？」

8歳の娘から悲しい顔でそう言われた時、クリス・ロックは当惑した。ロックは

2005年のアカデミー賞授賞式の司会として日本では知られる黒人コメディアン。ブッシュ政権を徹底的に笑いのめす一人しゃべくりツアー「怖いものなし」はロックコンサート並みの観客を集めた。彼は人種を超えて今、アメリカで一番人気のコメディアンだ。

「娘は、自分のチリチリ髪はグッド・ヘア（いい髪）じゃないって言い出したんだ」

確かに、テレビを見ると有名なアフリカ系女性にチリチリ髪はいない。ファースト・レディのミッシェル・オバマをはじめ、ビヨンセ、ハル・ベリー、みなストレートかゴージャスにゆったりと波打っている。ナオミ・キャンベルなんてアジア人みたいにサラサラだ。

「黒人特有のアフロ・ヘアは、いつの間に〝グッド・ヘア〟じゃなくなっちまったんだ？あのストレート・ヘアは、どうやって維持してるんだ？」

男であるロックは、「黒人女性の髪文化」という未知の世界に足を踏み入れる。そして、クリス・ロックがプロデュース、主演するドキュメンタリー映画『グッド・ヘア』が始まる。

アメリカの薬屋に行くと、リラックサーという商品がずらっと並んでいる。縮毛矯正剤、ストレート・パーマ剤だ。この薬は1990年も昔に黒人によって発明された。矯正剤の老舗ダドリー社もブロナー・ブラザーズ社も黒人経営だ。ロックの調査によると、アメリカのヘアケア産業の売り上げは年間90億ドル。そのうち8割が黒人消費だという。

ストレート・パーマ剤は「クリーム・クラック」と呼ばれている。麻薬のクラックと同じで、一度試すと中毒になるからだ。サラサラに指が通る髪を求めて今では幼稚園児までがこのクリーム・クラックを始める。その正体はただの水酸化ナトリウム。ロックがストレート・パーマ剤にコーラのアルミ缶を漬けると、数時間で跡形もなく溶けてしまった。こんな劇薬を小さい頃から使ってたら頭皮が傷んでハゲてしまう。

しかし、今の主流はパーマよりもウィーブだという。いわゆるエクステだ。この人毛はどこから来るのか？　クリス・ロックが業者をたどって行き着いたのは、なんとインド。しかも、ヒンズー教の巨大寺院だった。インドでは、数千万人の女性が長く伸ばした髪を神に捧げる。寺はその髪を業者に売る。業者は旅行カバンいっぱいに髪を詰め込んでアメリカに渡り、黒人街にあるヘア用品店や美容院に売りつける。カバンひとつ分が150万円以上になるという。税金払ってないから丸儲け。こっちもまた麻薬の密輸みたいだ。

ウィーブの末端価格は1人分なんと10万円。髪に編み込む金額は別。毎月の家賃よりも髪に費やし、破産する女性もいる。もっとほかに使い道があるだろ、教育とか。

問題は金の行方だ。黒人の髪は独特で、美容師のほとんどは黒人だからいいが、ウィーブ業者はインド系だし、黒人向けヘア用品店はなぜか韓国や中国系の経営が多い。また矯正剤のマーケットも今やレブロンなど白人系企業に乗っ取られた。黒人はせっかく稼いだ金を、髪を通して搾取されている。

そもそも矯正剤は、黒人差別のひどい時代に生まれた。マルコムXはその自伝で、初めてコンク（縮毛矯正）した時の感じを「白人になったみたいだ」と書いている。黒人は縮れた髪や黒い肌を恥じ、金髪や白い肌にあこがれた。しかし、60年代、マルコムXやキング牧師が人種の平等のために立ち上がった。人権運動は黒人自身の意識革命につながり、70

**『グッド・ヘア』**
監督=ジェフ・スティルソン／出演=クリス・ロック、サラ・ジョーンズ、ニア・ロングほか

年代には、ブラック・イズ・ビューティフル（黒人であることは美しい）というスローガンが生まれた。特に過激な黒人民族主義団体ブラック・パンサーの女性リーダー、アンジェラ・デイヴィスは、巨大なアフロ・ヘアがトレードマークだった。彼女は「白人の価値観から自分を解放しなさい。持って生まれた髪や肌を誇りに思うべきです」と訴えた。

70年代当時、すべての人種が黒人の音楽とファッションに憧れ、アフロも流行した。ミュージカル『ヘア』では白人の男女がアフロ・ヘアにしているし、日本でも「わかるかなー」のソウルな漫談で一世を風靡した松鶴家千とせもアフロだった。その頃、クリス・ロックや筆者の世代は子供時代を送った。だから今のビヨンセなんかを見ると「アフロはどこに行った？ ブラック・パワーはどこに消えた？」と思ってしまうのだ。

ただブラック・パワーのせいで、アフロには政治的なイメージがついてしまった。07年、ファッション雑誌「グラマー」のスタッフが「法律事務所で働く際にしてはいけない髪形」にアフロ・ヘアを挙げて問題になった。アフロは政治的過激さの表現だというのだ。生まれついての髪なのに。

ロックは「現在の黒人女性を批判するつもりはない」と言う。「女性が満足なら男は文句言わないよ。髪フェチでもない限り、男は髪なんかどうでもいい。胸や尻のほうが大事だよね！」

# 『クローゼット』
# 反ゲイ法を支持する隠れゲイ議員を暴け！

2010.05

3月3日、共和党のロイ・アッシュバーン上院議員（カリフォルニア州）が飲酒運転で逮捕された。ゲイバーの駐車場から出たところを。アッシュバーンは4人の子どものいる離婚経験者だったが「自分はゲイだ」と認めた。

問題なのは、アッシュバーンがゲイかどうかではない。彼が政治家として「同性間の結婚」をはじめとする同性愛者の権利拡大に反対してきた事実だ。

アメリカでは「同性カップルによる養子縁組の許可」「雇用におけるゲイ差別禁止」「ゲイに対する中傷や暴力への刑罰」など、同性愛者の権利についての法案が何度も審議されては自治体や国政の場で共和党の政治家に潰されてきた。共和党の支持基盤である福音派キリスト教徒が、同性愛を聖書に反する罪としているからだ。

実は反ゲイの政治家の中に、ゲイが隠れている。彼らは議員としての地位を守るために自分を偽り、同胞を苦しめている。そんな裏切り者たちを暴き出すドキュメンタリー映画が、2009年にアメリカで公開された『クローゼット（原題はOutrage 不正に対する怒り）』だ。

作品は07年6月、空港のトイレで男を誘って、囮捜査中の警官に逮捕されたラリー・クレイグ上院議員（アイダホ州）に対する尋問テープから始まる。

「私はゲイじゃないし、一度もゲイだったことはない」

クレイグも共和党の主流派としてゲイの権利を認める法案にずっと反対票を投じてきた。しかし82年にも議会で研修する男子高校生と性関係を結んだ疑惑を持たれてFBIに調査

**『クローゼット』**
監督=カービー・ディック／出演=ジェームズ・マクグリーヴィほか

されており、映画には、青年時代に実際にクレイグにFUCKされた男性が登場する。
「クレイグは、ワシントンDCのゲイバーの常連だった。彼は私をナンパしてホテルで犯して射精したとき、私の肩をつかみ、恐ろしい口調で言った。『いいか。お前は私と会ったことはない』。そして20ドル札を私に握らせた」

クレイグは今もカムアウトせず、反ゲイの政治的立場を守っている。なぜか？ それは55年に彼の地元ボイシーで起こったゲイパニックが原因だという。地元新聞が同性愛者の実名をさらし、「怪物だ」と断罪し、彼らは全員街を追われた。その魔女狩りを見たクレイグ少年は、ゲイであることに強い罪悪感と恐怖心を覚えたというわけだ。

カリフォルニア州選出のデヴィッド・ドライヤーは、才能とカリスマ性あふれる下院議員で、共和党の次期院内総務と目されていた。ドライヤーは40歳すぎても未婚で、自分のスタッフの男性と「夫婦関係」だと噂されていた。「ゲイですか？」という質問には答えを拒否し続けていたが、ゲイの人々は彼がいつかカムアウトして共和党を改革してくれると期待していた。ところが05年、共和党はドライヤーを院内総務に選ばないと発表した。その理由は「中道すぎるから」と報じられたが、それを聞いた民主党のバーニー・フランク議員（カムアウトしたゲイ）は「じゃあ、私が男性を物色するのは中道バーだな」とあざわらった。ドライヤーはゲイであることを理由に院内総務を断念させられたといわれている。

12年の共和党の大統領候補といわれているひとりに、フロリダ州知事のチャーリー・クリストというハンサムガイがいる。彼は06年の州知事選に立候補した時、討論会で同性婚の是非について「結婚は男女間の神聖な儀式だ」と答えた。ところが地元のフリーペーパーが調査すると、次々とクリストと性関係を持った男性の証言が。州知事になったクリストは、ゲイ疑惑を打ち消すように女性と結婚した。フロリダ州は今も全米で唯一、法律で同性カップルの養子縁組を禁止した州なのだ。

「自分自身に誠実でない人間に誠実な政治ができるだろうか？」

そう問いかけるニュージャージー州知事ジェームズ・マクグリーヴィは04年に辞任した。性関係を持った男性に脅迫されていた事実を明かし、記者会見で「私はゲイです」と告白した。美しい妻に付き添われて。それは凄まじくつらい経験だったが、2人は後悔していないという。真実から目を背けたまま死ぬよりはマシだ、と。

04年の大統領選でブッシュは「同性婚の禁止」を掲げてキリスト教徒の票を集めたが、その時「ブッシュが落選するとホモが結婚しますよ」というビラを作った共和党広報のダン・ガーリーはカムアウト済みのゲイ。副大統領（当時）チェイニーの次女はレズビアンだし、選対委員のケン・メルマンもゲイだといわれている。

なぜ彼らは同胞を弾圧するのか？　ひとつはキリスト教徒を支持基盤に持つ共和党で生きていくため。もうひとつはゲイである自分を嫌悪しているからだ。

共和党の反ゲイ政策は一般人に影響を与える。ゲイを罵倒し、殴り、殺す「差別犯罪」が全米各地で起こっている。差別犯罪に重罪を科す法案も共和党の反対で否決された。反対投票したアッシュバーンはゲイであることが判明した後、反ゲイ法案に投票した理由を「私に投票した人々が求めるように投票した」と弁明している。

『イグジット・スルー・ザ・ギフトショップ』

# ド素人をアーティストにバンクシーの悪フザケ

**2010.06**

映画『イグジット・スルー・ザ・ギフトショップ』は世界的アーティスト、バンクシーが監督した奇々怪々のドキュメンタリーだ。

たとえば、サンフランシスコのラティーノ地区に、こんな落書きがある。

「No Trespassing（私たちの土地につき許可なく立ち入り禁止）」

本物の立て札のついた壁に、インディアン（アメリカ先住民）の等身大の絵。白人が略奪した国への皮肉だ。この絵は数日前までは存在しなかった。4月23日の夜に、バンクシーが無許可で描いたものだ。

1990年代終わりから、イギリスの街の壁に「バンクシー」というサイン入りのイタズラ書きが増えていった。等身大の人物が描いてあるので、遠くから見るとまるで本物に見える。たとえば壁に窓を描き、そこから裸の男がぶら下がっている絵。人妻との情事を楽しんでいた間男が、夫の突然の帰宅に驚いて窓から飛び出したようだ。

バンクシーは住人や警察のスキを突いて一瞬でリアルな絵を描くために、ステンシルとスプレーペイントを使う。違法行為なので、「バンクシー」というニックネーム以外は秘密。取材に応じる場合は猿のマスクをかぶり、音声も変える。

2004年には、ニセ10ポンド札をバラまいた。エリザベス女王の顔をダイアナ妃の顔にした紙幣だ。やはり、これも違法だが、バンクシーは捕まらなかった。そして05年、彼はイスラエルに飛び、イスラエル政府がパレスチナ系住民を閉じ込めるために建てた壁に落書きした。風船を集めて空に浮かび、壁を飛び越えようとする少女の絵。壁に大きな穴が開いて、青空が見える絵。

そんなイタズラ・アートで世界的な名声を得たバンクシーの作品にはオークションで法外な値がついた。07年、安く買った油絵（英国の戦闘機が飛ぶ風景）にスプレーでGlory（栄光）と殴り書きしただけのものが約1000万円、兵隊フィギュアのガスマスクをつけたバレエ人形が1400万円で売れた。「あんなクズをあんな値段で買うバカがいるなんて信じられない」とバンクシー本人も呆れたほどのアート・バブルだ。

アメリカではバンクシーよりも前、80年代終わりからストリート・アートのムーブメントが続いていた。90年代にはアンドレ・ザ・ジャイアントがこちらを睨む顔に「OBEY（服従しろ）」と書いたステッカーがあちこちに貼られた。これはシェパード・フェアリーというアーティストの作品で、彼は08年の大統領選挙でオバマ候補の顔とHOPEの4文字を組み合わせたポスターで世界的に評価を得た。

こうしたフェアリーのようなアーティストたちが、夜の街で落書きする現場をビデオに撮影し続けたティエリー・グエッタという中年男がいる。フランス出身のグエッタはロサンジェルスで古着屋を経営していたが、朝から晩までビデオカメラを回し続ける癖があった。

彼は芸術には素人だったが、たまたま従兄弟がスペースインベーダーやパックマンのキャラクターを街頭に貼りつけるストリート・アーティストだったことから、この世界に魅せられた。そしてバンクシーと出会ったグエッタは、許されて彼のドキュメンタリーを撮影していった。

ただ、ひとつ問題があった。グエッタには才能がなかった。せっかく撮影した膨大な

『イグジット・スルー・ザ・ギフトショップ』
監督＝バンクシー／出演＝ティエリー・グエッタほか　ナレーション／リス・エバンス

量のビデオテープも、グエッタが編集すると意味不明で支離滅裂になった。このありさまを見たバンクシーは「逆に僕が君の映画をつくることにしよう」と言いだした。

「僕より君のほうが対象としておもしろいよ」

それが、この映画『イグジット・スルー・ザ・ギフトショップ』なのだ。

バンクシーに乗せられたグエッタは自らMBW（ミスター・ブレインウォッシュ）を名乗り、自分の顔のイラストを街角に貼り始めた。やり方はまったくバンクシーやフェアリーの真似だった。

バンクシーに煽られた彼はロスで大々的な個展を開くことにした。絵が描けない彼は、ネットで募集したアーティストに美術辞典で見たポップアートの名作を真似させた。たとえばウォーホルの有名なマリリン・モンローのシルクスクリーンそっくりのマドンナの肖像とか。

そしてMBWの個展が開かれた。ド素人のオッサンをアーティストにしてしまうというバンクシーのイタズラは、彼の予想を超えるロアングリな結果に終わる。

『イグジット・スルー・ザ・ギフトショップ』というタイトルには、美術館の出口に必ずギフトショップがあるような、アートの商業主義を皮肉っている。土産物屋で売ってるようなガラクタにすら数千万円の値がつく今のアート・バブルは、投資先を求める中国マネーが一因だといわれる。ちなみにこの映画のオークション場面で競りにかけられているのは村上隆の絵である。

2010.07

『The Wild and Wonderful Whites of West Virginia』

# シャブと銃しか信じない陽気なヒルビリー一家

『ワイルドでワンダフルなウェスト・バージニアのホワイト一家』は、あるヒルビリーの家族の1年を記録したドキュメンタリー映画だ。

ヒルビリーとはアメリカの山奥に住む貧乏な白人たちのこと。東部をジョージアからニューヨークへと南北に貫くアパラチア山地と、南部をミズーリからオクラホマへと東西に延びるオザーク山地に住んでいる。日本人はめったに訪れない場所だ。

日本でも知られているヒルビリーはテレビ『じゃじゃ馬億万長者』のクランペット一家だろう。養豚や養鶏やトウモロコシ作りで細々と暮らす。ときには鉄砲かついで野生の七面鳥を撃ちに行く。貧しいが素朴な愛すべき人々。

この映画のホワイト家はそんなに甘くない。なにしろ成人の全員が前科者なのだ。強盗、殺人、暴行、傷害……。

一家の大黒柱だった父D・レイ・ホワイトは酒場の喧嘩で撃ち合いになって殺された。次男マークも喧嘩で射殺された。娘のスーの夫トーマスは逆に相手を2人も殺して無期懲役。スーとトーマスの息子ブランドンは、叔父に父親のことをからかわれて逆上し、叔父の顔面に弾丸を2発撃ち込んだ。叔父は命をとりとめたが、ブランドンは駆け付けた保安官たちに囲まれ、銃撃戦の果てに逮捕された。まるで開拓時代の西部みたいだが、これが実際に21世紀のアメリカで起こっているのだ。

ホワイト家に手を焼く地元の保安官は「あいつらは権威を恐れない。社会のルールを屁とも思わん」と嘆く。「しかし、奴らには何かのカリスマがある」

長男ジェスコはタップダンサーとして地元の人気者だ。テレビにも何度も出ている。タップダンスといってもショービジネス的なものではなく、ジェスコが踊るのはクロッギングというヒルビリーに伝わるフォークダンス。ギターにバンジョー、たらいにモップの柄をつけて紐を張ったベース、洗濯板で陽気に奏でるヒルビリーの民謡はカントリー&ウェスタンの原型だ。

チャック・ベリーやエルビス・プレスリーは、ヒルビリー民謡と黒人のブルースを混ぜてロックンロールを生み出した。ジェスコは尊敬するプレスリーの顔を背中に大きく刺青している。

「機嫌がいいときのオレはエルビス。みんなを楽しませる。でも、マンソンになることもある」

ジェスコの背中でプレスリーと並んでいる顔は、1969年にシャロン・テートを惨殺したカルト教団の教祖チャールズ・マンソンだ。ジェスコは幼い頃から暴力事件を繰り返している。教会に強盗に入ったこともある。「幼い頃からガソリンを吸ってラリってたから、脳みそが死んでるのさ」と笑う。

しかし、ホワイト家で本当に凄いのは女たちだ。ジェスコの姪マウシーは浮気した夫を殺そうとして4年の刑を食らっていた。この映画の撮影中に釈放されるとすぐに銃を持って元夫を探す。すでにほかの女と暮らしていた彼を拉致、ナイフで脅して無理やり再婚してしまう。もう1人の姪、カークも浮気した夫の喉をナ

『The Wild and Wonderful Whites of West Virginia』
監督=ジュリアン・ニッツバーグ／出演=ジェスコ・ホワイトほか

イフで切って逮捕されている。

ホワイト家の裁判を担当した弁護士は「一家にはまともな職に就いている者が1人もいない。でも、金に困っている様子もない」と首をかしげる。

ヒルビリーの伝統的な裏稼業は酒の密造で、現在のホワイト家は酒の代わりに処方箋が必要な鎮痛剤や睡眠薬を密売している。カタギの仕事に就かない理由を、一家の長女メイミーは「父ちゃんが炭鉱夫だったから」だと説明する。

全米で3番目に貧しい州ウェスト・バージニア唯一の産業は石炭だが、過酷で危険な作業だ。今年4月にも爆発事故で大量の死者が出た。しかも労働者は搾取されてきた。給料の代わりに金券が支払われた。それは炭坑会社所有の食料品店や雑貨店でしか使えない。「父ちゃんは炭坑で粉じんを吸い込んでがんになった。私たちは『偉そうな奴らにはもう騙されない』と誓った」

炭坑会社は地元の労働者を、植民地のプランテーションで働く奴隷のように扱った。彼らはアメリカに来る前から何百年も虐げられてきたのだ。

ヒルビリーの語源はヒル（山）に住むビリー（スコットランド人。ウィリアム王の愛称から）。彼らの大半がスコットランド系だ。もともとスコットランドはケルト系の独立国だったが、17世紀にアングロサクソンのイングランドに占領されてしまった。イングランドは同じく植民地化したアイルランドにプランテーションを作り、労働者としてスコットランド人を入植させた。しかし、19世紀に飢饉で大量の餓死者が出たので農園主が貧農たちをアメリカに送り出した。要するにやっかい払いだ。彼らがアメリカに着いた時、すでに耕作に向いた土地はイングランド系移民に独占されていた。選択肢は2つしかなかった。南部の地主の下で以前と同じように小作として働かされるか、たとえ貧しくても独立して山奥で暮らすかだ。後者がヒルビリーである。

そんな歴史を背負う彼らは、命よりも自由を重んじ、銃と神しか信じない。異常に見えるホワイト家だが、純朴で信心深く自由でアナーキーで暴力的なアメリカの魂を象徴しているのだ。

『レストレポ前哨基地』

# アフガンの心はつかめるか？最前線従軍記

2010.09

2010年6月、アメリカ軍アフガニスタン方面総司令官のスタンレー・マクリスタル将軍が辞任した。ロック雑誌「ローリングストーン」に彼がバイデン副大統領をはじめオバマ政権の閣僚を批判するインタビューが掲載されたからだ。酒の席での失言だったが、文民統制の原則に反するとされた。マクリスタル将軍はアフガニスタンでCOIN作戦を推進していた。その作戦の実態を描いたドキュメンタリー映画『レストレポ前哨基地』が皮肉にも将軍辞任と同じ週にアメリカで公開された。

『レストレポ前哨基地』は07年5月、第173空挺部隊の兵士たちがアフガニスタンに到着するところから始まる。兵士はみんな20歳前後の若者たち。装甲車に乗って険しい山を登っていく途中で爆音と共に画面が白煙に包まれる。路肩爆弾だ。待ち伏せしていたタリバンからの銃撃。反撃する米兵。怒号と銃声。開巻数分で、観客は戦場に引きずり込まれる。

舞台はパキスタンとの国境に近い山岳地帯コランガル渓谷。標高3000メートル級の荒涼たる岩山が地平線の彼方まで広がっている。その稜線のてっぺんを掘って小さな砦を築き、15人の兵士が暮らす。ひとりの救護兵が着任早々、狙撃されて死ぬ。彼の名はレストレポ。フロリダ州出身の20歳、一児の父。何もしないうちに戦死してしまったレストレポの名前がその砦につけられる。砦は毎日毎晩、タリバンからの激しい砲火を受け続ける。

映画『レストレポ前哨基地』には2人の監督がいる。世界各地の紛争地帯を撮影してきた戦場カメラマンのティム・ヘザーリントンと、ジャーナリストのセバスチャン・ユンガ

**『レストレポ前哨基地』**
監督=ティム・ヘザーリントン、セバスチャン・ユンガー

ーだ。ユンガーが1991年のカジキ漁船遭難事故をルポした『パーフェクト・ストーム』は全米でベストセラーになり、ハリウッドで映画化されている。ヘザーリントンとユンガーはABCテレビの取材でレストレポに入り、それから1年間、レストレポ砦で兵士たちと寝食を共にしながらビデオを撮影し続けた。

山岳地方のアフガニスタン人は、険しい岩山をくり抜いた穴に住み、斜面に作ったわずかな面積の畑を耕して細々と暮らしている。北部の都市を追われたタリバンたちも普通の村人に混じって生活しているので発見は難しい。それに貧しい若者たちはわずかな金目当てでタリバンに身を投じる。タリバンはケシ畑で作ったアヘンを売った金で兵士に給料を払い、武器を買い集め、再び態勢を立て直して首都カブールを奪還しようとしている。

そこでマクリスタル将軍が提唱したのがCOIN作戦だ。COINとはCounter Insurgency（対抵抗勢力）の略で、アフガンの一般市民の中に入り込んで彼らの「心と意識（ハーツ・アンド・マインズ）」を獲得し、タリバンに味方しないようにする。この作戦はベトナム戦争での苦い教訓から生まれた。当時のジョンソン大統領は「ベトナム戦争での勝利はベトナムの人々の心と意識を獲得するかどうかにかかっている」と演説したが、アメリカは失敗した。米兵たちはベトナムの農民に紛れたベトコン（南ベトナム内の反政府ゲリラ）に怯えて無差別な空爆や虐殺を繰り返し、人々の反感を買って北のシンパを増やしてしまった。だからマクリスタル将軍は言う。「アフガンの民間人ひとりを誤殺するたびに10人の敵ゲリラを増やすことになる」と。

レストレポ砦の兵士たちは通訳を連れて近隣の村を訪れ、また長老会議に出席して村人たちの声に耳を傾ける。流れ弾でヤギが死ねば弁償する。

マクリスタル将軍は、アメリカの金で農村部に道路を作ってあげた。それでも農村には、幼い子どもと女性と老人しかいない。男たちはどこに行ったのか？　タリバンに入ったのか？

クライマックスは「ロック・アバランチ作戦」。歩兵部隊が周囲の山に入り、タリバンをサーチ＆デストロイ（索敵殲滅）するのだ。さっそく反撃を受ける。無線で攻撃ヘリを呼び、弾が飛んできた方向にロケット弾を撃ち込ませる。沈黙。現場に行くと、武器を持ったタリバンの戦士たちが死んでいる。ただ、そこは普通の村の中だった。無関係な村人5人が爆発に巻き込まれて死に、ひとりの子どもが重傷を負う。兵士が自分を正当化しようとつぶやく。「でも敵はやっつけたぜ」。いや、マクリスタル将軍の法則によれば、50人の敵を作っただけだ。

作戦からの帰り道、森の中で歩兵たちが撃たれる。カメラは地面に這いつくばる。砂埃の向こうに倒れた兵士。彼に蘇生を試みた兵士の迷彩服が、真っ赤な血に染まる。またひとり死んだ。

レストレポ砦はもうない。10年5月、ついに米軍はコランガル渓谷から撤退したからだ。オバマ政権が掲げたアフガンからの撤退期限11年秋は、もう1年後に迫っている。

★ヘザーリントン監督は２０１１年4月、リビア内戦取材中に政府軍の砲弾で死亡。米軍はまだアフガンから撤退できない。

『コラプス』

# 石油が枯渇して資本主義崩壊が始まる？

2010.10

2009年2月、ドキュメンタリー映画作家クリス・スミスは、CIAのコカイン密売についての映画を作るため、取材をしていた。

CIAは過去に2度、麻薬密売にかかわっている。最初は1960年代の終わり、ベトナム戦争の最中。ベトナムの隣国ラオスの社会主義勢力を抑えるため、CIAは密かに地元の山岳民族を反共ゲリラへと育てた。その時、山岳民族は、ケシの実から作るヘロインを密売して資金を稼いでいたのだ。

2度目は70年代。この時もまったく同じ構図で、中南米の反共勢力を支援するため、CIAは現地で採れるコカインをアメリカ国内で売って資金稼ぎを図った。

コカイン密売でCIAを告発したのはロサンジェルス警察のマイケル・ルパートという麻薬捜査官だった。クリス・スミスは、警察を退職したルパートに話を聞こうと、ロサンジェルス郊外の彼の家を訪れた。

ところがルパートはCIAの話をしなかった。口止めされたからではなく、もっと大きな問題に興味が移っていたからだ。彼は勝手に「この国はすぐに崩壊する」と話し続けた。そして、その事実を知っているために命を狙われているという。妄想としか思えないので、クリス・スミスは退散したが、しばらくしてから、彼の話は映画になると思った。そして作られた映画が『コラプス（崩壊）』だ。

撮影は、廃棄された肉のパック詰め工場で行われた。何もない部屋に、60代の男性、マイケル・ルパートが普段着で座っている。彼だけにスポットライトが当たり、ほかは真っ暗だ。そしてルパートは、自分を狙う政府の陰謀と人類の未来についてものすごい勢いで語っていく。

かつてルパートは体制側の人間だった。父は米軍のパイロット、母は第二次大戦中、米軍の情報機関で働いていた。UCLAで政治学を学んだ彼はロサンジェルス警察に就職した。

78年、ロスの黒人スラム、サウス・セントラル地区で麻薬捜査をしていたルパートは、コカインの密売にCIAが関係していると考えるようになった。それを追及し始めた彼は銃撃された。

「婚約者が突然、私の元から去った。後で彼女はCIAのエージェントだとわかった。私を監視していたのだ」

ルパートは警察を辞めると、国家のウソを告発する「荒野より」というニューズ・レターを発行し始めた。それは聖書のマタイ伝にある「荒野の声」つまり、「世にいられない革命家の叫び」を意味している。本人いわく「数々の妨害と戦い続けた」果てに、ひとつの結論にたどり着いた。政府の数々の陰謀は、ひとつの事実を隠そうとすることから始まっているのだと。

「それはピーク・オイルだ」

「ピーク・オイル」とは石油産出量の頂点のこと。シェル石油の研究員だったマリオン・K・ハバートが56年に提示した理論で、石油の産出量はある頂点を越えたところから減少の一途をたどり、その後は回復しないという考えだ。石油の量に限りがある以上、ある程度掘りつくせば、あとはだんだんなくなっていく一方だという当たり前のことをいっているにすぎない。

ピーク・オイル論が提示された当時、アメリカの産油量は世界一だった。しかし、その後70年代にピークを超え、その後は二度と回復しなかった。

問題は世界のピーク・オイルがいつ来るかだ。2030年頃と予測している研究もあれば、すでに03年にピークを越えたという説もある。いずれにせよ、今世紀中に石油産出量の世界的減少が始まる可能性は高い。

「現在の資本主義は石油の上に成り立っている」とルパートは言う。「だから、その崩壊は必然だ。政府の陰謀はすべて、その事実に逆らい、隠蔽しようとする行為なのだ」

また、石油の枯渇で崩壊するのは産業だけではないと彼は続ける。

「資本主義は経済が永遠に拡大し続けることを前提にしている。産業が縮小したら経済も後退し、資本主義や貨幣制度も崩壊する。経済への信用が崩壊すれば金などただの紙っぺらになる」

この「崩壊」に備えて、ルパートは金（きん）の貯蓄と、食料の自給自足を勧める。彼を、「空が落ちてくる」と怯えた杞の国の人と同じだと笑う人もいるだろう。

**『コラプス』**
監督=クリス・スミス／出演=マイケル・ルパート

そもそも、ルパートのような考え方をするだけで政府に命を狙われるだろうか？　彼はただの被害妄想の陰謀論者にすぎないのでは？

スミス監督はルパートに、「たとえ石油枯渇が避けられないとしても、それを克服する方法やテクノロジーを人類が開発するとは思わないんですか？」と尋ねるが、彼は首を振る。

「私は警官としてロサンジェルスで最も暴力的な地帯で働いていた頃、常に悲観的な考え方をすることで危機を切り抜けてきた。船が沈んでから救命ボートを用意しておけばよかったと後悔しても遅いんだ」

『THE TILLMAN STORY』

2010.11

# アフガンに志願したNFL選手を殺したのは誰？

「パットは神になんか召されていない」

アフガニスタンで戦死した兄パット・ティルマンの葬儀で、弟のリッチ・ティルマンは、列席した軍や政治、スポーツその他各界の名士たちに向かって、吐き捨てるように挨拶した。「兄貴は宗教なんか信じちゃいなかった。あんたらがどんなに彼を聖人にしたてようとも、兄貴はただ死んじまっただけだ！」

そして彼は泣き崩れる。ドキュメンタリー映画『ティルマン・ストーリー』に集められた数々のフッテージのなかで最も強烈で、最も悲痛な映像だ。

パット・ティルマンはNFLアリゾナ・カージナルズのスター選手だった。しかし、2001年9月11日に同時多発テロが起こり、アフガンにアメリカが攻撃を開始すると、彼は祖国のために戦おうと決意した。そして、カージナルズから提示された次期の契約金360万ドルを蹴り、02年5月に陸軍に入隊した。

全米が驚いた。政治家やマスコミは「お国のために戦おう」と呼びかけていたが、自ら戦場に行く有名人は誰もいなかったからだ。ティルマンは入隊について取材を一切受けなかった。戦意高揚プロパガンダに利用されるのを嫌がったからだという。

レンジャーとしての訓練を終えたティルマンの、最初の任務はイラク侵攻。「行きたくない」と彼は周囲に漏らしていた。「俺はアメリカを攻撃したタリバンと戦うために軍隊に入った。でも、イラクはテロと関係がない」。ティルマンはブッシュ政権のやり方に疑問を持ち、ノーム・チョムスキーの政治的著作を読むようになった。

『THE TILLMAN STORY』
監督＝アミール・バーレフ

バグダッド陥落後、ティルマンはアフガンに派遣されたが、04年4月22日、家族の下に戦死報告が届いた。タリバンの待ち伏せにあって撃たれたという。

軍はティルマンにシルバースター（勇敢な戦闘を讃える勲章）とパープルハート（戦闘での死傷者に授けられる勲章）を授与し、陸軍葬を行った。列席した軍関係者や政治家たちは挨拶の中でティルマンを「愛国者」「英雄」と讃え、「神を愛し」「神に召され」と「神」を連発した。軍や政府だけでなく、保守系コメンテーターたちもテレビでティルマンを「キリスト教とアメリカ政府を信じた愛国者」へと祭り上げようとした。それで冒頭に挙げた弟の「兄貴は宗教なんか信じてなかった」発言が飛び出したのだ。

実は、もっと悪質なデッチ上げが進行していた。葬儀から数週間後、遺族は驚くべき事実を知らされた。ティルマンを殺したのはタリバンではなく米兵だったというのだ。

CID（陸軍犯罪調査部隊）の報告によると、ティルマンの部隊は、敵の多い山岳地帯に入った時、ティルマンと数人だけ分かれて先に偵察に出た。後発部隊が追いついた時、ティルマンを待ち伏せした敵だと思って誤射してしまったという。彼は頭に3発の弾丸を受けて即死したが、撃った兵士の名前は特定されていない。

部隊はティルマンの着ていた服や残したメモなどを焼却した。さらに口裏を合わせて誤射の事実を隠そうとした。問題は軍の上層部がどこまでこの隠蔽工作に関与しているかだ。

「軍とブッシュ政権は事実を隠し、うちの息子を愛国プロパガンダに利用しようとした」。ティルマンの遺族は議会に調査を訴え続け、やっと07年7月に軍の高官たち、および当時の国防長官ラムズフェルドに対する公聴会が開かれた。誰が隠蔽工作を指示したのか、いくら質問されてもラムズフェルドたちは「記憶にありません」を繰り返すばかり。結局、誰も責任を問われず、真相は不明のままだ。

ブッシュ政権は、ジェシカ・リンチも英雄にしようとした。19歳の女性兵士だったリンチはイラクで敵と勇敢に戦ったが負傷して捕虜になり、イラク兵たちに性的拷問されていると報じられた。ブッシュ政権は「愛国少女を救出しよう！」と喧伝、米軍が敵の病院に突入してリンチを奪還する作戦を中継した。ところが後に、リンチ自身が語った事実はまったく違っていた。彼女は戦闘ではなく交通事故で負傷し、イラクの民間人によって病院に運ばれた。捕虜ではないし、病院にもイラク兵はいなかった。だからテレビ中継でアメリカ兵は無意味な発砲をして、ありもしない戦闘を演出したのだ。

日中戦争中、敵陣を爆破しようとした日本軍兵士三人が事故で爆死した。軍とマスコミは彼らをお国のために特攻自爆した「肉弾三勇士」へと祭り上げ、彼らを讃える歌や芝居が作られた。そんな軍国美談を今どき、それもアメリカがデッチ上げようとしたのだ。「のらくろ」の時代じゃないんだっての。

遺族はティルマンが暗殺された疑いも抱いている。ティルマンはブッシュ政権が困るような何かを知っていたのではないか。そこで、事故を装って殺し、ノートを焼き捨てた、と……。

## 2010.12

# 『インサイド・ジョブ』
# 金融崩壊を引き起こした犯人をムショにブチ込め！

映画『ウォール・ストリート』は、『ウォール街』の23年ぶりの続編だ（ややこしい邦題だなあ、もー）。

『ウォール・ストリート』は、前作でインサイダー取引によって逮捕されたカリスマ株取引人ゴードン・ゲッコー（マイケル・ダグラス）が、2001年に出所する場面から始まる。21世紀になって携帯電話は小さくなったが、ウォール街は巨大化した。デリバティブ、CDO（債務担保証券）、レバレッジ、ヘッジファンド……証券マンは庶民から預かった年金を使ってギャンブルする。ゲッコーは言う。

「今のウォール街に比べたら、私のインサイダー取引なんて駐車違反だよ」

だが、『～ストリート』を観ていると、だんだんもどかしくなる。ウォール街で08年に何が起こったのか、ドラマでなく本当のことが知りたくなる。

そこにちょうど金融崩壊のドキュメンタリー『インサイド・ジョブ』が公開された。これは『ウォール・ストリート』と併せて観るべき映画だ。

「インサイド・ジョブ（内部の犯行）」とは、たとえば銀行員が銀行の金を盗むこと。この映画は、08年の金融崩壊はウォール街の連中がグルになってやらかした「犯罪」だと告発する。

金融崩壊を扱ったドキュメンタリーには、先にマイケル・ムーアの『キャピタリズム／マネーは踊る』があるが、経済に疎いムーアは「資本主義よりも民主主義を」というトンチンカンな主張をして終わってしまう。一方、『インサイド・ジョブ』の監督チャールズ・ファーガソンは政治とビジネスのプロだ。彼は名門MITで政治学の博士号を取り、ホワイトハウスをはじめ公共機関の政策顧問を務めた後、ＩＴ会社を起業。その会社はマイクロソフトに1億3300万ドルで買収され、それを資金にファーガソンはドキュメンタリー映画作りを始めた。自らウォール街の大物やエコノミスト、世界各国の政治家にインタビューし、インサイド・ジョブの犯人たちに迫っていく。

まず最初に名指しされる犯人は当然、投資銀行の重役たちだ。『ウォール・ストリート』で、破綻した投資銀行の会長は失意のあまり自殺する。しかし、リーマン・ブラザーズやＡＩＧでは誰も自殺してないし、損もしていない。リーマンのリチャード・ファルド会長は、バブルの8年間だけで350億円を自分に給料として支払っていた。また、リーマンに引きずられて破綻したＡＩＧは政府（つまり税金）から17兆円もの援助を受けた直後、重役たちに160億円ものボーナスをばらまいた。

第二の犯人は格付け会社。ムーディーズなどはリーマンやＡＩＧに破綻直前までＡＡＡ（絶対安心）の信用度をつけていたが、彼らの利益は、格付け対象企業から得ている。金をもらえば格付けは上がる。そんなものを信じて投資して人々は財産を失ったのだ。

第三の犯人は経済学者たち。英米では、1980年代、レーガン大統領とイギリスのサッチャー首相は、経済政策にサプライサイド経済、または新自由主義を採用した。減税と民営化による小さな政府、規制緩和によって自由市場競争を活性化するという考えだが、これが景気回復に成功したため、サプライサイド経済は学会でも主流を占めることになった。サプライサイド経済の学者たちは政府の経済顧問となり、規制緩和や自由化を推し進めた。しかし、彼らの働く大学やシンクタンクは、企業や金融業界から多額の援助を受けている。しかも、金融崩壊を見ても自分たちの過ちを認めない。

第四の犯人は、財務官僚。レーガン政権以来、財務長官やＦＲＢ（連邦準備制度委員会）の

**『インサイド・ジョブ』**
監督=チャールズ・ファーガソン/ナレーション=マット・デイモン

議長は、ウォール街OBやサプライサイド経済学者が歴任してきた。民主党のクリントン時代は、レーガン時代から続くグリーンスパンFRB議長と、ゴールドマン・サックスCEOのロバート・ルービンとサプライサイド経済学者ラリー・サマーズが財務長官として証券取引の規制緩和を行った。そのルービンとサマーズが現オバマ政権の経済顧問でもあるのだ。

「これじゃ、誰が大統領になろうと同じだ」と、ファーガソンは嘆く。では、どうすれば金融の暴走は防げるのか?

「とにかく犯人を罰することだ」。自らも経営者だったファーガソンは言う。

「事故で消費者に損害を与えたら、企業は責任を取らされる。金融崩壊では、誰も罰せられていない」

『ウォール・ストリート』の悪役ブレットンは、客にはCDOを「安心ですよ」と売りながら、自分はCDOを空売りして金融崩壊で大儲けする。これはゴールドマン・サックスが実際にやったことだが、証券取引委員会は同社を提訴し、議会は公聴会で経営者たちを追及した。だが、有罪にできる可能性は低い。裁く法律がないからだ。

オバマ政権はそのための金融規制法を作ろうとしているが、今回の中間選挙で下院を共和党に支配された。インサイド・ジョブ再発防止は前途多難だ。

★オバマは財務閣僚からウォール街人脈を一掃して金融規制を強めようとしたが、議会共和党の反対で思うように進まなかった。トランプ政権は財務長官に元ゴールドマン・サックスのムニューシンを登用した。

2011.01

# 『ソーシャル・ネットワーク』
# Facebook創業者は裏切り者か英雄か？

映画『ソーシャル・ネットワーク』は、世界一のSNS（ソーシャル・ネットワーク・サービス）、フェースブックの創成期の物語だ。

フェースブックの会員は自分のページに名前、顔写真、仕事、趣味などの個人データを掲載する。その人とフレンド（友達）になりたい人はリクエストを送って受理されるのを待つ。2004年に始まったフェースブックはものすごいスピードで友達の輪を広げ、現在の会員は全世界に5億人。全人類の14人にひとりの計算になる。

フェースブックを作ったのは当時19歳だったマーク・ザッカーバーグ。2011年現在26歳の彼の推定資産は6000億円以上。世界一若いビリオネアだ。

しかし『ソーシャル・ネットワーク』は天才少年のサクセス・ストーリーではない。一種の法廷劇だ。マーク・ザッカーバーグは同じハーバードの学生から2件同時に訴えられた。原告の1組は上級生の3人。彼らは、フェースブックは自分たちのアイデアの盗用だと訴えた。もう1組はマークの親友だったエデュアルド。彼はフェースブック立ち上げ時の共同経営者だったが、途中でマークに「騙されて」会社から外されたという。

映画はこの三者の弁護士を交えた話し合いを軸に、過去へとフラッシュバックしながら進んでいく。観客はそれを観て考える。マークは有罪か無罪か。

だが、マークに好印象を持つのは難しい。学生時代のマークは、女の子にフラれるとブログに「彼女の胸はブラで寄せて上げてるだけ」などと悪口を書き込む。大学のコンピュ

**『ソーシャル・ネットワーク』**
監督=デヴィッド・フィンチャー／脚本=アーロン・ソロキン／出演=ジェシー・アイゼンバーグ、ブレンダ・ソング、アンドリュー・ガーフィールドほか

ータをハッキングして、女子学生の身分証明写真のデータを盗み、ネット上で2人ずつ並べて「どっちがイケてるか?」人気投票させる。それを非難されると「家畜の品評会をマネした」と言ってのける。彼をフッた女の子の言葉を借りれば、まったくのAsshole（下衆野郎）だ。

そして裏切り。マークはフェースブックを始める時、ビジネスを学んでいた親友のエデュアルドにスポンサー探しを頼んだ。そこにアドバイザーとして割り込んできたのがショーン・パーカーだ。彼もまだ25歳だったが、1999年にデータ交換ソフト、ナップスターで音楽業界をパニックに陥れたITセレブだ。するとマークはあっさりパーカーとくっついて旧友エデュアルドを捨ててしまう。マークは金の亡者で冷血漢なのか?

いや、それはちょっと違うようだ。少なくともこの映画では。例えばこんなシーンがある。エデュアルドを空港に迎えにいくと言ったマークが、それを忘れるシーンがある。エデュアルドはマークの謝罪を待つが、マークは決して謝らない。というか、きょとんとしている。もっと奇妙なのは、マークが女の子にビールをパスするシーン。いきなりビールを投げられた彼女はキャッチできず、ビールは壁に当たって割れる。それを見たマークは、やはり謝りもせずに、もう一本投げつける!

この奇妙なシーンは、マークが人の気持ちがわからない「障害者」であると暗示している。彼を知る何人かは取材に対して「アスペルガーのようだ」と評しているが、真偽のほどはわからない。ただ、脚本のアーロン・ソロキンとデヴィッド・フィンチャー監督はマークをそのように描いている。演じるアイゼンバーグは決して笑わない。抑揚のない平坦な口調でものすごいスピードで話す。どれもアスペルガーの典型的な特徴だ。

マークは人々が自分に腹を立てる理由がわからない。だから彼は一種の悲劇のヒーローといえる。

マークがヒーローだとすれば、敵は彼をアイデア盗用で訴えた上級生3人組、とりわけ双子のウィンクルヴォス兄弟だ。彼らはマークに、ハーバード学生のための出会い系サイトの構築を依頼する。

「女の子たちは俺たちみたいなエリートと付き合いたいに決まってるからさ」

マークは依頼を引き受けるが、その後、なんの連絡もせずにフェースブックを立ち上げる。3人組は「盗まれた」と訴える。彼らは実際、何もしていないのに。

そもそも映画でのマークは、ウィンクルヴォスが所属するエリート友愛会に異常なほど憧れていた。その友愛会に入れるのはウィンクルヴォスのような金持ちの息子でハンサムでスポーツマン（カッターのアメリカ代表として、北京オリンピックにも出場）だけ。キモオタでチビのマークは逆立ちしたって入れない。だから恵まれた奴らを見返すためにコンピュータで頑張ったのに……。

結局マークはウィンクルヴォスらに示談金数十億円を払った。「持てる者」は何もかも奪っていくのか？　本当の悪党はこいつらだよ！

## 2011.02

# アメリカの学力低下と教師の終身在職権

## 『スーパーマンを待ちながら』

『スーパーマンを待ちながら』――このドキュメンタリー映画の奇妙なタイトルは、ニューヨークの黒人街ハーレムで育った教師ジョフリー・カナダの言葉から取られている。

「幼い頃、人々が困っていればスーパーマンが飛んで来て解決してくれると思っていた。スーパーマンは実在しないと知った時はショックだったよ」

彼がスーパーマンを必要としているのは、公立学校の改善のためだ。『スーパーマンを待ちながら』の監督はデイヴィス・グッゲンハイム。ゴア副大統領が地球温暖化の危機を訴える『不都合な真実』でアカデミー賞を受賞したグッゲンハイムは、『不都合な真実』を製作したパーティシパント・メディアから次回作に公立学校問題を扱ったらどうかと持ちかけられた。

先進国30カ国中、アメリカの子どもの算数の能力は25位、理科の点数は21位。アメリカの中学生の69％の英語読解力は平均以下。大学のレベルは今も世界一だが、アメリカ人の大学進学率は下がり続け、一流大学の留学生の比率は増える一方。どうして、こんなに勉強ができないのか？　原因は公立学校にあるといわれてきた。アメリカの子どもの89％が公立学校に通っている。

「うちの2人の娘は月謝の高い私立に通っている」監督は言う。彼の妻はハリウッド女優エリザベス・シューだ。

「学校への送迎の途中、3つの公立学校の前を通過する。罪悪感があった。金持ちでなければ公立に行くしかないから」。そしてグッゲンハイムは取材を始める。意外な事実が暴かれていく。まず、アメリカ政府は公教育の改善に尽力してきたということ。70年代からの約40年間に生徒一人当たりに費やす予算は123%増え、その額は今や先進国中第5位。また教師ひとりが受け持つ生徒の数は平均16人で、日本に比べてはるかに少ない。それなのに学力低下は止まらない。

筆者はかつて、アメリカで最も教育レベルの低い地域に住んでいた。オークランドという同国で4番目に殺人の多い街で、黒人とヒスパニックの貧困層のスラムがある。そういう家庭では親が子どもの勉強を見る学力も余裕もない。低学力と低収入は次世代に引き継がれる。その悪循環から子どもたちを救いだすのが公立学校の使命だ。

グッゲンハイムは、教師の質の低下はテニュア（終身在職権）にあると見る。大学では教育の自主独立を守るため、教授はテニュアで守られている。教員組合の力で、小学校の教師にもテニュアがある。一般企業では実績によって給与が上下し、場合によっては解雇されるが、教師にはその心配がない。これでは良くなるはずがない。

学力を着実に向上させている公立学校もある。チャーター・スクールと呼ばれる学校で、私立のように独自のカリキュラムで指導するが、市の予算を受けるので月謝はタダ。毎年のテストで点数を向上させないと次年度の予算はカットされる。成績を上げられない教師もクビを切られる制度なので、テニュアを放棄した非組合員の本気の教師が参加する。

ジョフリー・カナダ先生はハーレムでチャーター・スクールを始め、黒人やヒスパニックの子どもたちはぐんぐん成績を上げている。子どもの学力は実は教師よりも周囲の子どもに影響される。できる子の中にいると、相乗効果でほかの生徒もできるようになる。

チャーターの問題は、その数が少ないこと。公立学校全体に対してわずか4%。しかも

**『スーパーマンを待ちながら』**
監督=デイヴィス・グッゲンハイム

学力向上に成功しているのは、そのうち17%にすぎない。だから人気のチャーターには志願者が殺到してクジ引きをさせられる。10倍以上の競争率は珍しくない。

筆者は運よく娘をチャーターに入れることができたが、中学高校のチャーターはさらに少ないので、結局、中産階級が多く住む隣の市に引っ越した。学校のレベルは高いが不動産の値段もバカ高い。高い家賃を払うか、私立に入れるか、チャーターのクジを当てるか。この3つしかないのだ。

この状況を打開するため、ひとつの学区全体をチャーター化しようとする女性が登場する。07年に首都ワシントンの教育監に任命されたミッシェル・リーだ。ワシントンは住民の大部分が貧困層の黒人で、教育のレベルは全米でも最低だった。リーは成果主義を掲げ、テストの成績を上げられなかった教師のクビを切りまくり、短期間で市全体の学力を向上させた。リーをジャンヌ・ダルクのように描いた『スーパーマンを待ちながら』が公開された直後、彼女は辞任した。リーのやり方に教員組合が猛反発して、大々的な運動を展開し、その結果、リーを任命した市長が選挙で負けてしまったからだ。

『スーパーマンを待ちながら』は日本にとって他人事ではない。教員組合の力は強く、教師は終身雇用で、子どもの学力は年々低下し、貧困層が形成されているのだから。

『クライアント9／エリオット・スピッツァーの興亡』

# ウォール街の保安官の買春スキャンダルで得した奴ら

2011.03

2008年3月10日、ニューヨーク・タイムズ紙が、FBIによる高級デートクラブ摘発を報じた。裁判所に提出された書類によると、首都ワシントンのホテルでコールガールと会っていたクライアント（顧客）ナンバー9は、ニューヨーク州知事エリオット・スピッツァーだった。FBIは電話盗聴でその事実を確認した。

スピッツァーはニューヨーク州の司法長官として徹底的に大企業と戦ったヒーローだった。株の違法捜査や独禁法違反を取り締まり、NYSE（ニューヨーク証券取引所）の会長すら収賄で起訴し、「ウォール街の保安官」とたたえられた。ソニーがラジオ局に払っていたペイオーラ（賄賂）を摘発して莫大な罰金を払わせたこともある。

その勢いでスピッツァーは州知事に立候補し、史上最高の得票数で当選。腐敗しきった州政府の浄化を始め、州民の圧倒的支持を集めた。「ユダヤ系で初の大統領になるかも」とすら言われた。

その英雄がコールガールにはまっていたとバレた。成人男女が同意の上で金銭を介在したセックスをすること自体を罰する法律はない。しかしスピッツァーは州司法長官時代にウォール街の高級コールガール組織を取り締まったことがある。「偽善者め」。州民の信頼は既に地に落ちた。スピッツァーは州知事辞任を表明した。記者会見では、スピッツァーの横に奥さんが般若の形相で立っていた。

しかし、スピッツァーのウォール街取り締まりは正しかった。それは08年の金融崩壊で

『クライアント9／エリオット・スピッツァーの興亡』
監督=アレックス・ギブニー

もしれない。

証明された。彼がその後も政治家として活躍していたら、世の中はプラスになっていたか

「今回のスピッツァー追及は政治的陰謀だ」。クリントン大統領の選挙ブレーンだったジム・カーヴィルは、スピッツァーは敵を増やしすぎたから標的にされたのだ、と論評した。

確かにおかしい。国家的犯罪を担当するFBIがなぜ、小さなデートクラブをわざわざ捜査したのか？　顧客の中で、なぜスピッツァーだけを盗聴し、特定したのか？　そもそも誰がその書類をニューヨーク・タイムズにリークしたのか？

その疑問を解明しようとする映画が『クライアント9／エリオット・スピッツァーの興亡』だ。監督のアレックス・ギブニーは『エンロン』で史上最大の企業犯罪を、『カジノ・ジャック』で史上最悪のロビイストの実態を暴いてきたドキュメンタリー作家。

『クライアント9』でギブニーは、スピッツァーをハメた犯人を探して、彼の敵たちに直撃インタビューしていく。世界最大の保険会社AIGの会長モーリス・R・グリーンバーグは、スピッツァーに不正取引を追及されて辞任した。AIGは08年にサブプライムローンが原因で破綻したが、グリーンバーグは「私が会長なら、あんなバカなことにはならなかった」とスピッツァーを責める。

全米最大のホームセンター「ホームディーポ」のオーナー、ケネス・ランゴーンは、NYSEの理事だったが、やはりスピッツァーに追及されて辞任に追い込まれた。非営利組織だったNYSEの買収に関する贈賄容疑だ。スピッツァーへの怒りを隠せないランゴーンは「FBIが捜査する前に、あいつがコールガールへの支払いのために郵便局に行ったのを知っていた」と証言する。しかしランゴーンはFBIへの密告については否認

する。

ここでロジャー・ストーンなる怪人が登場する。「ポリティカル・ヒットマン（政治的暗殺者）」と自称するストーンは、ヤクザのヒットマン同様、背中に刺青をしているが、なんとニクソンの顔のタトゥーだ！

ストーンはニクソン時代から共和党の選挙コンサルタントとして活躍してきた。ブッシュ父のために民主党のデュカキス候補への中傷CMを作ったのも彼だ。ところが、ストーンが夫婦交換マニアだと報道されたため、共和党から「表向きの」関係は切られた。しかし、政敵を潰すスキャンダルの仕掛け人として暗躍を続けていた。

ストーンは州知事になったスピッツァーに汚職を追及されていたニューヨーク州上院議長ジョセフ・ブルーノに雇われて、スピッツァーのスキャンダルを探した。得意のエロ関係の人脈でコールガールからスピッツァー買春の噂を聞き出し、ＦＢＩにリークした。当時、ＦＢＩを仕切る連邦司法長官はブッシュに任命された共和党員で、スピッツァーの敵だった。

ストーンの話がどこまで信用できるか、わからない。わかるのは、アメリカにはストーンのような魑魅魍魎が跋扈しているという事実。奴らは今、オバマ大統領のミスを求めて地面をかぎ回っていることだろう。

スピッツァーは今、ＣＮＮの政治コメンテイターとして活躍している。夫婦仲もなんとか修復中らしいよ。

★〝ヒットマン〟のロジャー・ストーンはドナルド・トランプの旧友で、大統領選挙の時も彼の顧問を務めた。

『カンパニー・メン』

# 会社人間の転落とものづくり復活の夢

2011.04

「このCompany man（会社人間）め！」

映画『摩天楼を夢みて』（92年）で、アル・パチーノ演じる不動産のセールスマンが、官僚的な支店長（ケヴィン・スペイシー）をそう言ってなじる。「会社人間」という罵倒はアメリカにもあるんだなあ。

そのものズバリ、『カンパニー・メン』（10年）という映画が公開された。これは明らかに『摩天楼を夢みて』を意識して作られたはずだ。なぜなら、『摩天楼を夢みて』の原作であるデヴィッド・マメットの戯曲の表紙は、青空高く張られたロープの上を綱渡りするスーツ姿のビジネスマンだが、『カンパニー・メン』のポスターは、それとほとんど同じなのだ。しかし、今作のポスターでは、主演俳優のベン・アフレックやトミー・リー・ジョーンズは既に下に転落して、ロープを見上げている。アメリカそのものも綱渡りから落ちてしまったのだ。

『摩天楼を夢みて』は、レーガンの自由主義経済政策で不動産や証券がバブルになった80年代が背景。シカゴの不動産会社の支店に本社から若いエグゼクティヴ（アレック・ボールドウィン）がやって来て、業績の悪い3人のセールスマン（40代、50代、60代）に「これから競争しろ。一番成績の悪かったひとりをクビにする」と告げる。

『カンパニー・メン』は2008年秋のリーマン・ショックによる金融崩壊で始まる。ボストンの船舶会社で働く、やはり3世代の社員が主人公。50代のトミー・リー・ジョーンズは社長と一緒に造船業を始めた創業メンバー。50代のクリス・クーパーは大卒ではないが、エンジニアから叩き上げた職人肌。そして、もうすぐ40歳のベン・アフレックはセールスの管理職で自称コーポレイト・ウォリア（企業戦士）。商用で全米を飛び回り、ポルシェに乗り、ゴルフのクラブ会員になり、郊外に７０００万円くらいの家も買った。年収はまだ１２００万円だからローンはキツいけど、このまま出世すれば年収も上がるはずだ。

ところが、金融崩壊で３人ともリストラされてしまう。アフレックは転職先を探すけど、面接で年収６５０万円と聞いてプライドが傷つき、断ってしまう。そもそも、それじゃローンが払えない。ご近所や子どもにはクビにされた事実を打ち明けられない。そのうちにポルシェを売り、ゴルフクラブを売り、結局、家は差し押さえられて、女房子どもを連れて両親の実家に出戻り。一度上がってしまった生活レベルのダウンサイズは、彼を打ちのめす。

アフレック自身も転落を経験した。彼は１９９０年代、ハリウッドの大スターだった。『アルマゲドン』などのバカ超大作に出て1本10億円ものギャラを稼ぎ、ジェニファー・ロペスとも浮名を流すモテモテ男でもあった。だが、ジェニロペといちゃつきながら撮った映画『ジーリ』（03年）が最低につまらない映画として大コケ。これをきっかけにアフレック・バブルが崩壊、ハリウッドから完全に干されてしまった。

50代のクリス・クーパーは転職先を見つけられないが、娘は一流大学に合格してしまった。アメリカの大学の学費は世界一高い。今までの給料は家のローンと４０１Ｋ（株式で運営する確定拠出年金）に入れてきたが、金融崩壊で家と株の価値は暴落した。行き詰まった彼は死を選ぶ。

大規模なリストラに反対するトミー・リー・ジョーンズは、親友である社長に諫言する。

**『カンパニー・メン』**
監督=ジョン・ウェルズ／出演=ベン・アフレック、クリス・クーパー、トミー・リー・ジョーンズほか

「会社は社員のためにあるんじゃないのか？　株主のため、利益を出すために、社員を切るなんて本末転倒だ」

80年代以降のアメリカ企業は、成長率を上げて投資を集め、株価が上がることによって得られる利益のほうを、実際に商品を売って得る利益よりも重要視してきた。

「アメリカのものづくりは終わったんだよ」

社長はそう言って、製造部門を人件費の安い中国やインドに移し、社員をリストラしながら、会社の純利を上げ、自分のボーナスを値上げし、新社屋を建てる。会社人間を会社は救わない。

アフレックは日銭を稼ぐため、妻の兄（ケヴィン・コスナー）の工務店を手伝う。時給は安いが、汗水たらして実体のある家を作る大工仕事は彼に充実感を与えた。アフレック自身、俳優として落ちぶれた後、低予算映画の監督として再起し、地道にいい映画を作ることで自分を再建している。

『カンパニー・メン』が全米公開された11年1月、オバマ大統領は一般教書演説で「クリーン・エネルギー・テクノロジーによってアメリカを再建しよう」と呼び掛けた。映画のトミー・リーは、アフレックを連れて会社を立ち上げた頃の造船所を訪れる。今は真っ赤に錆びた廃墟だが、製造業はアメリカの出発点だったのだ。ここからもう一度、アメリカはやり直すことはできるのだろうか？

『バッドトリップ！　消えたNO．1セールスマンと史上最悪の代理出張』

2011.05

# 黒人を見たこともないハートランドの純朴

ウィスコンシン州はNFLの強豪グリーンベイ・パッカーズとミルウォーキーのビール、それに乳牛で有名だが、アメリカでは評判がよくない。ケヴィン・スミス監督のコメディ映画『ドグマ』（99年）では、神に反逆した堕天使がウィスコンシンに追放されてしまう。「退屈すぎて地獄よりつらい場所だから」という理由で。

ニンジャや妖怪についての英語の著作があるオタク評論家マット・アルトもウィスコンシン州立大学を卒業している。彼のようなドイツ系住民が多いのでビールは美味い。だが、退屈だ。若者の娯楽は牛倒しだけだという。「夜中に牧場に忍び込むと、立ったまま寝てる乳牛がいる。それを3人くらいで押して倒すんだ」（これは都市伝説で、実際は牛を倒すのは難しいらしい）。

映画『バッドトリップ！』（11年）の主人公ティムは、そんなウィスコンシンの小さな町で生まれ育った男。もう40歳近いが、生まれてこのかた州から出たことがない。地元の小さな保険会社に就職し、日曜日には教会に通い、中学校の頃に憧れだった女性教師に童貞を捧げて以来、今も彼女以外に女性は知らない。

そんなティムが生まれて初めて飛行機に乗ることになった。隣のアイオワ州の都市シダー・ラピッズで年に一度行われる保険組合の合同研修に参加する会社代表に選ばれたのだ。地方のローカル保険会社はグループを作って運営をしている。2010年までティムの会社の代表だった同僚は毎年研修で最優秀賞に輝いてきたが、事故で死んでしまったのだ。

**『バッドトリップ！
消えたNO.1セールスマンと史上最悪の代理出張』**
監督＝ミゲル・アルテタ／出演＝エド・ヘルムズ、ジョン・C・ライリー、アン・ヘッシュ、シガニー・ウィーバーほか

首を絞めながら酸欠オナニーしてて。

ティムの町はほとんど全員が白人で、誰もが互いに知り合いだ。だからシダー・ラピッズのような「大都会」（人口12万）に行くのは怖い。研修の会場となるホテルで黒人と相部屋になったティムはこう叫ぶ。

「殺さないで！　てか、英語通じるの？」

合同研修は神への祈りから始まる。アメリカの中西部や南部ではキリスト教が支配的なのだ。ハリウッド映画には、こういう田舎の現実がめったに描かれない。ティムは幼い頃に交通事故で父を失ってしまったが、地元の保険会社が最大限の努力をして、遺族を守ってくれた。ティムにとって弱き者を救う保険の仕事は聖職だ。

でも、ほかの研修生は夜になると酒飲んでバカ騒ぎ。酒もタバコもやらない真面目一辺倒なティムは「ティムボーイ」と呼ばれて馬鹿にされる。ティンボー！

そんな落ちこぼれ保険マンたちに巻き込まれてティムは生まれて初めて泥酔し、人妻に「食われ」てしまう。僕は汚れてしまった！　と嘆くティムは、さらに醜い現実を知る。

ティムの保険会社は密かに大手保険チェーンに売却されそうになっていた。アメリカではスーパーやファストフードのように、保険会社も全米チェーンによる独占が進んでいる。安い保険料をエサに顧客を集める。そして、競争に負けたローカル保険会社を顧客ごと呑み込むのだ。

筆者はコロラドに住んでいた時、交通事故に巻き込まれたことがある。保険会社が被害の確認に来たのは事故から4日後だった。担当者に電話をしても、いつも留守電で一度もお見舞いの電話すら寄越さなかった。加盟

していた地元の保険会社が全米大手の会社に吸収されていたからだ。大手は保険料を安くするため、人員を削減し、ものすごく広い地域をわずかな数の担当者で扱っている。

醜い現実を知ったティムは絶望し、ホテルに出入りする娼婦とマリファナ吸ってコカイン吸って地元のギャングと殴り合って、どん底まで落ちて行く……。

だが、そのどん底からティムは蘇る。酔っぱらいでダメな落ちこぼれの保険マン仲間や大事にしていた顧客から元気玉をもらって、金と欲にまみれた保険業界に立ち向かう！

『バッドトリップ！』を観て思い出すのはフランク・キャプラ監督の名作『スミス都へ行く』（39年）だ。田舎の世間知らずな青年スミスはひょんなことから国会議員に担ぎ上げられ、アメリカの首都ワシントンの議会に行く。そこで見たのは議会の腐敗だった。古参の政治家たちから「現実を知らない子ども」と馬鹿にされたスミスは自分の無知と無力さに打ちのめされるが、逆にその純粋無垢さで悪しき体制と戦うのだ。

ウィスコンシン州やアイオワ州などの中西部はハートランド（心の国）と呼ばれている。素朴な田舎にこそアメリカの魂がある、とする考えは今も根強い。しかし、かつて中西部を支えた製造業は現在、中国との競争に負けてしまい、ハートランドの空洞化は止まらない。

『マーヴェンコール』

# アウトサイダーを癒やす箱庭とハイヒール

2011.06

第二次世界大戦中のヨーロッパ。アメリカ海軍のパイロット、マーク・ホーガンキャンプは、ベルギー上空でナチス・ドイツ軍に撃墜され、マーヴェンコールという街にたどり着く。バービー人形のような美女だけが暮らすその街で、唯一の男になったマークは、酒場「破れたストッキング」をオープンする。

「破れたストッキング」には2つのルールを守りさえすれば、連合軍でもドイツ軍でも入ることができる。決して戦闘をしないこと。そして、酒場の場所を誰にも言わないこと。店の中では敵同士が仲良く酒を飲み、美女たちのショーを楽しんだ。

しかし、それはSS（ナチス親衛隊）の知るところとなり、マークは捕えられてしまう。「酒場の場所を吐け！」と、SSたちはマークを縛り、体を切り刻み、殴り続けた……。

これは映画のストーリーではない。マーク・ホーガンキャンプという男が自分の庭で、6分の1の兵隊人形とバービー人形を使って作り上げた物語だ。

映画『マーヴェンコール』は、箱庭世界を作り続ける男を追ったドキュメンタリー。すべては、11年前の夜に始まる。

ニューヨーク州キングストンという田舎町で、マークは瀕死の重傷を負った。バーの駐車場で5人の若者に暴行されたのだ。昏睡状態に陥りながら一命は取り留めたものの、脳に障害が残り、自身の記憶を失った。海軍にいたこと、結婚と離婚をしたこと、アル中になり、ホームレスとなったことを忘れてしまった。

マークの住むトレイラーハウスには、第二次世界大戦の頃の軍服や軍用機の模型があった。自分はどうやら軍事マニアだったらしい。マークは兵隊人形で遊び始めた。

マークは、生活を切り詰めてためた金で、人形のための服や、新しい人形を買った。ベニヤ板で建物を作った。彼の家の庭はいつしか、マーヴェンコールという街になった。

主人公の兵士はマーク自身だという。バービー人形にはマークの身の回りの女性の名前をつけた。Marwencolという名は彼自身の名と、彼が恋した女性の名をつぎ合わせたものだ。そのひとりであるコリーンは、向かいに住む3人の子持ちの主婦で、男女の関係は何もない。

マークは人形にメイクを施して表情に感情を込めた。それを中古のペンタックスで撮影していった。その写真をスライドショーにしたものが冒頭に紹介した物語だ。

マークがSSに拷問される展開は、彼がリンチされた経験を反映している。武装したバービーによってマークは救出され、SSは皆殺しになる。マーヴェンコールは再び、美女に囲まれた平和で幸福な街に戻る。現実の暴力に傷ついたマークは、箱庭の中にユートピアを作り出したのだ。

『マーヴェンコール』を見ていると、ドキュメンタリー映画『非現実の王国で』を思い出す。知的障害とされたヘンリー・ダーガーは、1980年の孤独な生涯を終えたが、大量の絵物語を残していた。それは、少女たちだけが住む王国が武力で侵攻され、少女たちは虐殺されるが、逆襲して侵略者を撃退して平和を取り戻すまでの壮大な叙事詩だった。ダーガーは死後、アウトサイダー・アーティストとして高く評価された。

ダーガーと違ってマークは死ぬ前に発見された。彼は週1回、町までの2マイルの道を、人形たちを載せたジープのおもちゃを引いて歩くのだが、そこをたまたま通りかかったカメラマンが声をかけた。カメラマンはマークが撮ったマーヴェンコールの写真を見て驚き、

『マーヴェンコール』
監督=ジェフ・マルムバーグ／出演=マーク・ホーガンキャンプほか

アート雑誌に連絡した。それがNYのギャラリーでの展覧会へとつながった。

展覧会でマークは落ち着かなかった。緊張をしているのか？　違う。都会にはハイヒールを履いた女性たちが多いからだ。踏まれたいのか？　いや、自分で履きたいのだ！

昏睡から目覚めたマークは、自宅で200足以上の女物の靴を発見した。それは彼が近所の女性たちからもらったものだった。マークは元軍人らしい、男性的で精悍な風貌だが、実は女性用のストッキングと靴を履きたい人だった。だからマーヴェンコールの店を「破れたストッキング」と命名し、人形のマークにも女性用ストッキングを履かせた。酒場でリンチされたのも、マークが女性の靴を履きたいと言ったからだった。

展覧会の最終日、ギャラリーの女性たちに励まされて、マークはついにストッキングとハイヒールを履いた。上半身は軍服のまま。彼はやっと本当の自分を取り戻した。

現在、マークは、ファンからの寄付を受けてマーヴェンコールを守り続けている。

★ハリウッドでは、このマーヴェルコールの物語の映画化が進んでいる。

2011.07

# 『ミークズ・カットオフ』
# 幌馬車隊を破滅に導く愚かな先導者は今も？

1845年、1000人の開拓民たちが200台の幌馬車で西の果てオレゴン州に入った。

「この先のブルーマウンテンで原住民が幌馬車を襲っている」地元に詳しいと称する罠猟師スティーヴン・ミークが、幌馬車隊を止めて言った。「俺は安全なカットオフ（近道）を知っている。俺を案内人に雇え」

開拓民たちはミークに同行することを決めるが、実はミークは近道など知らなかった。幌馬車隊は、木も水もない荒野へ深く迷い込んでいく……。

『ミークズ・カットオフ』は西部開拓史に残る惨事となった実話を基にした映画だ。

アメリカ合衆国はかつて、アメリカ大陸の東側だけで、西側はメキシコの領土だった。アメリカはそれを米墨戦争で奪い取り、西側の広大な土地が「西部」になった。

当時、ドイツや東欧、北欧から貧農や小作人が、自分の土地を耕す夢を見てアメリカに移民した。東部や南部の肥えた土地は先行者のイギリス系に所有されていたので、後発移民は西部に旅立った。西部は広大な荒野と砂漠だが、その彼方、太平洋側には豊かな土地があると信じて。

アメリカのちょうど中間、ミズーリ州のインデペンデンスという町で、開拓者たちは全財産をはたき、幌馬車と、それを引く牛を買った。こうして40万人が2000キロの荒野を超えて西海岸を目指した。

サイレント時代の超大作『幌馬車』（23年）は、数百人のエキストラを使って幌馬車隊を

『ミークズ・カットオフ』
監督＝ケリー・レイチャード／出演＝ミッシェル・ウィリアムズ、ブルース・グリーンウッドほか

再現し、フロンティア・スピリット（開拓者精神）を謳い上げた。しかし、本作では実際に200台もあった幌馬車がたった3つに縮小されている。今ならCGでの映像化も可能だが、低予算のインデペンデント映画である本作は、スケールよりもミニマルなリアリズムを重視した。撮影はオレゴンの砂漠で行われ、開拓民の多くは厳格なキリスト教徒のため、女性はロングドレスと顔を隠すボンネットをつけた。

ミークに導かれた幌馬車隊は水のない荒野に迷い込み、やがて水は底を突く。水だけじゃない。料理をする薪も、野菜もないので、ビタミン不足で壊血病になる。ひとり、またひとりと死に、荒野に埋葬された。

開拓民の妻は夫に問う。「あのミークという男は知ったかぶりの馬鹿なの？　それとも、私たちを滅ぼそうとしているの？」。夫は答える。「もう遅い。我々は彼を選んでしまった」

スティーヴン・ミークの弟ジョセフ・ミークは有名な開拓民で、後にオレゴン州の政治家となるカリスマだった。「スティーヴンは出来のいい弟への劣等感から、功を焦って、知りもしない近道を知ってると言ってしまったんだ」。この映画の脚本家ジョナサン・レイモンドは言う。

レイモンドは「ミークの史実を知った時に思ったのは、ブッシュ前大統領のことだった」と続ける。ブッシュは父と弟への劣等感から、アメリカを無茶なイラク戦争に引きずり込んだ。戦争の泥沼に沈みながら、国民はテロへの恐怖からブッシュを再選した。

史実では、開拓民たちはミークに反乱を起こし、自力で川を発見するが、この映画では違う。

開拓民たちは原住民をつかまえて、案内を頼もうとする。地元民だから水のありかを知っているはずだ。しかし、原住民はまったく英語がわからず、コミュニケーションが取れない。ヨーロッパから来た移民にとって、初めての異文化との遭遇だ。いったいどちらに従うべきか。愛国者を自称しながら愚かなミークか？　見た目の違う異人だが、尊厳と叡智を感じさせる原住民か？　ミークは「こいつは敵だ。我々を殺そうとするに違いない」と原住民を殺そうとする。

これもまた現在のアメリカの状況だ。ブッシュに懲りたアメリカ人はオバマを大統領に選んだ。ケニア人の息子でイスラムの名前を持つ、ハワイ生まれインドネシア育ちのオバマは、カウボーイのイメージで売るブッシュと正反対の、非アメリカ的存在だ。それを拒絶する人々は「オバマはイスラム教徒だ」「アメリカ生まれじゃない」と騒いで反発している。

本作の監督ケリー・レイチャードは女性で、政治における男女の格差も描いている。本作は開拓民の妻であるミッシェル・ウィリアムズの視点で描かれ、夫たちがミークと行き先について議論している時も彼女は遠くから眺めているだけで、議論の内容は聞こえない。幌馬車隊全員の運命を握っているのは男だけなのだ。この時代より女性の発言権は進歩したものの、今もまだ世界の政治を動かしているのは圧倒的に男たちだ。もし女性が参加していたら、世界の歴史はもっと違っていただろう。

2011.06

# 『BUCK』
# 馬にささやく者曰く「馬は人を映す鏡だ」

ロバート・レッドフォード監督・主演の『モンタナの風に抱かれて』（98年）という映画がある。乗馬を愛する13歳の少女が、愛馬と一緒に交通事故に巻き込まれる。少女は片足を切断し、心を閉じてしまう。馬も事故のショックで制御不能な暴れ馬となる。少女の親は、馬の薬殺を検討するが、そんなことをしたら娘の心も永遠に死んでしまうだろう。

悩んだ親は、ホース・ウィスパラーという職業の存在を知る。馬とコミュニケーションし、その心を開くプロだ。彼の住むモンタナで馬の治療が始まる。それは少女を癒やす日々でもあった。

この映画でロバート・レッドフォードの顧問を務めた本物のホース・ウィスパラー、バック・ブラナマンを追った『BUCK』というドキュメンタリー映画が作られた。BUCKとは暴れ馬が乗り手を振り落とすことをいう。やたらとBUCKしていた馬がブラナマンにかかると、大人しく人を乗せてギャロップするようになることから、このあだ名がついた。ワイオミングに住むバックは、暴れ馬を癒やすためなら、全米どこにでも出張する。

昔から、ムスタング（野生馬）の調教はカウボーイの仕事のひとつだった。野生馬の鞍付けを「ブレイク」という。ブレイクを記録した古いフィルムを見ると、抗う馬をロープで引き回し、絶えず鞭で叩いている。それはまさに馬の心をブレイクする（へし折る）行為だ。

しかし、バックは、ロープも鞭も使わない。毛布で馬の背中を温め、マッサージでリラックスさせ、馬同士のように鼻をこすりつけてコミュニケーションする。

そして、小さな旗がついた棒を2本使って方向を誘導する。手綱を使うときも、バックは決して引っ張らない。行きたい方向、曲がりたい方向に一瞬力を入れるだけだ。

ウィスパラーといっても、実際に馬の耳に囁くわけではない。バックは優しく静かに馬に話し続ける。馬語ではなくて英語だが、バックが「右」と言えば馬は右足、「左」と言えば左足を、しっかりステップする。ちゃんと言葉が通じているようだ。

「馬は奴隷ではない。従わせるのではなく、協力させるのだ」とバックは言う。白人のカウボーイは力と恐怖で馬を屈服させるが、その前の時代の、バケーロというメキシコ系の牧童たちは、野生馬の群れがリーダーの馬に従う習性を利用して、馬のリーダーシップを取っていたという。それを1980年代にドーランス兄弟がメソッド化して「ナチュラル・ホースマンシップ」と呼んだ。この調教法は現在、世界的に広がり続けている。バックはドーランス兄弟の孫弟子に当たる。

しかし、なぜバックは「ナチュラル・ホースマンシップ」に引かれていったのか。映画は彼の幼年期へとさかのぼっていく。バックは幼い頃、有名人だった。3歳の頃から兄と共に、カウボーイだった父によって投げ縄の曲芸師として技を仕込まれ、ロデオ・ショーやテレビ、CMにも出演した。しかし父親は、ベルトや鞭でバックたちを折檻して技を覚えさせた。母が死んでから、父の酒乱と暴力はどんどんひどくなった。ある日、小学校の体育の先生がバックの体中に残る傷跡を発見し、警察に通報した。バックとその兄は父のもとから救出され、里親に引き取られた。里親夫婦は、バックのように親に虐待された子どもたちをたくさん引き取り、彼らの傷を癒やしていた。

傷ついて閉じてしまったバックの心を、里親は無理に開こうとしなかった。ただ、黙っ

『BUCK』
監督＝シンディ・ミール／出演＝バック・ブラナマン、ロバート・レッドフォードほか

て、馬の蹄鉄の付け方を教えた。馬が喜ぶように蹄を手入れして、ぴったりした蹄鉄を付けてやるうちにバックも少しずつ癒やされていった。それが、荒ぶる馬を鎮める技術に興味を持つきっかけだった。

「私の仕事は、馬の扱いに困っている人を救うことだが、たいていの場合、人に傷つけられた馬を救うことになる」

　現在の暴れ馬は野生ではないので、飼い主に原因があることが多い。暴力的に扱えば、馬も暴力的になる。

『ＢＵＣＫ』は馬の調教以外のことを何も語らない映画だが、観ているほうはさまざまなことを考えてしまう。子育てはもちろんのこと、人間関係全般から企業経営や政治まで。80年代、元カウボーイ俳優のレーガン大統領は、軍事力で途上国を従わせようとして「カウボーイ外交」と呼ばれた。イラクに攻め込んだブッシュも、カウボーイのイメージを自ら演出していた。そしてアメリカは、中東や中南米の軍事独裁政権を長年支援してきた。そういう力による支配が、結果として何を生んだか？

　バックは映画の最後に言う。「馬はそれを飼う人を映す鏡だ。でも、人はその鏡を見たがらない」

# 2011.09

## 『タブロイド』

# モルモン教徒男性監禁レイプか愛の逃避行か

2008年、韓国のバイオテック企業、RNLバイオ社がクローン犬を作って話題になった。クローンを依頼したのはバーナン・マッキニーという女性。彼女は凶暴な犬に襲われて瀕死の重傷を負ったが、ブーガーという彼女の愛犬が、身を挺して彼女を守った。その忠犬ブーガーがガンで余命わずかと宣告されたので、彼女はブーガーのクローンを作ろうとしたのだ。

ブーガーの細胞から、ブーガーと同じ遺伝子の5匹の子犬が生まれた。子犬を抱いて喜ぶマッキニーの写真は世界を揺るがせた。つまり、人間のクローンも技術的に可能な時代になったのだ。これは神の領域を冒したのでは？　クローンの人権はどうなる？　法律による規制の必要は？

だが、イギリスでの反応は違った。

「このマッキニーという女性、見覚えがある」

その大きなタレ目と大きな口は忘れられなかった。彼女は77年にイギリスのタブロイド紙の一面を毎週のように飾った「モルモン教徒男性誘拐手錠レイプ事件」の「犯人」、ジョイス・マッキニーだったのだ。

ベトナム戦争を〝デッチ上げた〟マクナマラ国防長官のインタビューを記録した映画『フォッグ・オブ・ウォー』でアカデミー賞に輝いたドキュメンタリー映画作家エロール・モリスの新作『タブロイド』は、このジョイス・マッキニーという奇妙な女性の生涯を追った作品だ。

77年、イギリスで布教活動をしていた19歳のモルモン教徒男性カーク・アンダーソンが行方不明になり、4日後に戻ってきた。彼は警察にこう語った。

「私はジョイス・マッキニーという女性に拳銃を突きつけられて誘拐され、田舎のコテージに監禁され、ベッドに手錠で両腕を固定され、3日間にわたりレイプされ続けていた」

彼はモルモン教の教えから、結婚まで童貞を守るつもりだったという。

警察が逮捕したジョイスを見て、イギリス人は驚いた。ジョイスは、ブロンドのキュートでセクシーな女性だった。ミスコンの常連で、ミス・ワイオミングになったこともある。

「こんな女性に3日間凌辱されたら、天国じゃないか！」

ジョイスの証言は、カークのそれと食い違っていた。

「私はカークと愛し合っています。モルモン教の勧誘に来た彼と出会い、恋に落ち、交際しました。でも、彼の両親と教会に引き裂かれました」

『タブロイド』
監督＝エロール・モリス／出演＝ジョイス・マッキニーほか

そこでジョイスは彼を追ってイギリスまで来た。

「カークは童貞だったので、私がセックスを教えてあげました」

カークが履いていた、オナニーを禁じるためのモルモン教式のパンツをジョイスは焼き捨てた。

「私たちは3日間、裸でベッドから出ずに愛し合いました。4日目に新聞を見たら、カークが行方不明という記事が載っていたので、彼は教会に帰りました。私たちは結婚する約束をして別れました」

タブロイド紙はその愛の3日間を勝手に想像し、イラストも使って刺激的な記事を書き散らした。

「女性が男性を相手の意思に反してレイプすることは可能か？」

世間はカークの訴えを疑った。

「モルモン教では戒律を破った者は地獄に落ちるから、彼は怖くなっただけよ」

現在、60歳を過ぎたジョイスはそう分析する。結局、警察はジョイスを保釈した。

ところがジョイスは、裁判を前に英国外に逃亡してしまった。変装して聾唖のフリをして、出国審査の質問をまんまと切り抜けたのだ。ちなみにジョイスは高校時代、ＩＱ１６８と判定されていた。

ジョイスはフロリダで英タブロイド紙「デイリー・エクスプレス」に独占インタビューを売り込んだ。「これは真実の愛の物語なの」

しかし彼女が本当に無実なら、なぜ逃亡する必要があったのか？

一方、「エクスプレス」のライバル紙「デイリー・ミラー」は、ジョイスの元恋人と称する男から、彼女のヌード写真を大量に売り込まれた。彼女は、ハリウッドの出張風俗嬢だった。ＳＭの女王としてボンデージ・ファッションで女性モデルを縛り、踏みつけている写真もあった。やはり手錠レイプは事実だったのか？

「デッチあげだわ。ほかの女に私の顔を貼りつけた写真よ」

ジョイスは否認する。「デイリー・ミラー」がすべての写真を紛失した今では、何が事実なのかわからない。カークは一切の取材を拒否している。

「ウソをつき続けると、自分でもそれを信じるようになるのよ」と言うジョイスは、ノースカロライナで5匹のブーガーと静かに暮らしている。

『ウィンターズ・ボーン』

# アメリカの棄民ヒルビリーの神話

2011.10

映画『ウィンターズ・ボーン』のヒロイン、リー・ドーリー（ジェニファー・ローレンス）は、ミズーリのオザーク山地に住む17歳の少女。父は覚せい剤の密造で逮捕され、母は精神を病んでいて何もできない。幼い弟と妹の面倒はリーが看るしかない。

ところが父親は保釈されてすぐに行方不明になった。父が出頭しないと保釈金のカタとして家が差し押さえられる。家族を抱えたリーは父を探すため、オザークの闇社会に入り込んでいく。

リーのような白人たちをヒルビリーと呼ぶ。ヒルビリーが住むのは、テネシーからミズーリ、アーカンソーにかけて東西に広がるオザーク山地と、東側のジョージアからヴァージニア、ニューヨークにかけて続くアパラチア山地の2カ所。ヒル（丘陵地）に住むビリー（スコットランド人）という名前通り、彼らの多くがスコットランド系。

彼らの祖先は最初、アイルランドに入植したが、19世紀に起こったじゃがいも飢饉で難民としてアメリカ南部に渡ってきた。だが、農耕可能な土地はすでにイギリス系に独占されていたので、小作人になるのを嫌った人々は山奥に入った。

山奥は斜面と岩だらけなので、麦畑や牧畜には適さない。代わりにトウモロコシを栽培し、豚や鶏を飼ったが、規模を拡大することはできなかった。今でもアパラチアやオザークはアメリカで最も貧しい地域だ。

その代わり、ヒルビリーたちはトウモロコシで酒を密造した。最近では風邪薬を煮沸して覚せい剤を精製するようになった。リーの父もまたそうだ。
その父も行方をくらまし、収入を失ったリーの家族は冬を越せるのか。リーは、銃でリスを狩って、それでシチューを作って弟たちに食べさせる。リーを演じるジェニファー・ローレンスは、実際にリスをナイフでさばいた。しかしながら、この21世紀のアメリカで、リスを食べて暮らす白人がいるとは！

この地域は、大学進学率も全米で最低だ。リーの友人たちは10代で妊娠し、高校を中退し、一生この貧しい生活に埋もれていく。ここから脱出する唯一の道は軍隊に入ること。任期を満了すれば大学にも行かせてもらえる。イラク戦争で最初の捕虜になった米軍女性兵士ジェシカ・リンチも、アブグレイブ刑務所で捕虜を虐待したリンディ・イングランドも、大学進学のために入隊したアパラチアのヒルビリーだった。

この『ウィンターズ・ボーン』の原作者ダニエル・ウッドレルもオザークの貧乏な家に生まれたが、17歳で海兵隊に入って大学に行くことができた。リーもそうしたい。17歳の彼女の入隊には親の同意が必要だが、父は行方不明だし、母は狂っている。

やはり父を見つけるしかない。リーは父方の親戚ドーリー一族や覚せい剤中毒者である伯父ティアドロップ（ジョン・ホークス）に接触するが、彼らのファミリー・ビジネスは覚せい剤密造で、マフィアの〝オメルタ〟のような沈黙の掟に支配されていた。ヒルビリーは今でもスコットランド伝統のクラン（氏族）社会を引きずっており、法律よりも一族の絆を重んじ、警官なんて屁とも思わない。例えば、南北戦争直後に中西部一帯で銀行強盗を繰り返したフランク&ジェシー・ジェームズ兄弟や、禁酒法時代に大銃撃戦で警官6人を殺したヤング兄弟などが、オザークのクランの悪名高い例だ。

しかもドーリー一族はランガン一族と大昔から血で血を洗う抗争を続けており、リーは

**『ウィンターズ・ボーン』**
監督＝デブラ・グラニック／出演＝ジェニファー・ローレンス、ジョン・ホークスほか

その渦中に迷い込んでしまう。

因習に支配された南部の物語が、英国の怪奇幻想小説になぞらえて「南部ゴシック」と呼ばれたように、『ウィンターズ・ボーン』も現代が舞台なのに、まったくそう見えない。ヒルビリーは大昔から口承されてきたホラ話や怪談、英雄譚など多くのフォークロアを持っているが、このリーの父親探しも次第に神話的に見えてくる。

ウッドレルは今もオザークに住み続け、オザークを舞台に暴力に満ちた物語を書き続けている。ウッドレルの作品は「カントリー・ノワール」と呼ばれているが、ウッドレル自身は「自分の作品は厳密な意味でノワールではない」と言っている。「なぜなら、私はノワールは悲劇であるべきだと考えているから」

『ウィンターズ・ボーン』の最後に明らかになる父の行方は、実に奇怪で陰惨なものだが、強く健気なリーは、それを乗り越えて生きていく。かすかな希望を胸に。

## 2011.11

# 『猿の惑星』のモデル人として育てられた猿

## 『プロジェクト・ニム』

2011年に公開された『猿の惑星・創世記』は、「現実の写し絵」という、オリジナルの『猿の惑星』シリーズのスピリッツを引き継いだ映画だ。

黒人の公民権運動の最中に公開された『猿の惑星』(68年)は、文明化した猿に人間が奴隷化された地球を描いて、白人に奴隷の立場を思い知らせた。続く『続・猿の惑星』(70年)は、冷戦時代の「核による平和」を揶揄していたし、三作目『新・猿の惑星』(71年)は、ベトナム反戦運動と女性解放運動を反映していた。『猿の惑星・征服』(72年)では、公民権運動指導者のキング牧師やマルコムXが暗殺され、怒った黒人たちが全米各地で暴動を起こした事実を描いている。

この『猿の惑星・征服』をベースにしたリメイク版『猿の惑星・創世記』だが、映し出す現実は、人種問題ではない。

チンパンジーのシーザーは、アルツハイマー治療の実験台にされるが、副作用で人間以上の知能を持ってしまう。そして彼は許せない事実を知る。人間と最も似たDNAを持つチンパンジーは、人間の医療のために監禁され、危険な試薬を投与され、解剖されている。この仕打ちに憤ったシーザーは革命を企てる。

シーザーはおそらくニムという実在のチンパンジーがモデルになっている。彼の悲惨すぎる生涯を描く『プロジェクト・ニム』というドキュメンタリーが、アメリカで『創世記』とほぼ同時に公開された。

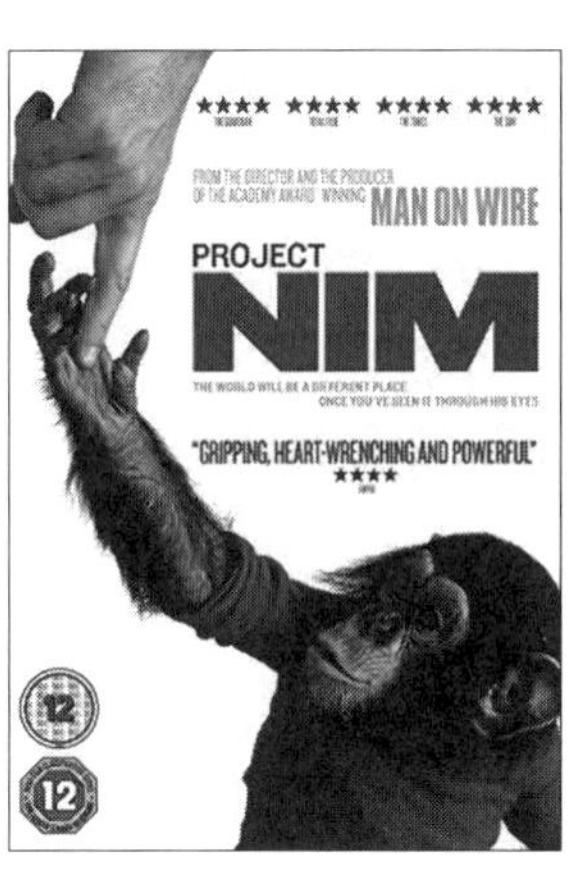


『プロジェクト・ニム』
監督=ジェームズ・マーシュ

1973年、オスのチンパンジー、ニムは、霊長類研究所に生まれてすぐに両親と引き離された。「プロジェクト・ニム」の始まりだ。

言語学者ノーム・チョムスキーが提唱した「言語を使えるのは人間だけ」という理論を実証するため、ハーバート・テラス教授はニムを人間として育てて、言語が使えるようになるか、実験を始めた。

教授は、教え子で元カノのステファニーに、ニムの里親を頼んだ。子育て中の彼女は「子どもなんか人間も動物も何人いても同じだわ」と快く引き受けた。ニムはほかの子どもたちと同じように服を着せられ、一緒に生活することになった。チンパンジーは人間と口の構造が違うため、手話を教えた。

ニムはテレビを楽しみ、マリファナまで嗜んだが、手話はいくつか単語を覚えただけで、文章になっていなかった。そこで教授はステファニーからニムを引き離した。教授の現恋人で（このエロ教授！）、手話を専門とする女子大生ローラ・アンが第二の母親になった。

4歳までに、ニムは120種の手話を覚えたが、「ニム・食べる・バナナ」と「食べる・バナナ・ニム」の区別がつかなかった。これでは「言語」とはいえない。進展も望めず、教授は実験を中止した。では、ニムはどうなったか。

教授は彼を霊長類研究所に戻した。人間として暮らしていたニムは、服を脱がされ、冷たい檻に閉じ込められた。しかも周りのチンパンジーには「言葉」が通じない！　ニムは毎日、檻の中から人間たちに手話で訴え続けた。「出して」「出して」……。

突然、「お前は人間ではない」と言われ、家畜扱いされることを想像できるだろうか？　実際、アフリカで拉致されて奴隷にされた黒人たちのように。

だが、ボブという若い研究員がニムに気づいた。ほかのチンパンジーとは違う。彼はニムを檻から出して、手話の話し相手になった。彼の仲人で、ニムはチンパンジーの女の子と結婚し、子どももできて、やっと小さな幸福をつかむことができた。

しかし、それも一瞬だった。82年、霊長類研究所の経営が破綻し、ニムたちは大学の医療研究所に売却された。新薬の生体実験のために！

『プロジェクト・ニム』では教授もインタビューされているが、ニムに対してカケラも同情していない。自分の息子にも等しいのに！　だが、よく考えると不思議ではない。南北戦争前、白人は黒人の奴隷に自分の子どもを生ませ、それを売り払っていた。彼らが奴隷として虐待されることを気にもとめなかった。

生体実験にしても、ナチや日本が行っていたのは周知の事実。人間にそんなひどいことができるのは、自分の都合で相手を非人間化する、つまり「人間ではない」と思い込むことができるからだという。

『プロジェクト・ニム』の観客はニムに同情し、助けてやれ！　と叫ぶだろうが、ちょっと待ってほしい。助けるのはニムが人間に近いからか？　ケダモノなら虐待していいの？　さらに問う。チンパンジーへの生体実験なしで、どうやって人類を脅かす伝染病と戦うのか？

『プロジェクト・ニム』は、決して答えの出ない問いをすべての人間に突きつける。

2011.12

# 南部の白人は家事も育児も黒人女中まかせ

『ヘルプ～心がつなぐストーリー～』

「白人の赤ちゃんの面倒を見ること、それが私の仕事だよ。もちろん料理や掃除をしながらやるんだ。私は一生の間に17人の子どもを育てた。赤ん坊を寝かしつけて、泣きやませて、トイレのしつけをする。赤ん坊のママたちがベッドから起きてくる前にね」

そう語るのは、アイビリーン。南部ミシシッピ州のジャクソンという町に住むアフリカ系の女性で、仕事はヘルプ（お手伝いさん）だ。

2009年のベストセラー小説『ザ・ヘルプ』が、このたび映画化された。人種隔離が続いていた1960年代前半の南部を舞台に、今まであまり書かれなかった黒人と白人の女性たちの世界を描いて、衝撃的だった。まず、当時の裕福な白人女性たちは、子育てをしない。全部、黒人のヘルプにまかせっきりだ。アイビリーンは黒人街から、夜明け前にバスに乗って、白人の住む高級住宅地に「出勤」する。最初に赤ん坊のおむつを見る。グチャグチャでひどいことになっている。昨夜、アイビリーンが取り替えてから、ほったらかしなのだ。

だから、当然、子どもたちは生みの母親より、黒人のヘルプを慕うようになる。22歳のスキーターもそうだった。彼女が、大学を卒業して寮から実家に戻ってくると、愛するヘルプのコンスタンティンがいなくなっていた。母親に尋ねても曖昧にしか答えない。ここからスキーターの戦いが静かに始まった。

小説『ヘルプ』は3人の女性の一人称で交互に語られる。最初の語り手スキーターは、著者キャスリン・ストケットを投影したキャラクターだ（彼女もヘルプに育てられた）。スキーターは作家志望だが、当時の南部では女性のジャーナリストなんてあり得ない。女はみんな、結婚して主婦になるものと決められていた。

ところが主婦といっても、白人妻たちは何もしない。家事は全部黒人のヘルプにやらせて、自分たちは昼間からお茶を飲んでおしゃべりしてトランプして暇を潰すだけ。スキーターの女友達もみんな、そうなってしまった。

スキーターのような「外れ者」にイジワルするのは、地元の若い妻たちのリーダー、ヒーリー。彼女は「アフリカの貧しい子どもたちに寄付しましょう！」などと言いながら、人種隔離法の存続を主張する偽善者だ。

ヒーリーの家のヘルプ、ミニーはトイレに行きたかったが、外は竜巻が通過中だ（南部には竜巻が多く発生する）。当時、黒人は白人と同じトイレを使うことが許されなかったが、我慢できなかった。しかしヒーリーがそれを見つけると絶叫した。「クビよー！」

人種隔離というと、男だけがやっていた印象があるが、実は女性たちだって加担していた。スキーターは自分を育てたヘルプのコンスタンティンが裏口でなく、玄関を使ったというだけの理由で解雇されたと知って愕然とする。これは間違っている。

スキーターは南部のヘルプたちの話を集めて本にしようとする。実はこの『ヘルプ』という本自体がその本、という体裁を取っているので、最初はスキーターの一人称で始まり、アイビリーンやミニーの一人称が入ってくる作りになっている。白人のスキーターが黒人女性たちにインタビューするのは命がけのことだった。映画『ミシシッピー・バーニング』でも描かれたように、黒人の公民権運動に協力する白人がKKKのメンバーである保安官に殺される事態が起こった。『ヘルプ』の舞台ジャクソンでも、63年、白人大学への黒人

『ヘルプ～心がつなぐストーリー～』
監督=テイト・テイラー／出演=エマ・ストーン ほか

の入学を求めた黒人運動家メドガー・エヴァースが白人至上主義者に殺されている。

とはいえ『ヘルプ』は女性向けコメディとして作られているので、悲惨な現実を描きながら笑いを忘れない。特にトイレでクビになったミニーがヒーリーに復讐する場面は、映画史上まれに見る強烈なギャグになっている。

脚本と監督はテイト・テイラー。彼は俳優で、これが監督としてのメジャーデビュー作だ。実は原作者と同じジャクソン出身で、ストケットは原稿を書き上げた時点でテイラーに映画化させると約束していたのだ。そしてテイラーもまたヘルプに育てられた男だった。彼は、この映画のハリウッドでのプレミアに、彼のヘルプだったキャロル・リー（60歳）を招き、彼女をエスコートしてレッドカーペットを歩いた。

今でも、ビバリーヒルズの公園に行けばメキシコ系のナニー（乳母）が、セントラルパークでは黒人のナニーが、金持ち白人の赤ちゃんの世話をしているのを見かける。アメリカのセレブな奥さまたちは相変わらず家事も育児もしないのだが、この映画をどう見たのだろうか？

『マージン・コール』

# 金融崩壊を事前に知った証券マンたちは何をしたのか？

2012.01

2008年9月、創業107年目のマンハッタンの某投資会社で、社員の8割がリストラされた。危機管理アナリストのエリックも、すぐにオフィスを去るよう命じられた。アメリカではよくあることだ。

「ちょっと待ってくれ、今、ものすごく重大な仕事の最中なんだ！」

警備員は聞く耳を持たず、エリックをエレベーターに押し込む。ドアが閉まる直前、彼は若手の部下ピーターにUSBストレージを手渡した。

ピーターはエリックから渡されたデータを見て戦慄する。この会社はMBS（不動産担保証券）という金融商品を売っていたが、その担保の中に、銀行が貧乏人に無理やり押し付けた住宅ローンが混ぜられていた。これは近々破綻する。レヴァレッジで元金の何倍もの金額を取り引きしているので、実際の損失はこの会社の時価総額を超えるだろう。

ピーターは上司に連絡し、真夜中にCEOをはじめ経営陣が会社に集まり、緊急会議が開かれた。この危機をどう乗り切るか？

映画『マージン・コール』は、リーマン・ショック前夜からの24時間を描いたドラマ。

マージンとはいわゆる「追い証（追加証拠金）」のことで、信用取引においては、資本の数倍の株式を取り引きできるが、株価が最低保証金維持率を割り込んだ場合、証券会社は投資家に担保となる金を追加するよう告知する。それを「マージン・コール」と呼ぶ。すぐに追い証を入れないと、損したまま決済されてしまう。だが、証券マンが確実に暴落が続くと知っている場合、さらに追い証を求めるべきか？

投資会社のCEOジョン・タルドは、会社を破綻させない方法があると言う。

「明朝、取引開始と同時に、サブプライムが絡んでいる債券を、全部売り払え。昼過ぎに価格が下がって感づかれるまでが勝負だ」

監督のJ・C・チャンダーはテレビCM出身で、映画はこれが初めて。リーマン・ショックの9月15日から脚本を書き始めたという。

「金融崩壊の少し前、不動産バブルのピークに僕らは会社を設立して、マンハッタンにビルを買った。すると知り合いの証券マンが、そのビルをすぐに売り払うよう警告したんだ。あまりに真剣だったから僕らは言う通りにしたけど、その直後にリーマン・ショックで不動産価格も大暴落した。あのままビルを売らずにいたら、資産価格よりも大きなローンを抱えて破綻していただろう。怖くなったのは、証券マンは金融崩壊を知っていたということだ。彼らはどんな気分だったんだろう？　と思い、そこからシナリオを書き始めた」

『マージン・コール』
監督＝J・C・チャンダー／出演＝ザッカリー・クイント、ケヴィン・スペイシー、ジェレミー・アイアンズ、デミ・ムーアほか

恐ろしいデータを見てしまったピーターは、夜のニューヨークでバブル景気に浮かれる人々を見て良心に苛まれる。

「彼らは知らないんだ。明日、何もかも崩壊するということを」

ピーターの上司ウィルは40歳で、年収は250万ドル以上、ざっと2億円。コールガールに年700万円も使う。彼はこう毒づく。

「普通の奴らは俺たちを責めるだろう。偽善者どもめ。景気のいい時に身分不相応な金儲けを夢見てバブルを膨らませたのは奴らだ」

上位わずか1%の富裕層に、アメリカの富の5割以上は独占されてしまった。貧しい99%は、この格差をなんとかしろ、とアメリカ各地で蜂起した。彼らの怒りを受け止める映画が『マージン・コール』だが、ただ証券マンを冷血漢として描いているだけではない。彼らも葛藤する。というのも、チャンダー監督の父親は長年メリルリンチに勤めていた証券マンだったからだ。ちなみに『ウォール街』（87年）を撮ったオリバー・ストーンの父も、株式コンサルタントだった。

「クズになる証券を売れというのか？」

ベテラン・トレイダーのサムは抵抗する。

「そんなことをしたら市場は崩壊する。我々や金融市場そのものの信用も地に落ちる」

実際そうなった。ゴールドマン・サックスは証券を売りながら、自分たちは株価暴落に備えて密かに空売りをして、金融崩壊で大儲けした。人々は金融業界への信用を失った。

主人公のピーターは元ロケット工学者、危機を察したエリックも元エンジニアで、かつては橋の強度を計算していた。実際、多くの科学畑の人々が高給に引かれて金融業界に入り、複雑怪奇な金融商品を開発した。サブプライム・ローンは、そんな商品に密かに「添加」されていた。エリックは、橋を建設していた頃を誇らしげに回想する。

「あの橋で、どれだけの人々の生活が助けられただろう」

本来、世界を良くする能力を持っていた人々が金融業界に入り、世界の破壊に加担してしまったのだ。

2012.02

# 『J・エドガー』
# ゲイで女装癖の長官が作った思想警察FBI

クリント・イーストウッドは食えないジジイである。

インタビューの時、「オークランドに住んでます」と自己紹介したら、「Name dropperだな」と返してきた。Name dropperとは、有名人の知り合いがいると見栄を張ることだが、オイラはただ彼の故郷の話題で和まそうと思っただけなのに！

この『J・エドガー』の製作が発表されると、マスコミの関心は「ジョン・エドガー・フーバーの同性愛を描くかどうか」に集中したが、イーストウッドは「NO」と答えた。完成した映画を観ると、彼の答えは嘘であり、本当だった。

フーバーは1924年に29歳の若さでFBI（連邦捜査局）の長官に任命され、72年に77歳で死ぬまで君臨した。しかし、FBIの正義のイメージは彼が作り上げたものであり、実態はソ連のKGB並みの国民監視システムだった。さらにフーバーはゲイであり、女装趣味があると生前から噂されていた。この『J・エドガー』は、彼の暗黒面を描いた最初のハリウッド映画だ。

映画は72年、フーバーが自叙伝を口述筆記させる場面で始まり、FBIの歴史が回想されていく。だから、つまりはフーバーにとって都合のいい歴史にすぎない。

例えば、アメリカでは各州ごとに警察が独立しているので、ギャングは州境を越えれば、それ以上追われることがなかった。FBIはそれを解決するために設立されたことになっているが、実際は20年代、産業革命の裏で貧困にあえぐ移民労働者たちが共産主義に傾いていたので、それを監視する「思想警察」が第一目的だった。

さらに、32年、大西洋無着陸飛行で有名なリンドバーグの息子が誘拐され死体で発見された事件で、ＦＢＩは「科学的捜査」をして、その証拠で犯人を有罪、死刑にしたが、現在では冤罪説が有力だ。

その時代、実はマフィアが全米にネットワークを形成しつつあったが、ＦＢＩはノータッチで、フーバーは「マフィアは実在しない」とまで言い切っていた。実際はワイロを受け取って口止めされていたらしい。

マフィアを放置してＦＢＩがやっていたことは、政治家や運動家の盗聴だ。しかも政治的盗聴よりも女関係中心で、ケネディはマフィアの情婦とのセックスを録音されたのでフーバーに逆らえなかったという。

フーバーが最も憎んだのは、黒人解放運動家のキング牧師だった。彼がノーベル平和賞を受賞すると知ったフーバーは「婚外交渉の証拠を暴露されたくなければ自殺しろ」という脅迫状を送った。キング牧師の暗殺も、フーバーが黒幕だとする説が有力だ。

キング牧師への脅迫状の中で、フーバーは「我々ニグロは」という言葉を使った。それを口述筆記させられた担当者が「え？」と驚くシーンがある。フーバー自身に黒人の血が混じっているので、キング牧師を憎んだという噂は根強い（フーバーの出生時の記録は存在しない）。

オリバー・ストーン監督だったら「リンドバーグ事件は冤罪で、フーバーは黒人で、キング牧師暗殺犯だ！」と告発する映画にしただろう。だが、イーストウッドは「冤罪かもね……」「黒人かもね……」と微妙に疑念を匂わせる演出で抑えている。脚本のダスティン・ランス・ブラックはイーストウッドから「このシーンには資料的な裏付けがあるのか？」と、いちいち確認されたという。

『J・エドガー』
監督＝クリント・イーストウッド／出演＝レオナルド・ディカプリオ、ナオミ・ワッツ、アーミー・ハマーほか

ホテルでフーバーが副長官のクライド・トルソンと取っ組み合いになる場面がある。2人は40年間も朝昼晩と食事を共にし、出張時には同じ部屋に泊まったので、FBI内部では2人は事実上の「夫婦」だと言われてきた。だが、この場面でトルソンはフーバーにセックスを迫り、フーバーは最後までそれを拒絶する。このシーンは2人だけだし、いくらなんでも創作だろうと思ったら、脚本家ブラックは「ホテルの喧嘩は周りに聴こえてたから、証言が残っているんだ」と言う。

「フーバーはトルソンとセックスしてないだろう」とブラックは推測する。「彼はゲイだったが、自分では決してそれを認められなかったから」

他人のセックスを盗聴することに執心したのも、自分が自分のセックスを縛っていたからかもしれない。

ブラックは『ミルク』でアカデミー脚本賞を受賞した。『ミルク』は、アメリカで最初にゲイであることを公表して政治家に選ばれたハーヴィー・ミルクの伝記であり、ブラック自身ゲイである。ミルクはカミング・アウトで自分自身の真実を認めて自由になろう、と呼びかけ、人々を解放した。逆にフーバーは自分が自由になれなかったために、人々の自由を奪おうとした。この2人は光と影だ。

## 『パラダイス・ロスト3／煉獄』

# 悪魔崇拝で、死刑に!?
# 現代に蘇った魔女裁判

2012.03

アメリカ・アーカンソー州ウェストメンフィス市の町はずれの森で、1993年、3人の小学二年生（8歳）が、惨殺死体で発見された。遺体は全員全裸で、手足を縛られ、ナイフで動脈を切られ、ひとりは性器をえぐり取られていた。ほかにも、遺体にはムチで打たれた痕や歯型なども残されていたのだった。

すぐに犯人として2人の高校生が逮捕された。ダミアン・エコールス（18歳）とジェイソン・ボールドウィン（16歳）。地元警察は、2人が悪魔崇拝の儀式のために被害者たちを生贄に捧げたと発表した。

12年のアカデミー賞ドキュメンタリー部門にノミネートされた映画『パラダイス・ロスト3／煉獄』は、ウェストメンフィスでの猟奇殺人事件を追うドキュメンタリー『パラダイス・ロスト』シリーズの3作目である。

1作目は裁判の経過を記録する。監督のジョー・バーリンジャーが現地に入ると、住民はパニックに陥っていた。ウェストメンフィスは住民のほとんどが保守的なキリスト教徒で、悪魔崇拝と聞いて集団ヒステリーを起こし、「悪魔ダミアンを死刑に！」と叫んで、彼の家に石を投げた。

詳しく取材すると、恐るべき事実がわかった。容疑者の犯行を裏付ける物的証拠は何もなかったのだ。ダミアンとジェイソンはヘヴィメタルとパンク・ロックを聴き、黒いTシャツを着る少年だった。そんな少年は、この町にはほかにいなかった。それだけの理由で

**『パラダイス・ロスト3／煉獄』**
監督＝ジョー・バーリンジャー、ブルース・シノフスキー／出演＝ダミアン・エコールス、ジェイソン・ボールドウィンほか

地元の少年保護係官に目をつけられ、以前から何度も補導されていた。

2人を逮捕した根拠は、ジェシー・ミスケリー（17歳）という高校生がダミアンの小学生狩りを手伝わされたと証言したから。しかし、ジェシーの知能指数は72しかなく、警察で11時間も尋問された揚げ句、「家に帰してやるから言う通りにしろ」と証言を強要された。警察はジェシーも共犯で起訴した。

法廷で検察側はスティーヴン・キングの小説やメタリカのCDを証拠に掲げて「被告は、こんな悪魔的なものを愛好していたのです！」と言った。キングもメタリカも、全米で何百万も売れた国民的商品だが。

しかし、地元住民から選ばれた陪審員たちは、少年たちの死体の写真をまざまざと見せられて恐れおののき、冷静な判断ができなかった。結局、ジェイソンとジェシーには終身刑、ダミアンには死刑判決が下されたのだ。

「ここは現代のセーラムだね」

ダミアンは苦笑する。セーラムとは、17世紀に19人の罪なき女性を魔女として処刑した町のことだ。

シリーズ1作目の『パラダイス・ロスト』が96年にケーブルテレビで放送されると、全米に裁判のやり直しを求める運動が起こった。音楽を無料で使うことを許可したメタリカ、パール・ジャム、ディクシー・チックスなどのミュージシャンやジョニー・デップなどの俳優、ピーター・ジャクソンなどの映画作家が3人の弁護士料を寄付した。

2000年に公開された続編『パラダイス・ロスト2／黙示録』は、再審要求が焦点だが、判事に退けられて映画は終わる。

それから10年以上がたった11年に公開された『パラダイス・ロスト3』では、優秀な鑑識医によって歯型の正体がわかる。それは野犬かコヨーテの仕業だった。少年の性器を食いちぎったのも獣だった。

弁護側の要求がついに聞き入れられ、現場に残された犯人のDNA検査が行われる。それは被害者の養父テリー・ホッブスと一致した。ホッブスは妻を殴り、それを咎めた義兄を拳銃で撃つような暴力的な男だった。とにかく、犯人と容疑者3人のDNAは一致していない。これで再審が期待できる。

しかし再審はなかった。彼らに有罪を下した判事が辞任し、新しい判事が「有罪答弁」を提案したのだ。有罪答弁とは、被告は無実を主張し続けていいが、有罪の理由が十分であることも認める、という一種の司法取引だ。被告3人はこれを受け入れ、11年8月、18年ぶりに釈放された。しかし「有罪答弁」だと警察に冤罪の賠償を請求できず、真犯人探しも行われない。結局、ただ3人の少年を殺し、3人の若者の青春を奪った罪は誰も問われないのだ。

陪審員制度では、物的証拠がなくても集団心理で犯人を有罪にすることが可能だ。人間が裁く限り冤罪はゼロにはならない。だから死刑制度は危険である。ジェイソンは最後に言う。

「奴らが無実のダミアンを殺そうとした事実を忘れてはならない」

2012.05

# 『ヘル・アンド・バック・アゲイン』
# アフガン帰還兵の日常は戦場よりも地獄

1918年、アーネスト・ヘミングウェイは、野戦衛生隊員として第一次世界大戦に赴き、戦後、故郷に帰ってきた兵士の虚ろな心を短編『兵士の故郷』に活写した。それは後にPTSD（ポスト・トラウマ症候群）と呼ばれるようになる。

アフガン戦争に従軍したひとりの兵士のPTSDを記録した映画『ヘル・アンド・バック・アゲイン』が、今年のアカデミー賞で長編ドキュメンタリー部門にノミネートされた。海兵隊員ネイサン・ハリスがアフガンで戦闘中に負傷するまでと、故郷ノースカロライナに帰ってからの日々を交互に並行して描いている。

監督のダンファン・デニスはもともと経済を学ぶ学生だったが、60～70年代にベトナム戦争に従軍したジャーナリストたちに憧れを抱いていた。2003年、イラク戦争が勃発すると、カメラを学び、中国に飛んで写真を撮り、覚えたての写真を現地の欧米系通信社に売り込んで、特派員の資格を得り、カメラマンとしてイラクとアフガン戦争に飛び込んだ。09年、アフガニスタンで海兵隊の作戦に同行することになったデニスは、一眼レフカメラにグリップとガンマイクを装着して映像の記録も始める。

作戦の現場で、デニスは、この映画の主人公ネイサン・ハリス軍曹と出会った。25歳だが、幼い頃から軍人を目指し、19歳で志願して海兵隊に入った。短期兵ではなく、一生軍人として生きていくつもりだという。

砲撃を受けた兵士がパニックでマシンガンを乱射するのを「伏せろ！」と制止するほど

冷静沈着な軍曹だったネイサンだが、敵弾を尻から膝にかけて食らってしまう。将来歩けるようにはなるかもしれないが、兵隊として戦場に行かせてはもらえない。彼は、兵隊としての人生以外を考えたことはなかったのに。

リハビリは、長くつらい。膝は少しも良くなっていくように思えない。「こんなの無駄だ！」ネイサンはとうとう音を上げる。弾丸を食らっても泣きごとを言わなかった男が。先の見えない日々に、ネイサンはだんだん壊れていく。医者の説明を受けている間も、視線は宙を舞う。何も聞いていない。平和な日常は現実に思えない。戦場を知らない人々が呑気にしているのを見るだけでイライラする。妻アシュレーがマクドナルドのドライブスルーで注文するのを聞いているだけで、ネイサンは狂おしく頭を抱えてのたうち回る。

彼が平静さを取り戻すのは、プレイステーションで戦争ゲームをしている間だけだ。ゲーム画面は歩兵の視線になり、隠れている敵を倒していく。普通の人には仮想現実でも、ネイサンには唯一、信じられるリアリティなのだ。

『ヘル・アンド・バック・アゲイン』は、編集で平和な日常と戦場を行ったり来たりする。それはネイサンのフラッシュバックにも見える。アフガンで、ネイサンの部隊は農村を通りかかる。突然の銃撃。応戦。逃げまどう農民。航空機の空爆で敵は沈黙した。だが、問題はこれからだ。この農村はタリバンの影響下にあるのか？　兵士たちは農家のドアを次々と蹴破り、敵を探す。武器を隠してないか確かめるため、穀物袋を切り裂く。住民を村の外に避難させる。農村の生活は無茶苦茶だ。これと同じ風景を、40年前のベトナム戦争の時に見た。

「私は、あなた方をタリバンから救うために来たのです」

いくら説明しても無駄だ。こんな貧しい農村では、タリバンの圧政の影響は少ない。そ

『ヘル・アンド・バック・アゲイン』
監督＝ダンファン・デニス／出演＝ネイサン・ハリス、アシュレー・ハリスほか

れよりも、村に入ってきて銃をぶっ放す米兵のほうが実害がある。9・11テロで3000人も殺されたアメリカには、アフガン戦争に大義がある。しかしアフガンの農民に、それは理解できない。

驚くべきは、ダンファン・デニスの撮影だ。兵士の背後ではなく、兵士と一緒に戦場に走っていく。砲撃を数メートルの至近距離で食らう。横にいた兵士の顔面が血みどろだ。銃撃を避けようとして草むらに倒れて青空を見上げるデニスの映像は、ネイサンが語る撃たれた時の状況と重なる。

ネイサンは自宅で、弾丸を装填した拳銃をもてあそぶようになる。その銃を、激高したネイサンが妻に向ける。彼女は淡々と対応しているように見えるが、ネイサンと離れた時、涙ながらに恐怖を打ち明ける。「彼はもう別人よ。怒りの塊だわ」

2012年はアフガン戦争が始まってから11年目。2月現在、アメリカ兵の総戦死者1783人、負傷者2万2618人。『ヘル・アンド・バック・アゲイン』は、拳銃を枕元に置いたネイサンがベッドで横になって終わる。でも、彼は眠れない。

## 『ブリー　Bully』 2012.06

# 教師も法も役に立たない〝イジメ〟という現実

フィッシュ・フェイス。

オハイオ州に住む12歳の少年アレックスは、学校でそう呼ばれている。顔が魚に似ているからだ。彼は未熟児として生まれ、軽度の自閉症でもある。中学への通学バスは彼にとって地獄だった。イジメっ子たちがアレックスを殴り、首を絞め、頭の上に座るからだ。

映画『ブリー　Bully』は、アレックスほか4件のイジメの実態を記録したドキュメンタリー。ブリーとはイジメっ子のこと。イジメは古今東西どこにでもあるが、アメリカの学校では近年、イジメが悪化し、自殺者も多く、社会問題化している。それには構造的な理由がある。

まず中学に入るとクラスがなくなること。生徒の生活を監視する担任もいなくなる。生徒たちはクラスの代わりにクリークと呼ばれるグループを形成する。スポーツマンはスポーツマン、優等生は優等生、と同類だけで集まって、ほかのグループと話はしない。オタク、不良などの「負け犬」グループにでも入れればまだいいほうで、どこにも居場所のない子どもは辛いことになる。

日本では高校になるとイジメが急激に減少する。学力や親の経済力によって、高校が分かれるからだ。しかし、アメリカでは優等生も乱暴者も一緒の高校に進学するので、イジメは減らない。

この『ブリー』が画期的なのは、イジメの決定的瞬間をカメラに収めたことだ。監督の

『ブリー　Bully』
監督＝リー・ハーシュ／出演＝アレックス・リビー、ジャメイヤ・ジャクソン、ケルビー・ジョンソンほか

リー・ハーシュはアレックスが通う中学にカメラを持ち込んで自由に撮影する許可を得た。公立学校では非常に珍しい。ハーシュは四六時中撮り続けたので、生徒や教師たちは、自分が映画に撮られていることを次第に意識しなくなり、日常通りの言動をするようになった。

ジョージア州のロングス夫妻の息子タイラーは自室のクローゼットの中で首を吊っていた。「うちの息子は運動が苦手で、仲間はずれにされた」と、父は回想する。

「授業で水泳があると、息子の服は隠され、トイレでは、後ろから突き飛ばされてビショビショになる。だが、息子は血を流して学校から帰ってきたことはない。直接の暴力はなかった」

だから教師はタイラーのイジメ問題になんの対策もとらなかった。

教師が頼りにならなければ、どうするか。ミシシッピ州のジャメイヤは、バスケットボール部で活躍するスポーツ少女だった。しかし、いつの間にか「バカだ」と言われてイジメられるようになった。ある朝、ジャメイヤの母に警察から電話がかかってきた。

「スクールバスの中で、ジャメイヤが拳銃を出したというの」

スクールバスがコロンバイン高校状態になる前に、運転手がジャメイヤを取り押さえた。検察は彼女に少年院行きを求刑した。「なぜイジメの被害者が抵抗すると罰を受けるの？」母親は問いかける。

我が子をイジメで失った親たちは次第に結束し、「スタンド・フォー・ザ・サイレント（何も言えなかった者たちのために立ち上がれ）」という全米規模のイジメ撲滅運動へと広がった。この流れの中、現在までに全米47の州でイジメ対策が法制化されている。最も早く1999年に「反イジメ法」を制定したジョージア州では2010年に法を強化し、イジメの加害者を強制的に別の学校に転校させることができるとした。11年にニュージャージー州で施行されたものは最も抜本的で、すべての公立学校が州にイジメの実態を報告し、それによって州は各校のイジメ対策度を評価する。しかし、どの州も財政難で予算がなく、実現には至っていない。

ニュージャージー州でこの法律ができたのは、10年に男子学生のタイラー・クレメンティが橋から飛び下りて自殺したからだ。タイラーは男性とのキスを隠し撮りされ、それをネットにバラまかれた。この事件は2つの側面がある。ひとつはネットによるイジメ、サイバー・ブーリング。もうひとつは同性愛者へのイジメだ。

ミシガン州では、02年にイジメで自殺したマット・エプリングの名前を冠した「マットの学校安全法」が制定されたが、キリスト教保守の圧力で「宗教的な信念に基づくイジメは許される」という条項が加えられた。これはまったくとんでもないことだ。なぜなら、同性愛者をイジメても、旧約聖書に従ったと言い訳すれば許されることになってしまう。また、「キリストを迫害したのはユダヤ人だから」という理由でユダヤ人をイジメることも正当化されてしまう。それはナチがしたことである。

『ディクテーター　身元不明でニューヨーク』

# おバカな独裁者が問いかける民主主義

2012.07

2012年2月のアカデミー賞授賞式。開場前のレッドカーペットに、勲章をいっぱいつけた軍服を着て、オサマ・ビン・ラディンみたいな長い髭を生やした男が現れた。

独裁者に扮したサシャ・バロン・コーエンだ！

コーエンはイギリス出身のコメディアン。映画『ボラット』でカザフスタン国営テレビのレポーターと偽ってアメリカ各地を取材した。つまり「どっきりカメラ」方式の疑似ドキュメンタリーで、「カザフスタンのテレビなら何を言っても大丈夫さ」と油断したアメリカ人から黒人やユダヤ人差別発言を引き出した（コーエン自身はユダヤ系）。

次の映画『ブルーノ』でのコーエンは、オーストリアのゲイのファッション・レポーター。ゲイ嫌いの保守的な南部のハンターに夜這いをかけて殺されそうになったりした。

『ディクテーター（独裁者）』でコーエンが演じるのは、中東の架空の国ワディヤの独裁者アラジーン将軍。

『ヒューゴの不思議な発明』に、ギャグを封印して普通の俳優として出演し、アカデミー賞にも出席したコーエンは、レッドカーペットにはカダフィみたいに美女の護衛を2人連れて登場した。

「親愛なる金正日に捧ぐ」

冒頭の献辞で『ディクテーター』は最初の笑いを取る。主人公アラジーンは中東の独裁者だが、どっちかといえば金正日に似ている。独裁者の息子として生まれ、幼い頃からわがまま放題。国連から核兵器の開発をしていると疑われ、ニューヨークに召喚されてきた。アメリカに着くやいなや、アラジーンはアラブ嫌いの男に拉致され、トレードマークの髭を剃られ、身ぐるみを剥がされてニューヨークの路上に放り出される。アラジーンの側近は、一緒に連れてきた影武者をアラジーンに仕立てる。

迷子になったアラジーンはニューヨークで誰にも頼れない。ワディヤ人も大勢住んでいるが、みんなアラジーンの独裁から逃げてきた難民だ。アラジーンだとバレたら殺される。

彼を救ったのは、ゾーイという優しい女の子。彼女はオーガニック食料品店を切り盛りし、世界中の独裁国家から逃れてきた難民たちに職場を提供し、支援していた。アラジーンも哀れな難民と思われて助けられ、そこで働くうちにゾーイと恋に落ちる。

『ディクテーター』を観ると、チャップリンの『独裁者』(40年)を思い出さずにいられない。チャップリンはヒットラーにそっくりの独裁者ヒンケルと、彼に瓜二つのユダヤ人の床屋の二役を演じた。ユダヤ弾圧をするヒンケルに床屋が間違われて……というコメディ。当時はヒットラーの最盛期で、チャップリンは、ドイツと戦争する気がないアメリカにナチ打倒を促すために、この映画を作った。

ただ、コーエンは『ディクテーター』を「独裁者は悪い。民主主義はいい。アメリカは素晴らしい」などという単純な映画にはしない。アラジーンは自分がしてきた罪に気づいて反省するが、母国から来た核物理学者から独裁を続けてくれと励まされる(彼は核兵器を作りたいだけ)。

「あんたは最後の独裁者なんだから頑張れ! カダフィも倒れた。金正日も、チェイニー副大統領も! あんたがいなくなったら、言論は自由になり、女性の権利も認められてロクでもないことになるぞ!」

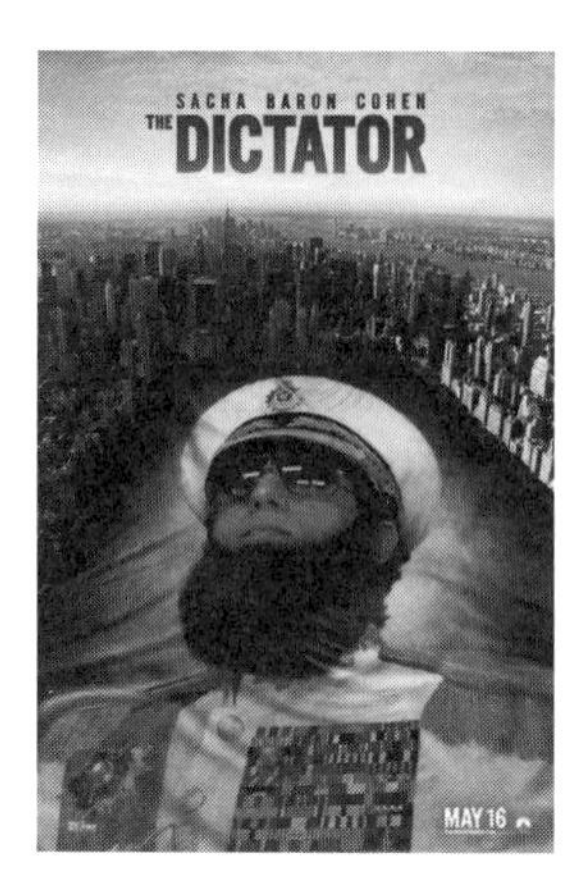


**『ディクテーター　身元不明でニューヨーク』**
監督=ラリー・チャールズ／出演=サシャ・バロン・コーエン、アンナ・ファリス、ベン・キングズレーほか

一方、影武者は国連でワディヤの民主化を宣言しようとしていた。それを裏で操るのは、エクソン・モービル、BP、ペトロ・チャイナという石油メジャー。民主化されればワディヤの石油利権が手に入る。世界の巨大企業のベストテンにランクされる彼らがアメリカや中国の政治を動かし、湾岸戦争やイラク戦争を引き起こした。彼らに比べたらアラジーンなんてちっぽけな小悪党だ。

チャップリンの『独裁者』は、ヒンケルに間違われたユダヤ系の床屋がラジオで世界の虐げられた人々を励ます演説をして感動的に終わる。アラジーンも最後に演説をするが、その内容は辛辣だ。

「アメリカでは上位1％の金持ちが富のほとんどを独占し、貧乏な庶民は医療保険もない。国民に選ばれた大統領はウソをついて戦争を起こした。独裁とどっちがマシだ？　民主主義は欠陥だらけのシステムだ。でも……」

その「でも」から後が感動的。チャーチルの言葉を引用してるんだけど、ちょっと涙が出たよ。

## 『バーニー／みんなが愛した殺人者』

# ゲイと未亡人の愛憎劇？信じるはローカルな正義

2012.08

テキサス州カーセイジは人口6800人。住民の多くが白人の中産階級の高齢者で、日曜日には誰もが教会に集まる静かな田舎町だ。「全米で最も住みやすい町」にランキングされたこともある。

カーセイジの葬儀屋で働くバーニー・ティード（38歳）は、町一番の人気者だった。いつも笑顔で、葬儀や教会で、朗々と讃美歌を歌い、神への愛を語る。地元の劇団のスターとしてブロードウェイ・ミュージカルを踊る。老人や子どもにも優しい。

「バーニーは本当にスイート（人好きのする人物）よ」

カーセイジの老人たちがバーニーの人柄を讃える。映画『バーニー』は劇映画だが、まるでドキュメンタリーのように実際のカーセイジ市民のインタビューが挿入されている。

人気者バーニーを演じるのは、『スクール・オブ・ロック』で小学生に無理やりロックを教えるニセ教師が当たり役だったジャック・ブラック。監督も『スクール・オブ・ロック』のリチャード・リンクレイター。このコンビだから『バーニー』もコメディだ。1996年に実際に起こった殺人事件についての。

バーニーは億万長者ロッド・ニュージェントの葬儀で、シャーリー・マクレーン演じる未亡人のマージョリーと出会う。彼女はバーニーと逆に、カーセイジの嫌われ者だった。莫大な富がありながら、一切寄付をしないからだ。

「マージョリーにはひとりも友達がいなかった」

**『バーニー／みんなが愛した殺人者』**
監督＝リチャード・リンクレイター／出演＝ジャック・ブラック、シャーリー・マクレーン、マシュー・マコノヒーほか

近所の老婦人が証言する。
「業突く張りの意地悪バアさんだから」
ところが、このヘンクツ未亡人（81歳）が人気者のバーニーと恋に落ちた……らしかった。年の差43歳の2人は、一緒に過ごすようになり、どこに行くのも2人一緒。クイーン・メリー号でエジプトとヨーロッパにクルーズし、コンコルドのファーストクラスで戻ってくる。

マージョリーはバーニーに夫が遺したロレックスの腕時計をあげ、近所に彼の家も買ってあげた。

2人の関係は恋愛か？　バーニーが40歳近くまで独身だったのは、年増が好きだったからでは？　母親より年上の彼女と肉体関係は可能なのか？　単に金目当てか？

そんな邪推は吹き飛んだ。バーニーがマージョリーの富を地域にバラまき始めたからだ。バーニーは、教会、学校、貧困家庭……困っている人すべてに寄付しまくった。人々は、バーニーのおかげでドケチのマージョリーも変わったのだと思った。ただ、そのマージョリーを半年ばかり見かけないが。

「母と連絡が取れません」
マージョリーの子どもたちの訴えで、警察が自宅に入ると、中には誰もいない。冷凍食品用の大きな冷凍庫が、なぜかダクトテープで封印されていた。開けると、マージョリーの死体が入っていた。解凍後に司法解剖をすると、背中に4発の弾丸を食らっていた。凶器は、バーニーが庭を掘り返すアルマジロ退治に使っていたライフルだった。

バーニーは逮捕された。動機について彼は、「マージョリーがガミガミ

うるさくてカッとなった」と供述したが、遺産をバーニーに譲るよう遺書を書き換えていたことが発覚。しかも、彼の自宅を捜索すると、彼と地元の妻子ある男性とのセックスを撮影したビデオが出てきた。

「信心深いバーニーがゲイのはずがありません！」

地元民は、バーニーの殺人もマージョリーが悪かったと主張した。ここで裁判を開くと、陪審員はバーニーを無罪にすると思った検察は、50マイル離れた町に裁判を移し、地元民による陪審団の前でバーニーに質問した。

「魚料理に合うワインは？」

「白でしょう？」

その当たり前の答えがまずかった。平均年収は200万円以下で、ワインなど飲んだことない陪審員たちは、哀れな老婆の金で贅沢をしていたバーニーに嫉妬し、彼を有罪とした。

地元の人々は、今でもバーニーを悪人だと思っていない。それは、バーニーが地元の劇団で演じていたミュージカル『ミュージック・マン』を思わせる。小さな田舎町にひとりの音楽教師がやって来る。彼は明るく楽しく親切で、町中の人から愛される。彼が学生のブラスバンドを結成しようと言い出すと、人々は喜んで楽器やユニフォームの代金を供出する。しかし、実は彼は詐欺師で、その金を持ち逃げしようとしたことがバレて裁判になる。ところが彼を愛する住民たちは力を合わせて彼を救うのだ。町には町の正義がある、ということか。

2012.09

『クイーン・オブ・ベルサイユ　大富豪の華麗なる転落』

# 食事はマクドナルドに!? 落ちゆく〝裸の〟女王様

「広いお部屋ですねー」

これから内装する4LDKほどの部屋に案内された男は言った。

「奥さんのお部屋ですか？」

「まさか」

ジャッキー・シーゲルは笑った。

「ここはクローゼットのひとつよ」

フロリダの高級住宅地に建設中の2600坪の豪邸、というより城。総工費300億円。完成したら13の寝室に9つのキッチン、30のバスルーム。2つの映画館。地下にはボウリング場やスケート場も。あまりに広いので、移動はセグウェイで。

そして外観は、フランスのベルサイユ宮殿を模している。映画『クイーン・オブ・ベルサイユ』は、フロリダにベルサイユ宮殿を建てようとした大富豪デヴィッド・シーゲルと、その妻ジャッキーを、4年にわたって追い続けたドキュメンタリーだ。

この映画の監督、ローレン・グリーンフィールドはもともとカメラマンで、アメリカの大富豪たちの生活を写真に記録していた。2007年、ヴェルサーチの妹ドナテーラが最高の顧客としてジャッキー・シーゲルを紹介してくれた。

ジャッキー（現在46歳）はデヴィッド・シーゲル（77歳）の3番目の妻。デヴィッドはウェストゲート・リゾートというタイムシェア会社の創業社長だ。タイムシェアとは、リゾート・マンションの共有システム。同社は全米二十数カ所に高級リゾートマンションを建設し、それをローンで分譲する。

デヴィッド・シーゲルはインディアナの田舎の貧しい家に生まれ、大学も出てないが、1970年代にリゾート・マンションの共有権のローン販売というアイデアを思いついた。

「当時は金利が21パーセントもしたから大変だったよ」

しかし80年代にレーガン政権が低金利政策を開始して以来、金利はどんどん下がり続け、アメリカ人はなんでもローンで買うようになった。01年から不動産バブルが膨らみ、銀行は返せる当てのない低所得者にも査定なしで住宅ローンを組むようになった。家を買った後は、リゾートだ。ウェストゲートは電話セールスでリゾートのローンを契約しまくった。デヴィッドの手には、使いきれないほどの金が流れ込んできた。

彼がジャッキーと結婚したのは10年ほど前。ジャッキーはニューヨーク州の中流家庭に育ち、大学に入り一般企業に就職したが、最初の結婚に失敗し、生き方を変えた。美人コンテストに出場し、モデルをしたり、ゴージャスな美貌を利用する人生に切り替えた。そして3度目の結婚相手がデヴィッドだった。

シーゲル家は2600坪で、クローゼットは2階建て。6人の子どもと5匹の犬の世話のため19人の乳母と家政婦が働く。娘のお人形遊びのために建てたドールハウスは、娘が飽きた後は乳母の家になった。飼い犬はまったく躾されず、家じゅう所かまわずフンをするが、ちゃんと拾い係がいるから大丈夫だ。

ジャッキーは豊胸手術でスイカのような巨乳になり、フェイスリフトやボトックスに莫大な金をかけている。高校時代の親友を久々に訪ねると、彼女はシーゲル家のガレージよりも小さな家に家族と暮らし、それもローン滞納で差し押さえられそうになっている。ジャッキーはローンの足しにと、彼女に小切手を送った。

**『クイーン・オブ・ベルサイユ 大富豪の華麗なる転落』**
監督=ローレン・グリーンフィールド／出演=デヴィッド・シーゲル、ジャッキー・シーゲルほか

シーゲルのウェストゲート帝国の絶頂を象徴するのが、09年にラスベガスにオープンしたPH（プラネット・ハリウッド）タワーだ。52階建てのツインタワー、客室1200が分譲される……はずだった。

08年、バブルが崩壊。困窮した人々が最初に諦めたのはリゾート費で、ウェストゲートは一気に崩壊した。

シーゲルのベルサイユ宮殿の建設は止まった。自家用ジェットも売り払った。食事はマクドナルド、買い物も安売りマーケットのウォルマートにダウングレード。シーゲル家の家政婦や乳母も19人から5人に減らされた。家はゴミ溜めのようになった。犬のフンはそこらじゅうに放置された。ジャッキーが親友に送った小切手は、残高不足で金に換えられなかった。

そんな状況でも彼女はボトックスや皺取りをやめない。

「この金融危機を引き起こした証券会社や銀行は、政府から公的資金を受けて助けられた。それよりも政府は、普通の人たちを助けるべきだわ。私たちみたいな普通の人？」

ここで映画館が失笑に包まれたのは言うまでもない。

フロリダのベルサイユ宮殿は、75億円までディスカウントしたが、依然として買い手はつかない。

★2017年5月現在、宮殿は依然として建設中。

『俺たちスーパー・ポリティシャン めざせ下院議員！』

# 暴露、中傷、でっちあげ アメリカ選挙戦の汚い手口

2012.10

「フリーダム！ ジーザス！ アメリカ！」

それがノース・カロライナ州下院議員キャム・ブレディ（ウィル・フェレル）の決まり文句だ。

「そう言ってりゃ有権者は喜ぶんだよ」

南部では共和党の人気は安泰だ。白人の保守的キリスト教徒とハンターが多いから、中絶に反対し、銃の所持の自由を守ると言ってれば、たいした仕事をしなくても票が集まる。ブレディは怠け者議員だったが、毎回、楽勝で当選してきた。

ところが、今年（2012年）は違った。共和党の候補を選ぶ予備選に、突如ライバルが現れたのだ。マーティ・ハギンズ（ザック・ガリフィアナキス）は、チビでデブでナヨナヨした、政治経験なしの観光ガイドだったが……史上最低の中傷合戦が始まった！

『俺たちスーパー・ポリティシャン めざせ下院議員！』は、『俺たちダンクシューター』などのウィル・フェレルと、『ハングオーバー！史上最悪の二日酔い』のザック・ガリフィアナキスという今のアメリカで一番面白いコメディアン2人の初競演。ひたすら下品でバカバカしい選挙戦をくり広げるが、なんと実は全部、アメリカの選挙の汚い現実なのだ。

立候補した素人のハギンズに切れ者の選挙参謀がつく。彼はまずハギンズに銃を持たせ、家に狩猟で獲った鹿の頭を飾る。全米ライフル協会は、キリスト教保守に次ぐ共和党の票田だからだ。そして、ハギンズのしゃべり方をワイルドで男らしく特訓する。ジョージ・W・ブッシュも最初にテキサスの下院議員に立候補した時は東部のしたお坊ちゃん風の話し方だったので、地元出身でカウボーイ・ハットをかぶった候補に惨敗した。そこでブッ

**『俺たちスーパー・ポリティシャン めざせ下院議員！』**
監督＝ジェイ・ローチ／出演＝ウィル・フェレル／ザック・ガリフィアナキスほか

シュはテキサス訛りを習い、カウボーイ・ブーツをはいて西部の男に生まれ変わり、州知事選に当選した。ブッシュ改造を指導したのは選挙参謀カール・ローヴだった。

ブッシュは2000年の大統領予備選に出馬した。当時、トップを走っていたのはジョン・マケイン上院議員だった。サウス・カロライナ州での予備選で、カール・ローヴはマケインについてのデマを流した。「マケインは黒人女性との間に隠し子がいる」。それはマケイン夫人が養子にしたバングラデシュ難民の女の子のことだったが、このデマが功を奏して、ブッシュはマケインに勝った。「史上最低に汚い」と呼ばれたこの予備選が『俺たちスーパー・ポリティシャン』の基本アイデアになっている。

ハギンズの選挙参謀は、ブレディが小学校の頃に描いた絵本を探し出してくる。それは、貧しい人のいない国のおとぎ話なので「これはブレディが実は共産主義者である証拠だ！」と煽る。アホらしいデマだが、これは実際に08年の大統領選で、共和党がやったことだ。オバマが元左翼過激派だった大学教授と親しかったことを理由に、「オバマは左翼テロリストです！」と騒いだのだ。

ブレディも中傷CMで対抗する。

「ハギンズ候補はヒゲを伸ばしていますが、ヒゲといえばオサマ・ビンラディンですね。そうです！　ハギンズはイスラムの回し者なのです！」。実際、08年の選挙で、保守系テレビは、オバマはイスラムだという中傷をまき散らした。

ハギンズに選挙参謀と資金を提供したのは、モッチ兄弟という億万長者だった。彼らは中国の劣悪な工場で作った製品をアメリカで売って莫大な富を成したが、事業に対する規制緩和を求めて、操り人形のような政治家を議会に送ろうとしたのだ。

モッチ兄弟は実在の大富豪コーク兄弟をモデルにしている。彼らが経営するコーク・インダストリーは石油化学工業のコングロマリット。環境汚染基準違反で何度も摘発されている。環境破壊への規制と富裕層への課税を掲げるオバマが大統領になると、コーク兄弟はさっそく反オバマの市民運動団体を組織した。このニセの草の根運動は、ティーパーティ運動と呼ばれた。ティーパーティは10年の共和党予備選挙では、各州で独自の候補を擁立し、のんびりしていたベテラン議員たちを引きずり下ろした。

12年の選挙で、コーク兄弟はオバマ打倒のために10億ドルを使うといわれ、政治戦略の会社を始めたカール・ローヴは大富豪たちからオバマ中傷CMの資金4000万ドルを調達した。『ザ・キャンペーン』で最後にハギンズは正義に目覚め、ブレディと共に悪の大富豪たちに立ち向かう。しかし共和党の候補ミット・ロムニーは絶対にそんなことはしない。なぜなら、彼自身がハゲタカ・ファンドで稼ぐ大富豪だからね！

★2012年の大統領選挙では、共和党の予備選でロムニー候補が史上最大の選挙資金を投入して勝ち抜いたが、本選でオバマ大統領に惨敗した。

## 『コンプライアンス　服従の心理』

# 命令ならばレイプまがいも権威への従属が招く暴挙

**2012.11**

「警察官のスコットです」

人口1万2000人の田舎町、ケンタッキー州ワシントン・マウンテンのマクドナルドに警察から電話がかかってきた。

「お宅の店員に財布を盗まれたという人がいるんですけどね」

副店長のドナ・ジーン・サマーズ（51歳・女性）は聞き返した。

「どんな店員ですか？」

「レジにいた、若い女性の……」

「ルイーズですか？」

「そうそう、そのルイーズが、カウンターに置かれた財布を盗んだと」

そんな馬鹿な、とサマーズは思った。ルイーズはまだ18歳になったばかりの女子高生。時給600円で真面目に働いてきた女の子なのに。

「警察に協力してくれ。君が私の代わりに、彼女を身体検査するんだ」

『コンプライアンス（法令順守）』は、2004年4月にアメリカで実際に起こった、この「身体検査電話事件」を再現した映画だ。

「私、知りません」と否定するルイーズを、サマーズは裏の倉庫に連れて行き、ドアを閉めた。ルイーズの制服を脱がし、服の中を調べたが何もない。

「下着はどうした？」警官スコットが電話の向こうで尋ねる。「協力しないと、あなたもルイーズと共犯と見なして逮捕されますよ」

サマーズはルイーズの下着を脱がせ、代わりに店のエプロンを着せた。

「お巡りさん、ルイーズはどこにもお金を隠してません」

「いや。女性には隠せるところがあるだろう。そこを探せ」

この身体検査の一部始終は店内の監視カメラに記録されており、映画『コンプライアンス』は、店名、個人名などを変更しただけで、この事件を忠実に再現している。

警官と称する電話による身体検査事件は、95年から全米各地のファストフード店で起こっていた。

ルイーズは泣き始めた。サマーズは自称スコットに「これ以上できません。お店も忙しいし」と命令を拒否し始めた。するとスコットは「あなたは結婚してますか？」と言い出した。「いいえ、でも、来月結婚する予定です」

「では、その婚約者を呼びなさい」

今度は、サマーズに呼び出された婚約者ウォルター・ニックスがルイーズの検査をすることになった。「彼女はドラッグをやっているかもしれない」と、自称スコットは言う。「息を嗅ぐため、彼女にキスしろ」。ニックスは言われた通りにした。次にスコットは、ルイーズにニックスのパンツを脱がせて彼のアヌスに指を入れるよう命じた。「従わないなら、ニックスに殴らせるぞ」と脅されて、彼女は従った。

この事件で驚くのは、警官と称する電話に命じられた人々が、泣き叫ぶ女の子に対し、簡単にレイプまがいの行為をしてしまうことだ。04年5月、ファストフード店のコックは電話で指示されるまま、16歳のウェイトレスにオーラル・セックスを強要した。

その理由を説明してくれるのは「ミルグラム実験」だろう。1961年、イエール大学の心理学者スタンリー・ミルグラム教授は、ある実験の手伝いを募集した。問題に誤答し

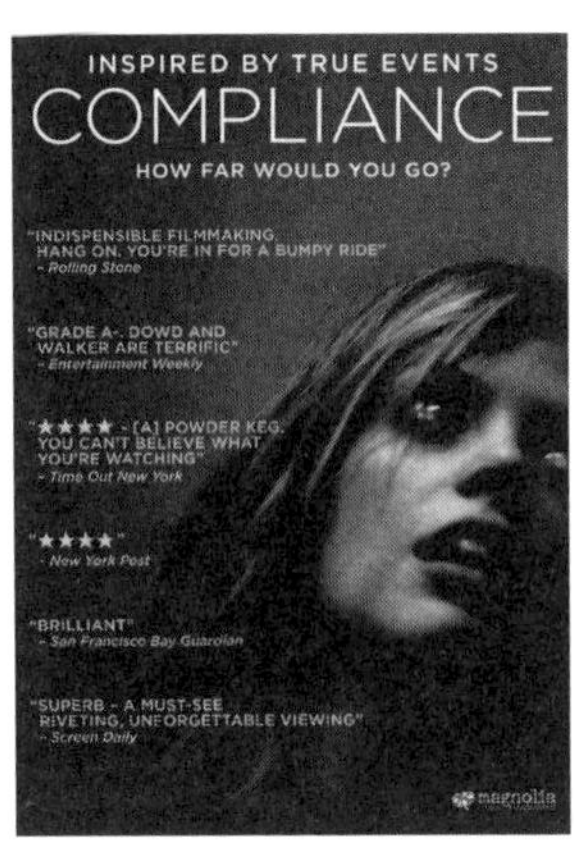


**『コンプライアンス　服従の心理』**
監督=クレイグ・ゾベル／出演=アン・ダウド、ドリーマ・ウォーカーほか

た被験者に罰として電気ショックを与える仕事だ。回答者が間違えると15ボルトずつ電圧を上げていく。電気が流される度に回答者は悲鳴を上げたが、これは演技で、本当に実験されていたのは「拷問者」だった。驚くべきことに、被験者40人中25人が最大の電圧まで上げた。「これは実験だ」「君に責任はない」と言われると、人はどこまでも残酷になれる。ユダヤ人を大量に拷問虐殺したナチの士官や兵士たちも、冷酷な怪物ではなく、凡庸な小市民ばかりだった。権威がお墨付きを与えると、人は自分の秘めたる欲望を解放してしまう。戦争や独裁政権下の暴虐の原因はそこにある。それを確かめるため、ミルグラム博士はこの実験を行った。犯人は、この実験を知っていたと推測されている。

次にスコットは、店の掃除夫を呼ばせた。しかし、彼は命令を拒否した。「これは間違っている。彼女に服を着せてやれ」彼の権威に屈しない勇気によってルイーズは2時間以上の恥辱から解放された。

本物の警官による電話主探しが始まった。いたずら電話はプリペイドカードでかけられていて、追跡は不可能だった。しかし、カードの販売店が判明。警察が店に張り込み、04年6月、ついに犯人を逮捕した。デヴィッド・R・スチュワート。警官志望の看守だった。

ルイーズは、サマーズとニックスを性的暴行で訴えた。彼らは「警官に命令されたと思ったから罪はない」と主張している。コンプライアンス（従順）という無責任。あなたは自分の意志で拒否できるか？

## 『フライト』

# パイロットはアル中!?
# "奇跡の英雄"の真実

2012.12

2009年1月15日、筆者がニューヨークでの取材を終えて、自宅のあるカリフォルニアに帰るため、バスでラガーディア空港に着くと、空港は騒然とし、テレビの前に人々が集まっていた。

先ほど、この空港から飛び立ったばかりの飛行機が落ちたというのだ。テレビを観ると、ハドソン川に浮かぶ飛行機から乗客が救出されている。咄嗟の判断と的確な操縦で155人の乗客の命を救ったベテラン機長サレンバーガーは全米の英雄になった。

映画『フライト』の主人公ウィップ・ウィテカーも、大ベテランのパイロット。扮するは『マルコムX』『アンストッパブル』などで熱い正義漢を演じてきたデンゼル・ワシントン。ウィップが機長を務める飛行機は、高空で突然急降下を始めた。操縦桿をいくら引き上げても真っ逆さまに落ち続ける。市街地めがけて！　その時、ウィップはなぜか飛行機を上下反転させた。阿鼻叫喚の機内。

これは00年1月にアラスカ航空の飛行機に実際に起こった事故をモデルにしている。整備不良で急降下した機体を、機長は懸命に立て直したものの、再びコントロールを失い、上下反転し、地上に激突。全員死亡した。

しかし、『フライト』の機長・ウィップは減速に成功し、無人の野原に不時着。乗務員など6人の犠牲者は出たが、乗客は無事。大惨事は免れ、ウィップは国家的英雄になった。退院したウィップのもとに、航空会社から弁護士が会いに来た。表彰しに来たわけじゃなかった。

「あなたの血液から、大量のアルコールが検出されました。コカインも。これが発覚したら、6人に対する故殺（意図せぬ殺人）罪で終身刑になる可能性があります」

実は、ウィップは重度のアルコール依存症で、搭乗2時間前まで飲酒し、眠気覚ましにコカインを決めるのが日常だった。しかも、その日、ウィップは機内でウォッカのミニボトルを3本も空けていた。皮肉にも、ウィップは酒の勢いとコカインでハイになった状態で、自分の操縦テクニックを120%発揮したのだ！

NTSB（国家運輸安全委員会）の事故調査が進む。酒酔い操縦が発覚したら航空会社も責任を負わされるため、なんとか事実を隠蔽しようとする。もうすぐ行われる公聴会でウィップは喚問されるので、それまでに酒を抜かなければ。

ウィップは酒のせいで妻子に逃げられてからますます酒に溺れ、公聴会が迫るとプレッシャーで更にヤケクソで飲みまくる。貧困層用の2リットルペットボトルのウォッカをラッパ飲みして自動車を運転する場面では、観客は恐怖を通り越して爆笑していた。

『フライト』
監督=ロバート・ゼメキス／脚本=ジョン・ゲイティンズ／出演=デンゼル・ワシントン、ジョン・グッドマンほか

そう、これはロバート・ゼメキス監督お得意のブラック・コメディなのだ。

ハドソン川不時着事故のような美談を期待した観客が卒倒するような『フライト』を脚本家のジョン・ゲイティンズが書いたのは10年以上前、アラスカ航空機墜落事故の直後だった。だが、アル中で、美人CAともネンゴロになってるダメ人間が主人公の物語に金を出す映画会社はなかった。

このシナリオを拾ったのは俳優のジョン・グッドマン。彼はウィップにコカインを売る売人の役を演じたいと考え、ゼメキスに脚本を送り、デンゼル・ワシントンが参加し、映画は実現した。

酔っ払いが旅客の操縦桿を握るというのは悪夢だが、現実に起こっている。02年、アメリカ・ウェスト航空のパイロットの様子がおかしいので調べると大量のアルコールが検知され、その場で逮捕された。09年、ユナイテッド航空の副操縦士が酒酔い操縦で逮捕され、自宅禁錮6カ月、罰金25万ドルの刑を受けた。機長の証言によると、副操縦士は素面で搭乗したが、いつのまにか酒臭くなっていたという。機内で飲んだのだ。

ウィップの横にいた副操縦士も、機長が酔っていたのに気づいていたが、不時着時に重傷を負って昏睡状態だ。さらに機内を調べると、乗務員しかタッチできないゴミ箱からウォッカの空き瓶が出てきた。追い詰められるウィップは自家用セスナでジャマイカへの逃亡を考えるが……。

酒酔いパイロットはアメリカだけではない。欧州やロシアでは墜落事故も起こっている。ゲイティンズは、この脚本を書いたきっかけをこう語る。

「ある飛行機で隣に座ったのがパイロットだった。彼はたいしたことのない男だった。僕らが命を預けられる神様なんかじゃなかったんだ」

でも、医者も政治家もそうだよね。

## 『リンカーン』

# 奴隷解放のため、権謀術策も辞さない正直大統領の真実

**2013.01**

「スティーヴン・スピルバーグがエイブラハム・リンカーンの映画を作ろうとしている」と報じられたのは2000年頃だった。偉大な大統領の生涯と南北戦争を描く超大作になる、と言われていたが、12年越しに完成した『リンカーン』は、そういう大作ではなかった。有名なゲティスバーグの演説も奴隷解放宣言も、『リンカーン』には登場しない。この映画で描かれるのは1865年1月の下院議会だけだ。

そこで論議されたのは、合衆国憲法第13条だった。「奴隷制もしくは自発的でない隷属は、アメリカ合衆国内およびその法が及ぶいかなる場所でも存在してはならない」。これは1862年9月の奴隷解放宣言の法制化であり、その後一切の奴隷制度を禁止するために必要だった。『リンカーン』は、この憲法改正のためのリンカーンの知られざる裏工作だけを描いた映画なのだ。

当時、リンカーンをはじめ、奴隷制度撤廃を主張し、北部各州の多数派を占めていたのは共和党。対して、奴隷制度継続を求める南部各州の政治家は民主党だった。現在のアメリカで、黒人に支持され、北部や西海岸で支持されているのは民主党で、南部で白人たちに支持されているのは共和党だから、今では逆転している。

南北戦争中も、北部の連邦政府の下院議会の3分の1は、民主党議員が占めていた。彼らはコパーヘッド（マムシ）と呼ばれ、常に大統領に反対してきた。憲法修正には下院議員の3分の2以上の賛成が必要だから、リンカーンは最低でも20人の民主党議員の票を獲得

しなければならなかった。

そこでリンカーン（ダニエル・デイ＝ルイス）とスワード国務長官は民主党の懐柔を開始する。リンカーンに恩赦を受けたW・N・ビルボという民主党員を使い、寝返りそうな議員と密かに交渉した。例えばネルソン議員には次期内閣での財務大臣の座を約束した。現金を渡す場合もあった。

敵は民主党員だけではない。共和党の急進派も軟化させないと。共和党院内総務のサディアス・スティーヴンス（トミー・リー・ジョーンズ）は「人種の完全な平等」を憲法に盛り込めと主張していた。つまり黒人に白人とまったく同じ人権を与えようと。民主党員の中にも奴隷制度に反感を持つ議員は少なくなかったが「人種の平等」は行き過ぎだと考えていた。彼らの賛成票を得るため、リンカーンはスティーヴンスに「人種の平等」ではなく「法的な平等」までトーンダウンするよう説得する。

いよいよ評決が行われる直前、南部連合の副大統領をはじめとする和平使節が密かに北部に入り、大統領と和平交渉を求めてきた。今、南北戦争が終わるのは、タイミングが悪い。リンカーンは「修正第13条は南軍の士気を挫くための法案だ。戦争を終わらせるにはこれしかない」という論法で議員の票を集めようとしていたからだ。実際、評決当日に、民主党員たちは和平交渉の噂を聞きつける。「戦争が終わるなら、今、急いで奴隷制度を撤廃する必要はない」と民主党員は決議の延期を求めた。するとリンカーンはしれっと「和平使節など来ていない」と嘘をつく。

敵を裏金で買い、味方を妥協させ、嘘をつく。「正直エイブ」と呼ばれたリンカーンのイメージとは正反対だ。スティーヴンスも「今世紀の最も偉大な法案は、米国で最も純粋な男の腐敗で通過した」という言葉を残している。だが、リンカーンは何がなんでもやる

『リンカーン』
監督=スティーヴン・スピルバーグ／脚本=トニー・クシュナー／出演=ダニエル・デイ=ルイス、サリー・フィールドほか

しかなかったのだ。

「奴隷制度撤廃は、今、鎖につながれている100万の黒人のためだけじゃない」と、リンカーンは言う。「彼らの、何千万の子孫のためなんだ」

スピルバーグは政治的な発言はしない。その代わり映画を作る。ブッシュがテロの報復としてイラクを攻撃した時は『ミュンヘン』を撮った。1972年、ミュンヘン五輪で、イスラエルの選手団がパレスチナ・ゲリラに殺され、イスラエル政府は報復としてパレスチナの要人11人を暗殺した。最後にスピルバーグは今は亡き世界貿易センタービルを見せることで、暴力に対する暴力の空しさを静かに示した。

今、アメリカの下院では、多数派の共和党員がオバマ大統領の政策にことごとく反対し、改革がまったく進まない。目前には「財政の崖」が迫っている。債務上限引き上げに対して共和党が党を挙げて反対すると、アメリカはデフォルト（債務不履行）するかもしれない。スピルバーグの『リンカーン』が示唆するのは、目的のために敵も味方も手玉に取るリーダーシップと、目先の党内政治より未来を見据えた選択をする必要性なのだ。

2013.02

# 『ゼロ・ダーク・サーティ』
## ビン・ラディン暗殺のため怪物になったCIAとアメリカ

2011年5月2日深夜、パキスタンのアボッターバードに、米国海軍特殊部隊を載せたヘリコプターが突如飛来した。01年9月11日の同時多発テロ首謀者とされるオサマ・ビン・ラディンを急襲するためだ。作戦決行時刻は軍事用語でゼロ・ダーク・サーティ（午前0時半）。それが本作のタイトルになった。

監督は、米軍の爆発物処理班を描いた『ハート・ロッカー』（08年）で10年度アカデミー監督賞などを受賞したキャスリン・ビグロー。『ハート・ロッカー』の脚本家マーク・ボールと再び組んで、CIAによるビン・ラディン探索と襲撃を、事件からわずか一年半で映画化した。

『ゼロ・ダーク・サーティ』の主人公はCIAの女性エージェント、マヤ。彼女は、ビン・ラディンの居場所を突きとめた実在の女性CIA局員をモデルにしている。官僚主義や女性蔑視と戦いながら宿敵を追い続けるマヤの姿には、男中心のハリウッドで、リアルで硬派な男性アクション映画だけを撮り続けるビグロー自身が重なってくる。

そしてクライマックス。観客はビン・ラディン襲撃を体験する。同居している妻子を傷つけずに、ビン・ラディンだけを仕留めなければ。さらに、パキスタン政府に気づかれる前に脱出するタイムリミットが迫る。まさにホワイトナックル（握りしめた拳の関節が白くなる）緊迫感で批評家から絶賛され、ビグローとボールは『ハート・ロッカー』に続き、本作でアカデミー賞に輝くだろう……と言われていた。

**『ゼロ・ダーク・サーティ』**
監督=キャスリン・ビグロー／脚本=マーク・ボール／出演=ジェシカ・チャステイン、ジェイソン・クラークほか

それに水を差したのは、配給会社宛にジョン・マケイン（共和党）、ダイアン・ファインスタイン、カール・レヴィン（共に民主党）が連名で出した抗議文だ。『ゼロ・ダーク・サーティ』は事実を歪曲してCIAによる拷問を正当化しているという。

どの部分が問題なのか。『ゼロ・ダーク・サーティ』は04年、CIA局員ダンがアマールというアルカイダのテロリストを拷問するシーンから始まる。アメリカの法律は拷問を禁じているため、シリアやエジプトなど親米独裁政権の国の秘密基地で行われた。このやり方は当時のブッシュ大統領の承認を得ている。

ダンはアマールを水責めにする。顔にタオルをかけ、水を注ぐ。これはゴダールの映画『気狂いピエロ』にも登場する拷問だ。死ぬことはないが、死に近い恐怖を与えられる。こうした拷問を見たマヤは最初、嘔吐するが、だんだん自ら拷問を指揮するようになる。

CIAが欲しいのは、ビン・ラディンのクーリエ（連絡係）の名前。拷問の果てに、アマールは、連絡係の名前を漏らす。

しかし、実際は、CIAが連絡係の名を聞き出す際、水責めを使わなかったという（09年のオバマ政権以降、拷問は使われていない）。「『ゼロ・ダーク・サーティ』は、拷問が有効だという間違ったメッセージを観客に伝える」とマケインらは批判する。拷問された者は、苦痛から逃れようと、尋問者が求める答えをでっち上げる。イラクが9・11テロの黒幕という誤情報も拷問で得られたものだった。その結果、間違ったイラク攻撃で10万人以上が死んだ。

マケイン自身、ベトナム戦争時に捕虜となり、約6年間も拷問された。だからブッシュ政権がテロリストを拷問した時も「アメリカの正義がなくなる」と激しく反対した。

ただ、連絡係の名の入手に拷問を使わなかったという事実は、『ゼロ・ダーク・サーティ』撮影後に初めて判明した。

ビン・ラディン暗殺は9・11テロを防げなかったCIAにとって面子のかかった戦いだった。しかし、ビン・ラディン情報提供者のフリをした自爆テロにハメられて主人公マヤの同僚は殺されてしまい、彼女にとって個人的な復讐になっていく。現場で命の危険にさらされるマヤたちノンキャリアとワシントンで命令するだけのキャリア組との確執もリアルだ。

この映画から観客が感じるのは、凄まじい脱力感である。世界一の大国が国を挙げて、たったひとりの男を10年も追い回し、卑怯で不法な暗殺によってやっと仕留めたものの、それまでに無意味な戦争で何十万もの命が無駄に失われ、暴力に暴力で対抗する間にアメリカは正義も威信も失った。その損失は、ビン・ラディンひとりを殺したところで何も戻ってこない。

すべてが終わった後、主人公マヤは「これからどこに行く?」と尋ねられて何も答えられない。筆者はサム・ペキンパー監督の『わらの犬』を思い出した。平和主義者の数学者（ダスティン・ホフマン）がアメリカの暴力を嫌って、スコットランドの田舎に引っ越す。しかし、田舎の素朴な人々は都会以上に暴力的で、ホフマンに襲いかかる。彼はあらゆる手段を使って反撃し、敵を皆殺しにするが、彼の手は血に塗れた。「帰り道はわかるか?」と尋ねられたホフマンはつぶやく。「わからない」と。

## 『ジャンゴ　繋がれざる者』

# 元奴隷が白人を殺しまくる痛快西部劇に黒人が抗議？

### 2013.03

クエンティン・タランティーノ監督の新作映画『ジャンゴ　繋がれざる者』は、南北戦争前の南部を舞台に、黒人奴隷のジャンゴがガンマンとなって、残酷な奴隷所有者キャンディと対決する「西部劇」ならぬ「南部劇」だ。

『ジャンゴ』はタランティーノが愛してやまない映画『マンディンゴ』(75年)からヒントを得ている。『マンディンゴ』は、白人が黒人奴隷の女性に産ませた自分の子どもを奴隷として売って商売する奴隷牧場の実態を暴いている。奴隷所有者は気まぐれに奴隷を殺すが、なんの罪にもならない。黒人は人間と思われていなかったからだ！

『マンディンゴ』は100年以上になるハリウッドの歴史のなかで唯一、奴隷制の実態を描いた映画だ。それ以外に奴隷が登場する映画は、残酷な実態を砂糖で甘くくるんだ『風と共に去りぬ』のようなものばかりだった。しかし、アメリカ人の見たくないものを突きつけた『マンディンゴ』は巨匠リチャード・フライシャー監督作にもかかわらずマスコミから「ゲテモノ映画」と総攻撃され、映画会社もフィルムを処分。DVDも最近まで発売されなかった、まさに「呪われた映画」だった。

以前から「『マンディンゴ』は最高の映画だぜ！」と言い続けてきたタランティーノは『ジャンゴ』で、奴隷同士のデスマッチを「マンディンゴ・ファイト」と呼んでいる。奴隷を犬に食い殺させたりする残酷描写も『マンディンゴ』の影響だ。

『マンディンゴ』と同じく『ジャンゴ』もあちこちから批判を浴びている。それは主に黒人のオピニオン・リーダーたちからだ。まず、黒人映画監督スパイク・リーがインタビューで、『ジャンゴ』を観に行かないよう同胞に呼びかけた。

「この映画は我々の祖先に対する不敬だ！」リーは言う。「奴隷制はマカロニ・ウェスタンじゃない！　黒人にとって、ユダヤ人のホロコーストと同じく民族的悲劇なんだ！」

『ジャンゴ』は確かにマカロニ・ウェスタン（60年代にイタリアで作られた西部劇）へのオマージュだ。タイトルと主題歌は、マカロニ・ウェスタンの傑作『続・荒野の用心棒』（原題Django）から取られている。

　しかし、同時にブラックスプロイテーション（黒人のヒーローが悪い白人をガンガン殺す、70年代のアメリカ映画）でもある。ジャンゴは白人どもを殺して殺して殺しまくる。黒人奴隷の手で摘まれる白い綿花が、白人の血で真っ赤に染まる。ジャンゴ役のジェイミー・フォックスはテレビで「白人は皆殺しにしたよ！」と笑った。

「人種間戦争でも始めるつもりか！」黒人民族団体ブラック・モスリムの指導者ルイス・ファラカーンも『ジャンゴ』の白人大虐殺に驚いて言った。１９７０年代には、白人との武装闘争を掲げた団体なのに。

『ジャンゴ』は劇中で「ニガー（黒人への蔑称）」が連呼されることも問題になった。「ニガー」についてタランティーノはスパイク・リーと因縁がある。タランティーノが自作『パルプ・フィクション』に俳優として出演し「ニガー」と言ったことで、リーは「それは白人が使っちゃいけない言葉だ」と抗議した。

　スパイク・リーが『ジャンゴ』に反発しているのは、奴隷制という民族のトラウマをタランティーノという白人に先に映画化されてしまったからではないか。「奴隷制はホロコーストと同じだ」とリーは言うが、スピルバーグはじめユダヤ系映画作家たちはホロコー

**『ジャンゴ　繋がれざる者』**
監督・脚本＝クエンティン・タランティーノ／出演＝ジェイミー・フォックス、クリストフ・ヴァルツ、レオナルド・ディカプリオほか

ストの映画を作ったんだから。

タランティーノは前作『イングロリアス・バスターズ』でホロコーストも扱っている。第二次大戦で、ユダヤ系アメリカ人の兵士たちがナチス・ドイツをガンガン殺し、最後はヒットラーを機関銃でハチの巣にする、こちらも痛快アクション映画だ。

「確かにフィクションだけど、俺は歴史の犠牲者たちに、復讐をさせてあげたいんだよね。映画の中で」とタランティーノは言う。

『ジャンゴ』はアメリカで大ヒットした。黒人たちはリーを無視して映画館に押し掛け、白人を鞭打つジャンゴに大喜びで拍手喝采した。でも、ジャンゴのフィギュアは発売中止になった。黒人の人権運動家アル・シャープトン牧師などが「オモチャとして不適切である」と抗議したからだ。子どもが奴隷ごっこをして遊ぶと思ったようだが、超バイオレントな『ジャンゴ』はR指定で子どもは観られないから、取り越し苦労だよ。

# 『The Invisible War 見えない戦争』

# 軍隊内で広がるレイプ 黙殺され続けたその実態

2013.04

2005年、ミシガン州ベイシティの沿岸警備隊基地。アメリカの沿岸警備隊は、陸軍、海軍、空軍、海兵隊に次ぐ5番目の軍隊と呼ばれ、海外出兵もある。入隊して間もない19歳の女性隊員コリー・チオカは、夜中の3時に上官の部屋に呼び出された。上官はチオカをベッドに誘った。チオカが拒否すると上官は彼女の顔を殴打し、無理やりレイプした。

13年のアカデミー長編ドキュメンタリー賞にノミネートされた『The Invisible War 見えない戦争』は、アメリカ軍内に密かに広がるレイプの実態を暴く。

10年の一年間に米軍内で報告された性的暴行の数は3198件。報告されなかった数は推定1万9000件といわれる。調査によると、報告しなかった理由の33%は「犯人が同じ部隊の同僚だから」。25%が「報告すべき上司自身が犯人だから」。

事件のほとんどは宿舎で起こる。アリアーナ・クレイはイラクでも戦った優秀な海兵隊員で、首都ワシントンの兵舎に赴任した。大統領就任式などの国家的式典でマーチをするエリート隊員が集まる場所だ。栄誉に胸を膨らませたクレイは、赴任早々、上官から「女性がここにいることは、セックスの対象になることだ」と警告される。それはすぐに現実になる。

10年8月、彼女は酔った2人の上級兵に囲まれてレイプされた。しかし、軍隊内に警察はない。捜査は隊内の調査係が行い、起訴も軍によって行われる。その結果、逆にクレイが「タンクトップとショートパンツで体操するなど男性兵士を刺激して、セクハラを招い

『The Invisible War **見えない戦争**』
監督=カービー・ディック/出演=コリー・チオカ、アリアーナ・クレイほか

た」と責められてしまった。一方、犯人たちは隊内規則違反で減給などの軽い罰を受けただけで刑法上の有罪にはならず、そればかりか模範的隊員として海兵隊のテレビコマーシャルに出演した。絶望したクレイは拳銃自殺を図ったところを夫に取り押さえられた。

軍隊内の性的暴行事件で報告されたうち、有罪になるケースはわずか5%にすぎない。その理由は、捜査も起訴も隊内で行われるので、もみ消されてしまうからだ。また、決して誰も戦友に不利な証言はしない。これを「沈黙の壁」という。

入隊中に受けた性的暴行のトラウマに苦しむ退役軍人は、10万人を超える。沿岸警備隊員のチオカはレイプ時に殴られたアゴに後遺症が残り、マッシュポテトやゼリーなどやわらかいものしか食べられない。レイプの記憶は消えず、夫との夫婦生活や睡眠の障害になり、毎日山ほど向精神薬を常用する。

軍内でのレイプが一般社会よりも多い理由のひとつが、もともと性的に攻撃的な者が入隊する傾向にあることだ。海軍の研究によると、新兵の15%が入隊前にレイプまたはレイプ未遂事件を起こしている。また、マイノリティである女性兵士への攻撃は性的なだけでなく、〝イジメ〟の一形態でもある。だから、相手が男性でもかまわない。

『見えない戦争』では、今まで声を上げることがなかった男性のレイプ被害者たちもカメラの前で告白している。男性被害者は2万人と推定される。刑務所と同じで、犯人たちは同性愛者ではない。気に食わない奴を殴る行為の延長でレイプしている。これでは、戦地で相手国の住民に対して暴行や虐殺事件が起こるのも必然に思えてくる。

この映画の監督カービー・ディックは、前作『クローゼット(Outrage)』で、

同性愛者の権利に反対する保守系政治家たちの中にいる「隠れゲイ」を暴いた。その映画で追及された数人の政治家たちは、その後、同性愛者の権利を守る運動に転向した。今回、カービー・ディックは、8人の被害者と共にワシントンを訪れ、何も知らない議員たちに現状を訴えた。また、『見えない戦争』を国防長官レオン・パネッタに観せた。その3日後、パネッタは軍内の性的暴行事件の起訴を、大佐以上の上級士官の管轄にすると発表した。

さらに、13年1月、オバマ大統領は「国防授権法」にサインした。これは軍内の性的暴行事件についての特別機関を設置し被害者の保護規定を含んだ法律で、大きな前進だ。

映画の最後で、チオカは博物館に展示されたパープルハート（戦闘中負傷した兵に授与される勲章）を見て「私たちはもらえないのね」とつぶやく。セクハラという見えない戦争で傷ついた兵士への国からの補償は、まだ法制化されていない。

2013.05

# エイズが「死の病」でなくなるまでの知られざる戦い

## 『いかにして疫病を生き延びるか』

「もう死ぬんだと思った」

1985年、ウォール街で債券のトレーダーをしていたピーター・ステイリー（当時24歳）は、HIVポジティブと診断された。ゲイであることは秘密にしていたので、誰にも相談できなかった。AIDS（エイズ／後天性免疫不全症候群）は81年にアメリカ国内で患者が発生して以降、死者は年々増え続けた。

「当時はなんの薬もなかった。死を待つだけだった」

87年3月24日、ステイリーがいつものようにウォール街に出勤すると、結成されたばかりのアクト・アップ（ACT UP）という団体がピケを張り、「エイズの治療薬開発に政府の資金を」と訴え、警官隊に逮捕されていた。

当時のアメリカ大統領だったロナルド・レーガンはエイズ発生以来、何も対策を講じていなかった。それどころか公の場ではエイズについて決して言及せず、そんな病気は存在しないかのように振る舞っていた。85年、レーガンの俳優時代からの友人ロック・ハドソンがエイズで亡くなったが、大統領は動かなかった。

ならば無理にでも政府を動かすしかない。ステイリーはアクト・アップの活動に身を投じた。

2013年アカデミー賞の最優秀長編ドキュメンタリー候補になった『いかにして疫病を生き延びるか』は、エイズと闘った運動家たちの記録だ。

ステイリーをはじめ、この映画に登場する運動家のほとんどは自らがHIVポジティブ。

何年も続く戦いの中で、彼らは次々と倒れ、死んでいく。妻子のいるバイセクシャルの運動家ボブ・ラフスキーが自らの顔の斑点を指さして「見えるか？　これがカポジ肉腫だ！　早くしないと死んじゃうんだよ！」と叫ぶシーンは切実だ。

しかし、政府も世間も「しょせんゲイだけの病気」と考え、関心を持たない。

その根底には、まず宗教があった。共和党は70年代からキリスト教保守を支持基盤にしていった。

「エイズは神に背いた者への天罰だ」

キリスト教保守の重鎮ジェリー・フォルウェル牧師や、ジェシー・ヘルムズ上院議員（共和党）はそう公言した。そして、エイズ対策に税金を使うことを頑なに反対した。スティリーたちは抗議のため、ヘルムズ議員の自宅の屋根に上って、家全体を巨大なコンドームで覆った。そのコンドームには「エイズ・ウィルスよりも危険な政治家用コンドーム」と書いてあった。

いっぽうカトリック教会は、コンドームの使用そのものが神に背く行為だと信者たちに教えていた。旧約聖書の中に、神の命令に反して膣外射精したオナンという男が雷に打たれて死ぬという記述があるためだ。しかし、すでにエイズは同性愛者たちだけの病気ではなくなっている。コンドームなしの性行為を称揚するのは無責任極まりない。アクト・アップのメンバーはアメリカのカトリックの総本山セント・パトリック教会で次々と「ダイ・イン（死んだふり）」をしてミサを台無しにした。

医薬品会社はそれぞれが対エイズの薬を開発していたのだが、政府が認可するプロセスが遅すぎた。対エイズ運動家たちは、違法に入手した実験段階のエイズ薬の生体実験を申し出る。

**『いかにして疫病を生き延びるか』**
監督=デイビッド・フランス／出演=ピーター・ステイリー、ボブ・ラフスキーほか

92年、大統領選挙で、ブッシュ父とクリントンが激突した。全世界のエイズによる死者は累計330万人を超えていた。ブッシュ父は「エイズは患者たちの行動に問題がある」と相変わらずゲイを批判し続けた。エイズがかなり進行していたボブ・ラフスキーは、遊説中のクリントン候補に直接迫ってエイズ対策を約束させてから、亡くなった。

95年、全世界におけるエイズの死者数は累計820万人を超えたが、そこがピークだった。いったん体に入ったエイズのウィルスを除去する治療薬はまだ発明されていないが、複数の薬を混ぜたカクテル薬を使用し続けることで、病気の進行を遅らせることが可能になったからだ。開発した研究者たちは、カクテル薬がすぐに政府の認可を受けて普及していったのはアクト・アップなどの運動のおかげだと明言する。

自分はすぐに死ぬんだと思ったピーター・ステイリーもこのカクテル薬で今も生きているが、自分たちの戦いを無邪気に誇りはしない。

「もし、エイズ発見からすぐに政府が動いていたら、数百万人は死なずに済んだんだ」

2013.06

## 『42　世界を変えた男』

# メジャー初の黒人選手はただ差別に耐え続けた

4月15日、メジャー・リーグの各球場で、選手たちがみんな背番号42のユニフォームを着た。1947年のこの日、メジャー・リーグで初めてアフリカ系の選手ジャッキー・ロビンソンが公式試合に出た。その50年後の97年、4月15日がジャッキー・ロビンソンの日に定められ、この日だけ選手はみんなジャッキーの背番号42をつけるようになった。永久欠番になった42を。

『42　世界を変えた男』は、ジャッキーがメジャーに出場した47年の戦いを描いている。

「チームに、誰か黒人を入れるんだ」

ブルックリン・ドジャーズのGM（ジェネラル・マネージャー）ブランチ・リッキーがそう言った時、関係者は反対した。当時、黒人選手はひとりの前例があるだけでメジャー・リーグは100％白人。黒人は入れないという暗黙のルールがあった。

特にアメリカ南部では、南北戦争で奴隷制が撤廃された後も人種隔離法が施行された。白人と黒人は、学校もレストランも、バスの座席も隔離されていた。人種隔離への反対運動が始まったのは8年後の55年、撤廃されたのはそれから9年後の64年だ。

「金のためだよ」ブランチ・リッキーはしたたかに笑う。「黒人を観客として取り込みたい。また、強い選手が活躍すれば、優勝してまた儲かる」

リッキーが選んだのは、ジャッキー・ロビンソン。打率3割以上で足も速く盗塁の名手だった。

**『42　世界を変えた男』**
監督・脚本=ブライアン・ヘルゲランド／出演=チャドウィック・ボーズマン、ハリソン・フォード、ニコール・ベハーリーほか

「ひとつだけ約束だ」リッキーは言った。
「初めての黒人選手ということで、いろいろ嫌なことがあるだろう。でも、決して怒るな」
「怒らない根性なしが欲しいんですか？」
「我慢し抜く根性が欲しいんだ」。もし、一言でも言い返したら「黒人は野蛮」と叩かれ、その後に続くはずの選手たちの道も閉ざされるだろう。同胞のために契約をしたジャッキーだが、そこではすべてが敵だった。

ドジャーズの選手たちは「黒人と一緒に着替えたりシャワーなんか浴びられるか」とジャッキーを拒否する署名を集めた。球場では客席から凄まじい野次が飛んだ。「黒人の来るところじゃねえ」「とっとと帰れ！」ピッチャーは次々とビーンボールを投げてくる。走塁すると、明らかにセーフなのに塁審はアウトと判定。審判も敵だ。

最悪だったのは、フィラデルフィア・フィリーズとの試合だ。フィリーズの監督ベン・チャップマンは「ニガー！」と叫び続けた。

じっと耐え忍ぶジャッキー。映画では彼が密かにバットを振り回して怒りを発散するシーンがあるが、それはフィクション。本当はただ耐えたのだ。すると、今まで黙っていたドジャーズのベンチからセカンドのエディ・スタンキーが立ち上がり、チャップマンの正面に立って言った。
「ジャッキーが言い返せないことを知ってるだろ。この卑怯者め！」

それがきっかけだった。

南部ケンタッキー州シンシナティでは客席が「ニガー帰れ！」の野次で騒然となって試合が始められないほどだった。するとケンタッキー出身のスター選手ピー・ウィー・リースがジャッキーに歩み寄り、その肩を抱いて微笑んだ。何も言わなくてもわかる。「こいつは俺の仲間だ。文句あるか！」客席は静まり返った。

どんな理不尽な攻撃にもジャッキーがひたすら無抵抗を貫くことで、人々は差別の愚劣さに気づき、ジャッキーへのリスペクトを強めていく。それは60年代の公民権運動でキング牧師がとった戦略とまったく同じだ。

「うちに黒人を連れてくるな」と言う球団オーナーに、リッキーは「あんたは死んで神様に会った時、『うちに黒人を連れてくるな』と言ったと言えるのか？」と問う。そんな奴が神様から天国行きに選ばれると思うのか？　と。ハリソン・フォードはどんな映画に出ても「ちょっと困ったような顔をしている」だけの省エネ演技で30年以上やってきたが、ここでは初めて、リッキーという商売人にも正義漢にも見える、食えないオヤジを見事に演じている。

リッキーの元には殺人などの脅迫状まで届く。「金のためだけじゃないでしょ！　僕を入れた本当の理由はなんですか？」とジャッキーに問い詰められたリッキーは打ち明ける。「昔、オハイオで大学の野球部監督をした時、ひとりの黒人選手がホテルやレストランや乗り物で断られた。わしは何もできなかった。野球が嫌いになった。ジャッキー、君のおかげでまた野球が好きになれたよ」

## 2013.07

# 『プロミスト・ランド』
# 原子力に代わるエネルギー シェール・ガス革命の陥穽

高すぎる石油価格のために航空会社は経営難にあえぎ、その石油産出量もすでにピークを越えて、あとは枯渇に向けて減少の一途。頼みの綱の原子力の安全神話も崩壊した今、シェール・ガス革命に世界の期待がかかっている。

シェール・ガスとはシェール（頁岩）層にある天然ガスのこと。頁岩とは泥が圧縮されて固まった岩だ。従来、天然ガスは砂岩の層から採取されていたが、高圧の水を使って固い岩を破砕する新技術によって、頁岩からもガス採取が可能になった。これを水圧破砕法（ハイドローリック・フラクチャリング）と呼ぶ。

この水圧破砕法のおかげで、米国での天然ガス生産量は2012年にロシアを超え世界最大になった。日本への液化天然ガス輸出も承認された。近い将来アメリカのエネルギー需要の4割が天然ガスになると予想され、原子力に代わる発電エネルギーになるともいわれる。

しかし水圧破砕法の危険性も問題化している。水圧破砕法に使われた天然ガスを含んだ水が、地下水を汚染するというのだ。10年に作られたドキュメンタリー映画『ガスランド』は、全米各地の天然ガス採掘現場を訪れ、天然ガスを含んだ井戸水で家畜が死ぬなどの被害をルポする。また、汲み上げた地下水を浄水して水道水にしている場合は、それも汚染される。ひどい時は、水道の蛇口にライターを近づけると引火して炎が燃え上がる！

水圧破砕法に反対する人々はハイドローリック・フラクチャリングを縮めてFracking（フ

ラッキング）と呼ぶ。Fuckにひっかけて水圧破砕法は環境に対するレイプなのだという意味が込められている。

これに対して天然ガス会社は「シェールの層は地下水の層よりもはるかに地下深いので、水質汚染は水圧破砕法とは別の原因だ」と反論している。各地で裁判は起きているが、今のところ、どちらが正しいという決着はついていない。

その論争の最中に、フラッキングを題材にした初めてのハリウッド映画『プロミスト・ランド』が作られた。監督は、ゲイの人権のために戦った政治家を描いた『ミルク』のガス・ヴァン・サント。製作・主演はリベラルで知られるマット・デイモン。製作プロは、e－ベイの創業社長ジェフリー・スコールが政治的メッセージを持つ映画を作るために結成した映画会社「パーティシパント（社会参加）メディア」。

主人公バトラー（マット・デイモン）は天然ガス会社の社員。天然ガス採掘のために住民を説得するのが仕事。個別の土地所有者に契約書をサインさせるのも必要だが、住民投票で否決されたらパアなので、町全体を懐柔しなければならない。

ガスの採掘料は、普通の農家の生涯年収を超える。現金をドカッと積まれたら断る人はいない。バトラーはスーツにネクタイではなく、ネルシャツにジーンズとワークブーツで田舎の人々に溶け込み、彼らの心もつかむ。地元の美しい女性教師アリスと恋にも落ちる。万事快調。あとは住民投票で勝てばいい。

ところが、そこに思わぬ敵が現れる。かつてガス採掘権を売った町から来た男ダスティンだ。彼らは金を手にしたが、地下水は汚染され、農業も牧畜もできなくなったという。「お金よりも大事なものがあるはずです！」と、ダスティンはフラッキングの恐ろしさと住民投票での反対を呼びかける。

**『プロミスト・ランド』**
監督＝ガス・ヴァン・サント／製作＝クリス・ムーア、ジョン・クラシンスキー、マット・デイモン／出演＝マット・デイモン、ジョン・クラシンスキー、ローズマリー・デウィットほか

しかも、ダスティンは狂信的な運動家でなく、ハンサムでユーモアのあるナイスガイだ。たちまち町の人々の心は、バトラーからダスティンに奪われる。アリスの心までも。ダスティンはまるで裏返しのバトラーであり、彼に何もかも奪われていく恐怖はドストエフスキーの『ドッペルゲンガー』のようだ。

フラッキングは危険か？　それともガス会社が言う通り、それは思い過ごしなのか？　住民投票の前夜、物語はあっと驚くどんでん返しを迎える。えええっ！　そんな話なの！　っとひっくり返ったが、フラッキングの危険性について決着がついてない現在、これは苦肉の策だったんだろう。

ちなみに、オノ・ヨーコは坂本龍一やジョセフ・ゴードン・レヴィットなどの俳優やミュージシャンに呼びかけて「フラッキングに反対するアーティストたち」を結成し、ボブ・ディラン風のプロテスト・ソング『Don't Frack My Mother』を発表した。サビではヨーコさんが「私をフラックしないで」と叫ぶのだが……しませんよ！

2013.08

『エンド・オブ・ウォッチ』

# ギャングとの小さな戦場 サウス・セントラル

アメリカに刑事映画は山ほどあるが、制服警官を主人公にした映画は少ない。その中でベスト3を挙げるなら、リチャード・フライシャー監督の『センチュリアン』（73年）、デニス・ホッパー監督の『カラーズ　天使の消えた街』（88年）、そして今夏日本公開される、デヴィッド・エアー監督の『エンド・オブ・ウォッチ』の3本だろう。

実は3本ともロサンジェルス市警の、サウス・セントラル地区を担当する警官コンビの物語だ。

ネリ・ロドリゲス（16歳）、アンナ・アルティガ（27歳）、メロディ・ロハス（0歳）、エメリオ・ペレス（17歳）……。これは、サウス・セントラル地区で、07年から13年4月までの5年間に殺された被害者67人の名前と年齢の一部。9割が銃による射殺。バラまかれた銃弾は、死者数の10倍以上になるだろう。

アメリカ最悪の犯罪地帯のひとつ、サウス・セントラルは狭い。南北2〜3キロ、東西1・8キロしかない。歩いて端から端まで、すぐに行ける距離だ。でも、歩いて移動する命知らずはいない。面積たった5・8平方キロにアフリカ系、メキシコ系、エルサルバドル系、ホンジュラス系など無数のストリート・ギャング・グループがひしめき合い、麻薬売買の縄張り争いを40年間も続けてきた。

もともとこの地区にはタイヤ工場があり、アフリカ系労働者が集まったが、工場閉鎖で失業。その子どもたちがギャング化した。最初のグループ、クリップスの語源はクリブ（赤

**『エンド・オブ・ウォッチ』**
監督・脚本＝デヴィッド・エアー／出演＝ジェイク・ギレンホール、マイケル・ペーニャ、アナ・ケンドリックほか

ん坊用ベッド）。それほど構成員は幼かった。

現在、サウス・セントラルは人口の87%がヒスパニック、10%がアフリカ系で、白人はわずか1%にすぎない。映画監督デヴィッド・エアーはスキンヘッドにヒゲにタトゥーで、メキシコ系ギャングにしか見えないが、実はアイルランド系。サウス・セントラルで育つうちに、英語よりもスペイン語を話すようになった。高校を中退したエアーはギャングになる寸前だったが、海軍に入り犯罪から足を洗った。除隊後はシナリオ作家になり、『ワイルド・スピード』や『バッドタイム』などサウス・セントラルのギャングたちを題材にした映画で評価された。エアーは、ギャングたちを凶暴な悪党ではなく、共感を持って生活感たっぷりに描く。

逆に『トレーニング デイ』『ダーク・スティール』『フェイク シティ ある男のルール』などのエアー作品に登場する警官たちは徹底的に腐敗して、ギャングより悪辣だ。それは1990年代、サウス・セントラルを管轄とするロス市警ランパート署の警官たちがギャングから押収した麻薬を横流しするなど、悪の限りを尽くしていた事実に基づいている。

エアーの新作『エンド・オブ・ウォッチ』もサウス・セントラルを巡回するパトロール・カーの警官（白人とメキシコ系）が主人公だが、彼らは住民のために果敢に闘う善き警官だ。特にジェイク・ギレンホール扮する警官は、元軍人のスキンヘッドで、警官にも憧れたというエアー自身が投影されているようだ。

そして、本作の敵はギャングでも警官でもない。メキシコから進出してきた麻薬カルテルだ。

筆者は2011年にサウス・セントラルを取材した。そこで、元ギャングで、今は地元の青少年を犯罪から防ぐ運動をしているアルフレッド・ローマス氏に話を聞いた。かつてに比べ、犯罪件数は減少していた。アルフレッド氏などのギャングのOBたちが、グループ同士の和平に動き、夜回りや職業訓練などで地域の青少年の非行防止に尽力した成果だ。

しかし、カルテルの連中は地元の悪ガキではない。国際組織の兵隊だ。現在、カルテルは大量のマリファナをアメリカに密輸している。アメリカではマリファナ合法化に向けて議論が盛り上がっているが、合法化の目的のひとつは、組織犯罪の資金源を断つことだ。

ストリート・ギャングはギャング同士で撃ち合うだけだが、カルテルの連中は警官を狙い撃ちしてくる。しかも使うのは拳銃ではなく、AK-47突撃銃。突撃銃の高速ライフル弾は手足を引き裂き、防弾チョッキやヘルメットさえ貫通する。

タイトルの『エンド・オブ・ウォッチ』はその日のパトロールの終わりを意味するが、警官のスラングで「殉職」の意味もある。『センチュリアン』も『カラーズ』も『エンド・オブ・ウォッチ』も、警官の殉職で終わる。この新宿よりも小さな街は、アメリカ国内の戦場だ。そして戦争は当分、終わりそうにない。

2013.09

# ネットが見ていた無抵抗の黒人射殺の瞬間

## 『フルートベール駅で』

7月13日、17歳の少年トレイヴォン・マーティン君を射殺したジョージ・ジマーマンに無罪判決が出た。

2012年2月、夜7時頃、フロリダ州の住宅街で、トレイヴォン君は、近所のコンビニでアイスティーを買って、夜道を歩いていた。そして彼を背後から尾行していたジョージ・ジマーマンと、もみ合いになった。ジマーマンはボランティアで夜回りをしていて、トレイヴォン君を犯罪者だと思ったのだ。そしてもみ合いの最中、ジマーマンは拳銃でトレイヴォン君の左胸を撃ち抜いた。彼は自分が拳銃を持っていることをトレイヴォン君に言わなかった。

しかし、フロリダの陪審はジマーマンを正当防衛で無罪とした。銃で武装する権利を主張するアメリカ人は拍手した。しかし、それ以外の人々は驚いた。拳銃を隠し持って誰かにケンカを売って、殴り掛かってきたら撃ち殺しても無罪なのか？　トレイヴォン君は何も武器を持っていなかったのに。いや、そもそもジマーマンはなぜトレイヴォン君を犯罪者だと決めつけたのか？

彼が黒人だからか？

すぐに全米各地でジマーマン無罪に抗議するデモが行われ、スティーヴィー・ワンダーは、抗議のため今後フロリダ州ではコンサートしないと発表した。

その判決の週、やはり丸腰の黒人青年の射殺事件を描く映画『フルートベール駅で』がアメリカで公開された。そのタイトルは、サンフランシスコに対岸のオークランドから通勤客を運ぶ電車BART（バート）の駅名で、事件が起こった現場だ。

09年元日の早朝。フルートベール駅に停車したBARTの車内でケンカ、という通報を受けた鉄道警察・BARTポリスが、乗客3人を引きずり降ろした。彼らは3人とも黒人で「何もしていない」と主張した。警察官は彼らをホームに伏せさせ、後ろ手に手錠をかけた。3人とも指示に従い、抵抗していなかった。そのうちのひとりオスカー・グラントの背中を、白人のジョハネス・マーサリー巡査が拳銃で撃った。

BARTは、サンフランシスコで新年のカウントダウン花火を見てきた客で満員で、この惨劇を携帯のビデオで撮影し、すぐにネットにあげたので、元旦には全米を揺るがす大ニュースになった。

無抵抗で手錠をかけられて地べたに腹這いになっている男を背後から射殺するなんて！

そもそも、暴れてもいないオスカー・グラントたちを警官たちはなぜ、凶悪犯並みに扱ったのか？

彼が黒人だったからか？

黒人たちはBARTポリスの態度に抗議運動を繰り返した。

しかし、こういう時、どこでも必ず、官憲側を擁護する連中が被害者に泥を塗ろうとする。トレイヴォン君についても大麻と窃盗容疑で停学処分を食らっていたと主張する。オスカー・グラントについても麻薬売買で一度刑務所に入ったことを指摘する。彼らは殺されても当然のチンピラだった、と言いたいらしい。特にオスカーの住んでいたオークランドは黒人やメキシコ系の貧困層が多く住む地域で、全米でもワースト5に入る犯罪地帯だ。

しかし、もしチンピラだとしても、野犬みたいに殺していいはずがない。

『フルートベール駅で』はオスカー・グラント射殺事件自体ではなく、彼が殺されるまで

**『フルートベール駅で』**
監督=ライアン・クーグラー／出演=マイケル・B・ジョーダン、オクタヴィア・スペンサー、メロニー・ディアスほか

の一日、08年の大晦日の行動を淡々と描く。

オスカーはメキシコ系の恋人と、2人の間に生まれた4歳の娘と一緒に暮らしていた。正式な結婚に踏み切れないのは職を失ったからだ。近所のスーパーの店長に、前のように雇ってくれないかと頼むが、欠員はないと断られる。また大麻の売買に手を出そうとも考えるが、愛する家族のために思いとどまる。

その日はオスカーの母親の誕生日だった。家族皆で、ケイジャン料理（黒人のソウルフード）を楽しく食べる。オスカーは、母や祖母や妻や娘と親密な、ありふれたファミリー・マンだった。

オスカーの大晦日の行動は、彼の遺族へのインタビューによって監督のライアン・クーグラーが再現したものだ。クーグラーもオスカーと同じ、オークランド出身のアフリカ系だ。「とにかくオスカーが普通の青年で、殺される理由などなかったことを知ってほしかった」という。

電車の中のケンカは、オスカーと刑務所で一緒だった男が絡んできたことで始まったのだが、彼はなぜか警官に取り押さえられていない。白人だったからか？

★射殺した警官マーサリーは懲役2年の判決を受けたが、11カ月で保釈された。

『ザ・イースト』

# 環境破壊、薬害企業に天誅を下す過激なエコ・テロリズム

2013.10

サラは、貨物列車の荷台に飛び移ろうとして、すでに乗っていた若者たちに引き上げられる。彼らは無賃乗車で全米を放浪する自由人たちだ。しかしサラは彼らの仲間ではない。企業へのテロに対抗する民間諜報組織のスパイなのだ。

映画『ザ・イースト』は、ジ・イーストと名乗るエコ・テロリスト団体への潜入捜査を描く、極めて異色のスパイ映画だ。

エコ・テロリストとは、環境破壊に対して実力行使で挑む過激なエコロジストたちのこと。日本の捕鯨船に体当たりしたシー・シェパードもそのひとつだが、最も有名なのはＥＬＦ（地球解放戦線）というグループで、原生林伐採を妨害するためにブルドーザーを破壊したりと、直接的な破壊行為を行っている。１９９５年から２０１３年までの18年間で、アメリカ国内で起こったテロのうち、最も多い56％は右翼過激派によるもの、次に多い30％を占めるのがエコ・テロリズムだ。

対国家の政治的テロと戦うＣＩＡやＦＢＩも、死人が出ない限り、エコ・テロから企業を守ってくれない。『ザ・イースト』では、企業のための民間諜報組織が結成され、エコ・テロリストを探し出す、という設定だ。

ヒロインのサラは、共に無賃乗車したホームレスから、ダンプスター（大型ごみコンテナー）を漁って拾ったピザを食べさせられる。金がないからではない。これはダンプスター・ダイビングという「政治運動」なのだ。

**『ザ・イースト』**
監督＝ザル・バトマングリ／出演＝ブリット・マーリング、アレクサンダー・スカルスガルド、エレン・ペイジほか

現在、欧米や日本などの先進国では、食糧全体のうち約半分がゴミとして棄てられている。その最大の理由はスーパーマーケットだ。スーパーは毎日新しい食品を入荷し、昨日のものはたとえ食べられても処分していく。また、形や大きさが揃ったものしか売らないので、形が悪い野菜や果物は産地での選別で捨てられる。味や栄養はまったく問題ないのに、パックに入れにくい、売り場で積み重ねにくい、という理由で。

そうして先進国で毎日、大量の食糧が棄てられていく一方で、世界では10億人の子どもたちが飢えて死んでいく。この不条理を告発し、少しでも食糧の無駄をなくそうと考える人々は、フード・レスキュー（食糧救済）と称して、ゴミ箱を漁り、どれだけ無駄に食べ物が捨てられているかを調査し、ネットなどで発表し、それを食べる。彼らはフリーガンと自称する。

『ザ・イースト』の監督ザル・バトマングリと、主役サラを演じたブリット・マーリングは実際にフリーガンに入り、ダンプスター・ダイビングなどを経験し、2人共同で脚本を書いた。

サラのダンプスター・ダイビングは、ザ・イーストの一員になるための通過儀礼だった。ザ・イーストはインターネットでテロを予告する。

「企業が我々を騙すなら、我々も貴様らを騙す。企業が我々を監視するのなら我々も監視する。企業が毒をばらまくなら、我々も毒を飲ませる」

「目には目を」戦術で、ザ・イーストは製薬会社のパーティに入り込み、乾杯のシャンパンに彼らの新薬を混入させようとする。その新薬には深刻な副作用があるが、政府は認可してしまった。アメリカは世界でも最も新薬の認可が甘い。その理由は食品や薬品に許認可を与えるFDA（米国食品医薬品局）の役員が食品や製薬会社のOBだからだ。いわゆる「天上がり」で、アメリカの財務官僚がウォール街のOBに占められて、金融市場を暴走させたのと同じである。アメリカの

ザ・イーストのテロ計画を知ったサラは上司に報告するが、「放っておけ」と言われる。

「その製薬会社はわが社のクライアントではないから、彼らを救う義務はない。我々の目的は営利だ」

すべてが営利ばかりの資本主義側のスパイであるサラは、ザ・イーストの一員として彼らと生活するうち、彼らの思想に共感し、その心は引き裂かれていく。さらに彼女は、ザ・イーストのカリスマ的リーダーに女性として惹かれてしまう。そして彼らの過激な活動は悲劇を生み……。

本作はエコ・テロリストを称賛も批判もせず、観客に判断を委ねる。世界に毒と無駄をばらまく企業と、それと戦うザ・イーストと、どっちが本当のテロリストなのか？　と。

『大統領の執事の涙』

# 8人の大統領に仕えた執事が見た『フォレスト・ガンプ』が隠した60年代

2013.11

「アメリカ人はいつも己自身から目を背ける。ナチがユダヤ人を強制収容所に入れたことを糾弾する。自分たちも同じことを200年間もやっていたのを忘れて」

『大統領の執事の涙』の主人公セシル・ゲイン（フォレスト・ウィテカー）が語る200年間の強制収容所とは、アメリカの黒人奴隷制のことだ。『大統領の執事の涙』は、ホワイトハウスの執事を34年間務めた黒人執事セシル・ゲインの生涯を描く。

セシルは、ユージン・アレンという実在の人物をモデルにしている。アレン氏は、トルーマン、アイゼンハウアー、ケネディ、ジョンソン、ニクソン、フォード、カーター、レーガンまで、8人の大統領に仕え、最後には執事長にまで上り詰めた。

セシルは20世紀初め、南部ジョージア州に生まれる。すでに1865年、南北戦争で敗れた南部では黒人奴隷は解放されていたが、黒人の選挙権を奪うことによって政治も法律も依然として白人が支配していた。人種隔離法によって、学校、公衆トイレ、バスなどはすべて白人用と黒人用に分かれ、白人席に黒人が座ると罰せられた。小作人だったセシルの母は地主の白人に犯され、怒って地主に立ち向かった父は射殺される。

「南部では、白人は黒人を殺しても裁かれない」

少年セシルは北部へ逃げ出し、ホテルの雑用係で知識と技術を身につけ、ホワイトハウスに採用される。

「政治は持ち込むな」最初にセシルは釘を刺される。「ホワイトハウスでは、政治はご法度だ」

しかし、1954年、連邦最高裁が、公立学校の人種隔離を憲法違反と判断し、これをきっかけに南部の黒人差別撤廃を求める「公民権運動」が動き出す。57年、アーカンソー州リトルロックの高校に黒人生徒が登校可能になったが、州知事は州兵を使って登校を阻止しようとする。それがテレビで報道され、人種問題にかかわりたくなかったアイゼンハウアー大統領（ロビン・ウィリアムズ）も「空挺部隊を導入して黒人生徒を守らざるを得なくなる。

アラバマでバスの人種差別に反対して、マーティン・ルーサー・キング牧師がバスのボイコット運動を始めると、大学生になったセシルの長男は、NAACP（全米黒人地位向上協会）に入り、キング牧師の提唱する非暴力闘争に参加。レストランやバスで白人席に座るだけで、白人たちから袋叩きにされる。さらにKKKが彼らの乗るバスにガソリンをかけ、火をつける。それでも彼らは抵抗しない。

自由を勝ち取ろうとする息子の命がけの戦いを、差別にひたすら耐えて生きてきたセシルは理解できない。ひたすら執事の仕事に没頭し、政治から目を背け続ける。

ただ、セシルは黙って人間としての尊厳を示すことで、歴代の大統領たちの黒人に対する意識を少しずつ変えていく。南部での黒人たちの戦いがテレビで放送され、それを観た白人たちの意識が変わったように。

64年、ジョンソン大統領（リヴ・シュライバー）はついに黒人差別を禁止し、選挙権を保障する公民権法を立法化するが、キング牧師は暗殺されてしまう。またセシルの次男はベトナム戦争で戦死する。怒れる長男は非暴力主義を捨てて過激派集団ブラック・パンサーに入る。

実は、セシルのモデルであるアレン氏の母はレイプされてないし、父も殺されていない。

彼の息子は公民権運動に参加せず、ベトナムに従軍したが生還している。本作はノンフィクションではない。

この映画は黒人監督リー・ダニエルズの、『フォレスト・ガンプ』への反論なのだ。『フォレスト・ガンプ』は『大統領の執事の涙』と同じく、50年代から80年代のアメリカの年代記だ。しかし、『フォレスト・ガンプ』は南部アラバマが舞台にもかかわらず、そこで起こっていた人種隔離もキング牧師も公民権運動も一切描かなかった。代わりにブラック・パンサーが白人女性をかどわかす黒人集団として登場するだけだ。『フォレスト・ガンプ』が隠蔽し、歪曲した黒人の苦難と戦いの90年間を、『大統領の執事の涙』はセシルの人生に凝縮して見せたのだ。

セシルがオバマ大統領の就任式に招待されて『ザ・バトラー』は終わる。ここは事実通りだ。アレン氏は黒人として初めてホワイトハウスの主になったオバマに労をねぎらわれ、2年後に90歳の生涯を閉じた。

★セシルの長男を演じたデヴィッド・オイェロウォは2014年に映画『グローリー　明日への行進』でキング牧師を演じた。

**『大統領の執事の涙』**
監督=リー・ダニエルズ／出演=フォレスト・ウィテカー、オプラ・ウィンフリー、マライア・キャリーほか

# 2013.12

# 『キャプテン・フィリップス』
# 日本のマグロ漁が生んだソマリアの海賊

「オバマ大統領は、やる時はやる」
そう世界に知らしめたのは、就任間もなく起こった、ソマリア海賊によるアメリカ貨物船シージャック事件の解決だ。

その時、人質になったフィリップス船長は、自らの体験を『キャプテンの責務』と題して出版した。その映画化『キャプテン・フィリップス』では、トム・ハンクスが船長を演じる。

2009年4月8日、コンテナ輸送船マースク・アラバマ号は、アラビア半島のオマーン王国からケニアに向かって出航した。しかし、その途中、インド洋に向かって突出しているソマリア沖を通らねばならない。そこでは海賊行為が横行していた。

ソマリアは1960年にイギリスから独立して以来、政権をめぐって内戦が続いている。治安を維持する中央政府がなく、海賊が野放しになった。彼らはタンカーや貨物船を襲った。目的は積荷より、乗組員を人質にとって要求する身代金だ。

「ソマリア沖を迂回するべきでは？」乗組員の提案をフィリップス船長ははねつける。現在、船長は海賊の危険を回避しなかったとして訴訟になっているが、船長の言い分はこうだ。「海賊は大型漁船を母船にすることでインド近くまで勢力範囲を広げているので、迂回しても無駄だ」

実際、その通りのことが起こった。

マースク・アラバマ号の無線を傍受した海賊の母船から小型のボートが接近。ここから

**『キャプテン・フィリップス』**
原作=リチャード・フィリップス、ステファン・タルティ／監督=ポール・グリーングラス／出演=トム・ハンクスほか

知略を尽くした攻防戦が始まる。アラバマ号は消火用ホースで水の弾幕を張るが、海賊はわずかな隙間から突入し、長い鉄製ハシゴを使って乗船する。乗組員は機関室に隠れ……。

結局、海賊たちは船長ひとりを人質にとって、救命艇に乗り込んでソマリアに向かった。それを米海軍の駆逐艦ベインブリッジが追う。丁々発止の交渉が始まる。激しく揺れる狭い船内で銃を突きつけられ、小突かれる船長を手持ちカメラが捉え、観客を現場に引きずり込む。これはポール・グリーングラス監督得意の手法だ。彼は『ブラディ・サンデー』（02年）然り、『ユナイテッド93』（06年）では01年の9・11テロで、ハイジャックされた旅客機の乗客たちがテロリストに抵抗して墜落させるまでを、生存した目撃者がいないにもかかわらず、ドキュメンタリーのように「再現」し、賛否両論を呼んだ。

オバマ大統領は密かに海軍特殊部隊ネイビー・シールズを出動させた。後にオサマ・ビン・ラディンを暗殺した部隊だ。

このチェスゲームのなかで、海賊のリーダー・ムセは冷静沈着に、船長のハッタリや嘘を次々に見破っていく。英語も流暢だし、船の構造図を見て、乗組員が機関室に隠れていることもすぐに見破ってしまう。ムセは「俺たちは漁民だった。魚が獲れなくなって……」としか海賊になった理由を語らない。

ただ、この映画は前半で、ムセが暮らすソマリアの漁村を映し出す。AK－47突撃銃、RPGロケット砲などの武器が転がっている。しかし、漁民は漁に出るでもなく、しゃがみ込み、どこにも魚の姿はない。子どもたちは痩せ衰えている。かつてソマリア沖はマグロなどの回遊コースで、漁民たちも豊かだった。しかし無政府状態になってからは、排他的経済水域に外国の大型漁船が不法に侵入し、最新技術で魚を根こそぎ奪ってしまった。

どこの国の漁船かって？　スペインや韓国や中国や、日本です。もともと漁民は不法漁船を追い払おうとしているうちに海賊になったのだ。現在、日本の海上自衛隊の警備のおかげで海賊は減ったけど、そのくらい「貢献」しなきゃねえ。

この映画でソマリア海賊を演じる俳優は、みんな内乱のソマリアから脱出してアメリカに逃げた難民。スーパーのレジ打ちなどで働いていたが、ソマリア人募集の広告を見て応募したというが、特にムセ役のバーカッド・アブディにはカリスマ的な存在感があり、とても素人には思えない。驚いたのは、ムセが事件当時18歳だったということ。いやあ、豊かな国に生まれたら、スティーヴ・ジョブズみたいになってたんじゃ？

★ムセは33年の刑を受けてインディアナ州の刑務所に収監中。

2014.01

## 『ダラス・バイヤーズ・クラブ』

# マッチョなカウボーイが戦った〝エイズ〟という暴れ牛と米政府

マシュー・マコノヒーは露出狂スターである。男性ストリッパーを演じた『マジック・マイク』をはじめ、あらゆる映画で脱ぎまくり、そのムッキムキの体を見せびらかす。私生活でも、毎朝上半身裸で近所をジョギングするので有名だ。

その筋肉男が骨と皮のように痩せた。『ダラス・バイヤーズ・クラブ』で実在のエイズ患者ロン・ウッドルーフを演じるため、体重を20キロ以上落としたのだ。ロンは１９８０年代終わり、アメリカ政府が認可しないエイズの治療薬を外国から密輸して多くの患者の命を救った。

ロンもマコノヒーも絵に描いたようなテキサス男だ。カウボーイハットをかぶってウェスタンブーツを履く。ロンはそのうえ、拳銃を振り回し、西部劇みたいに酒場でケンカする。そしてロデオが大好き。暴れ牛に乗っていられる時間を賭けて、稼いだ金をパッと使ってしまう。賭けに勝てば、娼婦とコカインで散財する。だから36歳になるのに貯金も家も家族もない。トレイラーハウスで気ままな独り暮らし。明日なんか考えない。

85年10月、映画『ジャイアンツ』で豪快なテキサス男を演じたロック・ハドソンがエイズで死んだ。「がっかりだぜ」と毒づくロンたち。男らしいカウボーイたちは同性愛者が何より嫌いだから。その数カ月後、ロンは血液検査でこう診断された。

「エイズです。あと1カ月の命です」

間違いだろ！　俺はホモじゃねえ！　ロンは信じないが、体重の激減、慢性的下痢など、症状はまさしくエイズ。ネットのない時代なので、ロンは図書館でエイズについて調べた。感染経路は男性同士の性行為だけではない。コンドームなしの男女の性行為、注射針の使い回し……。そういえば、かつて買ったコールガールの腕に、ヘロイン注射の痕があった……。

捨て鉢になって酒に溺れるロンだが、エイズの症状を抑えるAZTという薬の存在を知る（開発したのは日本の満屋裕明博士）。しかし86年にはまだアメリカのFDA（連邦食品医薬品局）はAZTを認可していなかった。ロナルド・レーガン大統領が何もしなかったせいだ。エイズが流行し始めた81年に大統領に就任したレーガンは、86年まで何もエイズ対策をせず、演説などで言及すらしなかった。「エイズは同性愛者たちへの天罰だ」と思っていたからだと言われている。

ロンは闇ルートで入手したAZTを飲むが、あまり効かない。ロデオ仲間は、ロンがエイズになったと知り、慰めるどころか「感染るから近寄るな。ホモ野郎」と村八分にする。仕事もクビになり、トレイラーハウスも追い出される。好き勝手やってきたツケが回ってきたようだ。ロンは拳銃を自分に向ける。

負けてたまるか！　ロンは国境を越え、メキシコに入った。そこでは処方箋なしであらゆる薬が買える。ロンはさまざまな抗エイズ薬を混ぜたカクテルを投与されて、九死に一生を得た。このカクテルだ！　しかしアメリカでは依然として認可される気配がない。

人々を救うため、ロンは抗エイズ薬の密輸を始める。メキシコ、日本、ドイツなど世界各地に飛んで、さまざまなエイズ治療薬を買い漁り、牧師や真面目そうな会社員に変装して税関を抜け、ダラスで待つ患者たちに手頃な値段で提供する。

このような抗エイズ薬の購買者（バイヤーズ）クラブは全米各地にあった。患者たちはエ

**『ダラス・バイヤーズ・クラブ』**
監督＝ジャン＝マルク・ヴァレ／出演＝マシュー・マコノヒー、ジャレッド・レト、ジェニファー・ガーナーほか

イズ対策を求めて政府とさまざまな闘争を展開した。それは13年5月号で紹介した映画『いかにして疫病を生き延びるか』でドキュメントされている。

ロンも渡航を重ねるうちに逮捕され、FDA、DEA（連邦麻薬取締局）、IRS（国税局）と法廷で争うことになる。マッチョで差別的で保守的で自己中心的だったロンは、差別され、死にかけたことで、死ぬほど嫌っていたゲイのために政府に立ち向かった。相棒のニューハーフ（ジャレッド・レト）が侮蔑されると本気で怒るほど、彼は変わった。

92年にロンは亡くなった。エイズという暴れ牛に7年間も乗り続け、多くの命を救って。

『アメリカン・ハッスル』

# FBIが詐欺師と囮捜査 〝司法の暴走〟が喜劇に

2014.02

「ハッスル」という言葉は日本では「がんばる」の意味で使われているが、「無理やりに何かをする」というニュアンスもあって、そこから「売春や詐欺、博打などで儲ける」というスラングにもなった。『アメリカン・ハッスル』は、1970年代にひとりの詐欺師がアメリカの政治を揺るがせた「アブスキャム事件」を基にしたフィクションだ。

77年、住宅ローン詐欺でFBIに逮捕されたメルヴィン・ワインバーグ（当時53歳）は、罪を免れるため、FBIに囮捜査のアイデアを提案した。アラブの大富豪が経営するアブドゥール・エンタープライズという架空の投資会社をデッチ上げ、政治家に賄賂を受け取らせる。アブドゥールのスキャム（詐欺）でアブスキャムというわけだ。

『アメリカン・ハッスル』でワインバーグを演じるのはクリスチャン・ベイル。1：9分けでハゲを隠した頭とビールっ腹、それに葉巻好きはワインバーグそっくりだ。ビールっ腹は特殊メイクではなく、クリスチャン・ベイルの自腹。ハゲもヅラではなく、実際に毛を剃って熱演した。

ワインバーグのアブスキャム作戦に、FBI捜査官たちは乗ってしまった。78年12月、ニュージャージー州カムデン市長アンジェロ・エリチェッティが最初のターゲットになった。エリチェッティは、カジノを開く認可を得るために有力者に贈る賄賂をアブドゥール・エンタープライズから援助してもらおうとした。『アメリカン・ハッスル』で市長を演じるジェレミー・レナーの不思議な髪型はエリチェッティのそれを真似している。

FBI捜査官扮する気前のいいアラブ投資家の噂は政界に広がり、政治家が次々と罠にかかった。その網にはマイヤー・ランスキーまで引っかかった。マフィアの全米統一を成し遂げた「ボスの中のボス」ラッキー・ルチアーノの財政係として知られるランスキーは、晩年、マイアミの不動産とアトランティック・シティのカジノ建設費用を求めてアブスキャムに近づいた。『アメリカン・ハッスル』ではマフィア映画のベテラン、ロバート・デ・ニーロが老マフィアを演じている。

ワインバーグたちは、こうして上院議員1人、下院議員6人、その他合計19人の政治家に札束を受け取らせ、その瞬間をビデオで隠し撮りした。それを見せられたFBIの上司は手柄を誉めるどころか頭を抱えた。犯罪者と手を組んで政治家を罠にハメるなんて、司法の暴走だ！

ビデオは公開され、ハメられた政治家たちは辞職に追い込まれた。この騙し討ちにはほかの議員たちも激怒した。標的になった議員たちはひとりを除いて全員民主党だったので、共和党の陰謀だともいわれた。国民の税金を囮用の賄賂に使ったことも批判された。担当の捜査官は海外の支局に左遷された。

『アメリカン・ハッスル』
監督=デヴィッド・O・ラッセル／出演=クリスチャン・ベイル、ブラッドリー・クーパー、エイミー・アダムスほか

アブスキャム事件の後、このようなFBIの暴走がないよう、議員に対する捜査の許可には何重ものチェックを必要とするガイドラインが設定された。これによって議員への金の流れはなかなかチェックされなくなり、ロビイストが好き勝手に政治家へ金をばら撒くようになった。00年代には、議会を支配した共和党のトム・ディレイ院内総務がロビイストからの金の流れを仕切って儲けまくり、有罪になった。

ワインバーグは政治家から賄賂のキックバックを受け取っていたのでは

ないかと疑われ、マスコミに追及されたワインバーグの妻マリーは首つり自殺を遂げた。

このバカバカしくも悲惨な事件を、『アメリカン・ハッスル』のデヴィッド・O・ラッセル監督は、往年の『スティング』を思わせるコメディに仕上げた。特に事件当時50歳だったワインバーグの妻は、現在22歳のジェニファー・ローレンスが演じ、彼女の運命も事実とはまったく違っていて、観客は快く騙されるだろう。ワインバーグは共犯者だった15歳下の秘書と再婚し、今もフロリダで生きている。

2014.03

## 『あなたを抱きしめる日まで』

# アイルランドの修道院で売られた子が大統領顧問に

イギリス映画『あなたを抱きしめる日まで』は、50年間に及ぶ、アイルランドとアメリカの間で引き裂かれた母子の実話の映画化。原作者のマーティン・シックススミスは元BBCの記者で、1997年から労働党のブレア政権の報道官を務めたが、スキャンダルに巻き込まれて02年に失職。失意の中でジャーナリストに戻って何か本を書こうとしていた。

そんな彼は、あるアイルランド人女性に「自分の母が50年前に生き別れた息子を探しているんだけど」と頼まれた。政治にしか興味がなかったシックススミスだが、出版社からはヒューマンな題材のほうが売れると言われ、取材してみることにした。

彼女の母、64歳になるフィロミナ・リーは52年、14歳で行きずりの男との間に子どもを妊娠し、ショーン・ロス修道院に入れられた。当時のアイルランドでは、カトリックの厳格さゆえ、未婚の母は女子修道院に強制収容され、生まれた息子アンソニーは2歳で里子に出された。フィロミナの承諾もなく、どこに引き取られたのかもわからない。シックススミスはフィロミナと2人で息子の行方を調査する。

未婚の母用修道院は監獄や精神病院に近いもので、外出は一切禁止。朝から晩まで洗濯をして働く。自らの罪を洗い清めるためだ。しかも、生まれた子どもは母の承諾もなしに「売られた」。修道院は里子を斡旋して利益を受け取っていたのだ。しかもアイルランド政府は、この非人道的行為を承認していた。

未婚の母修道院は一般にマグダレン洗濯所と呼ばれ、『マグダレンの祈り』というノンフィクションに描かれ、02年に映画化された。マグダレンとは聖書に登場するマグダラのマリアのことで、かつて娼婦だったがキリストに救われ、彼の死を看取って聖女になった。フィロミナもカトリックの聖女からその名をつけられた。聖女フィロミナ・リーは処女のまま死んだ純潔の象徴だが、フィロミナはカトリックの処女崇拝の犠牲者だ。

ショーン・ロス修道院は里子に関する記録を一切保管していなかった。証拠隠滅のために焼却していたのだ。最初は取材に乗り気でなかったシックススミスも　あまりの理不尽に怒りながら調査を進め、ついに、アンソニーがヘス家というアメリカの金持ちの養子になり、マイケルと名付けられて育てられたことを突き止める。

驚いたことに、シックススミスはマイケルと会ったことがあった。彼がワシントンの特派員時代に、マイケルはレーガン政権の首席法律顧問だったのだ。だが残念なことに、シックススミスがそれを知った時、マイケルはすでにエイズで亡くなっていた……。

この悲劇にもかかわらず、『あなたを抱きしめる日まで』は、頭の固いシックススミス（コメディアンのスティーヴ・クーガン）と、いつも明るいフィロミナのほのぼの珍道中コメディになっている。クーガン自身の脚本の上手さとフィロミナ役のジュディ・デンチの魅力ゆえだ。２人は14年のアカデミー賞候補になった。

原作では映画よりも、マイケル（アンソニー）の人生に大きくページが割かれている。彼はゲイだった。生涯、アイデンティティに悩んでいた。レーガン政権発足と同時にエイズが流行して数万人が亡くなったが、レーガンはまったく対策を取らなかった。それはレーガンがキリスト教保守を支持層にしていたからだといわれている。キリスト教保守のリーダー、ジェリー・ファウエルはエイズは同性愛者への天罰だと公言していた。

エイズに対して何もできないマイケルは恋人に八つ当たりし、自分を罰するようにハードSMへとのめり込み、エイズに感染した。海の向こうでも保守的価値観がこの母子を苦しめたのだ。

死の前にマイケルは産みのルーツを求めて、ショーン・ロス修道院を訪ねていた。しかし修道院はこの母子に互いの情報を与えなかった。なぜ、そんなことをしたのか。「犯人」である修道院長はすでに他界していたので、真意はわからない。だが映画では、ちゃんとシックススミスとの対決がある。やっぱ悪党に一発かまさないとスッキリしないもんね！

アイルランドの修道院システムはなんと96年まで続き、政府は謝罪したが、里子に出された数万人の子と母親は今も互いのことを知らない。

『あなたを抱きしめる日まで』
監督=スティーヴン・フリアーズ／出演=ジュディ・デンチ、スティーヴ・クーガンほか

2014.06

## 『キャプテン・アメリカ／ウィンター・ソルジャー』

# 蘇る「冬の兵士」とウォーターゲート事件

1968年3月、ヴェトナムの農村ソンミ村で、アメリカ陸軍は女子供、赤ん坊も多く含む非武装の農民約500人を殺した。

政府は虐殺を否定したが、71年1月31日、デトロイトに100人のヴェトナム帰還兵が集まった。彼らはVVAW（戦争に反対するヴェトナム帰還兵の会）。そこで帰還兵たちは民間人殺戮の実態を赤裸々に告白した。兵士の中には現在の国務長官ジョン・ケリーもいた。その集会は「ウィンター・ソルジャー（冬の兵士）調査会」と名付けられた。もともとウィンター・ソルジャーとはアメリカ独立運動の思想的指導者トマス・ペインが、国難に耐えて戦う兵士を呼んだ言葉だが、それを自国の戦争犯罪を告発する兵士の集会に名付けたのは、これこそが真の愛国心であるという逆説だった。

だから『キャプテン・アメリカ／ウィンター・ソルジャー』はタイトルからして実に政治的な映画だ。原作のコミックでも、アメリカが抱える〝現実〟を反映している。

キャプテン・アメリカ（以下、キャップ）はもともと第二次世界大戦時の戦意高揚マンガの主人公で、徴兵検査に落第した少年がその愛国心を買われ、超人血清によって改造されたという設定。大戦後、北極で氷漬けにされた彼が現代に蘇った時、国同士の総力戦の時代は終わり、敵は世界各地に潜むテロリストになっていた。

映画でのキャップは諜報機関シールドのメンバーとして働いている。今回、シールドは「インサイト計画」を提唱する。電話やネットの傍聴とスパイ衛星、それに飛行攻撃空母

**『キャプテン・アメリカ／ウィンター・ソルジャー』**
監督＝アンソニー・ルッソ／出演＝クリス・エバンス、スカーレット・ヨハンソンほか

を連携させ、テロリストを見つけ、殺害するというものだ。

実際にＮＳＡ（国家安全保障局）がテロ対策のために国民の電話やネットの履歴を集めていることは13年、エドワード・スノーデンが暴露した。また、オバマ大統領は、実際に無人攻撃機ドローンで大量のテロリストを殺害している。だが、ドローンの攻撃は周囲にいる家族なども巻き込まれるので、現在までに２０００人が犠牲になっているという。

シールドの幹部ピアースを演じるロバート・レッドフォードは60年代、ヴェトナム戦争に反対し、民主党を支持してきたリベラル俳優で、政治的な映画も多い。その代表作は『コンドル』（75年）と『大統領の陰謀』（76年）だ。

『コンドル』でレッドフォード演じるＣＩＡ職員は、雑誌や新聞から政治的な記事を収集、分類するだけの事務職だったが、ある日、職場の人間が皆殺しになる。それは彼の報告書が、ＣＩＡによる産油国の政権転覆計画と一致していたからだ。実際ＣＩＡは53年のイランのモサッデク政権転覆を操り、オバマは２００９年のカイロ演説でその事実を認めている。

『大統領の陰謀』のレッドフォードはワシントンポスト紙の記者。72年の大統領選挙で、現職ニクソン大統領がライバルの民主党事務所を盗聴した事実を暴き、「ウォーターゲート事件」として彼は辞任に追い込まれた。

ウォーターゲート事件はソンミ村の虐殺と共にアメリカ国民の政府に対する信頼を失墜させた。当時、原作コミックの『キャプテン・アメリカ』でも、アメリカを侵略する組織の首領が大統領だと知った主人公が、アメリカに失望する、という内容になっている。

『ウィンター・ソルジャー』の監督は、レッドフォードの起用は『コンドル』と『大統領の陰謀』へのオマージュだと公言している。ウォーターゲート

事件の舞台になったウォーターゲート・ビルもシールドの本部の向かいに見える。オバマ同様、リベラルで反戦主義者のレッドフォードは劇中でピアースとしてこう言う。「私には全人類70億人を救うために2000万人を犠牲にする勇気がある」。オバマも自国の兵士何万人を守るため、2000人の犠牲者を出したドローン攻撃を続けている。でも、それはアメリカが広島に原爆を落とした理論と同じだ。

この映画では、シールドの監視システムは、ナチの科学者が計画したものだとされる。NSAの国民監視もつまるところ、ナチやソ連と同じだということだ。「これも自由を守るためだ」と言うピアースにキャップはこう言い返す。「これは自由じゃない。恐怖ですよ」

『X-MEN フューチャー&パスト』

2014.07

# 超人に託された差別への怒り蘇るミルクの名演説

「スパイダーマンはユダヤ系だと思う」

『アメージング・スパイダーマン』シリーズの主演俳優アンドリュー・ガーフィールドは、タイムアウト誌のインタビューでそう言った。

「だって彼はノイローゼ気味だから。ユダヤ系のステレオタイプだけど」

ガーフィールド自身の祖父も東欧系ユダヤ人で、元の苗字はガーファンクルだという。スパイダーマンになるピーター・パーカーが住んでいるのはNYはクイーンズのフォレスト・ヒルというユダヤ系移民の住宅地。原作者のスタン・リーもNY出身のユダヤ系。もともとはリーバーというユダヤ系らしい名字だったがWASP風のリーをペンネームにした。50年代までのアメリカではユダヤ系に対する差別が厳しかったので、仕事を得るためには名前を変える必要があった。

スタン・リーのヒット・コミック・シリーズ『Xメン』は、もっとストレートに「マイノリティへの差別」をテーマにしてきた。超能力を持って生まれたミュータント（突然変異の人々）が主人公なのだ。

『Xメン』映画化5作目になる今回の『フューチャー&パスト』は、2023年、ミュータントを捜索して殺すロボット「センチネル」によって全滅寸前に追い込まれたXメンが、センチネルがアメリカ政府に採用される直前の1973年にタイムトラベルし、それを阻止しようとする物語。そのためには、磁力を操るミュータント、マグニートが必要なのだが、彼はケネディ大統領暗殺犯としてペンタゴンの地下牢に収監されている。

ＪＦＫが暗殺された63年は、『Ｘメン』の出版が始まった年であり、黒人の公民権運動のピークだった。南北戦争後も南部では１００年近くにわたって人種隔離政策が続いていた。これに対してキング牧師は非暴力デモで戦ったが、アラバマ州政府は暴力でデモを潰そうとした。警官たちが無抵抗の黒人を殴る模様はテレビで全世界に放送され、ＪＦＫは南部の人種隔離をやめさせる公民権法を準備していたが11月に暗殺されてしまった。今回の映画では、ＪＦＫはミュータント差別反対の政策も進めていたので反ミュータント勢力に暗殺されたと暗示される。マグニートは弾丸を曲げてＪＦＫ狙撃を阻止しようとしたのだ。

Ｘメンのリーダー、プロフェッサーＸはミュータントと旧人類の平和共存を目指すが、マグニートは旧人類との戦争を主張する。両者の対立は、非暴力主義のキング牧師と「黒人解放のために必要なら暴力も辞さない」とするマルコムＸや過激派のブラック・パンサーの対立を反映しているといわれる。マグニートが人類に絶望した原因は、ユダヤ人として生まれ、両親をホロコーストで失ったからである。

今作では73年にパリで開かれたアメリカとベトナムの和平条約の会場で、センチネルを開発したトラスク博士が「人類は争いをやめて、共通の敵であるミュータントと戦いましょう」と語るが、それは欧州各国の反ユダヤ勢力と結託したヒットラーと重ねられている。『Ｘメン』はもともと現実の差別問題を反映していたが、バイセクシャルを公表しているブライアン・シンガーが監督することによって、映画ではゲイの苦悩も加わった。ミュータントの青年が家族に打ち明けられなかったり、息子がミュータントだと知った母親が「普通の人になれないの？」と尋ねる描写などはゲイの人々の体験そのものだ。原作コミックでも、ゲイの街として知られるサンフランシスコがミュータントの解放区になるエピソー

『X-MEN フューチャー＆パスト』
監督＝ブライアン・シンガー／出演＝ヒュー・ジャックマン、ジェームズ・マカヴォイ、マイケル・ファスベンダー、ジェニファー・ローレンスほか

ドもあった。

サンフランシスコをゲイの解放区にしたのは、市会議員ハーヴェイ・ミルクだが、彼が78年に暗殺される直前に行った有名なカミングアウト演説が『フューチャー＆パスト』でもマグニートに引用されている。

「世間に名前の出た人はゲイであることをカムアウトしてください。それが孤独に悩む人々に希望を与える。ゲイだけでなく、黒人、アジア人、身体障碍者、老人……誰だって、希望がなければ生きるのをあきらめてしまう。あなたも、あなたも、あなたも、希望を与えなければ」

2014.08

『ミリオンダラー・アーム』

# インドで剛腕投手を探せ！メジャー・リーグの世界戦略

『ミリオンダラー・アーム』は、時速145キロのボールを3回続けてストライクゾーンに投げ込んだ人に賞金100万ドル（約1億円）というコンテストをインドで行ったJB・バーンステインというスポーツ・エージェントについての実録映画だ。

2008年、JBは40歳を前にして何でも持っていた。ホームラン王バリー・ボンズもクライアントだった。アメリカのプロ・スポーツ選手は10億円以上の契約金で知られるが、エージェントはその4〜10％を持っていく。しかも、そういうクライアントを何人も抱えているエージェントの年収は選手よりも多い。

JBは最高のスーツを着てフェラーリやポルシェを乗り回し、最高級クラブのVIPルームに顔パスで入ってモデルの美女を独り暮らしの豪邸にお持ち帰り、翌朝は相手の電話番号も聞かずにバイバイ。でも……何かが足りない。

JBはぼーっとテレビを観ていた。画面にはアカデミー作品賞に輝いた『スラムドッグ$ミリオネア』。急激に発展するインドで撮影されたオール・インド人・キャストの世界的ヒット作。チャンネルを変えるとスーザン・ボイル。素人オーディション番組で発見された天才おばさんシンガー。JBはひらめいた。インドの人口は11億人。それだけいれば、メジャー・リーグでスターになれる剛速球投手もいるに違いない！

JBはサンフランシスコ・ジャイアンツのオーナー、ウィル・チャンから資金を得て、インドに飛んだ。インドに野球はほとんど存在しない。JBは、インドの国民的スポーツ

**『ミリオンダラー・アーム』**
監督＝クレイグ・ギレスピー／出演＝ジョン・ハム、アラン・アーキンほか

は野球の原型といわれるクリケットだから大丈夫だと思っていたが、甘かった。集まったのはボールを前に投げるのもやっとな人々だった。

今日もダメか……。その日も、190センチを超える青年が珍妙なフォームでボールを構えるのを見ていた。ダメじゃなかった。スピードガンを見ると140キロを超えている。彼は18歳のリンク・シン。やり投げの選手で、変な構えはやり投げのフォームだったのだ。ストライクこそ投げられなかったものの、シンは賞金10万ドル（約1000万円）を手にした。

しかしJBにとって、そこからが勝負だった。シンらを連れてアメリカに帰り、メジャー・リーグのトライアウトに備えるのだ。球速はあるがコントロールはゼロ、ルールを知らないから配球もできない。

それ以上に困ったのは、シンたちにメジャー・リーグの栄光への憧れがないことだ。もともと野球に興味ないし、ガスも水道もトイレもない貧しい家に育ったシンにとって、賞金1000万円は一生分の収入にも等しく、それで充分だった。

JBはアメリカン・ドリームを見せようとして、シンたちをプロ・アスリートの豪邸に連れて行く。酒池肉林を目の前にしても、シンたちは何も感じない。ヒンディーでは禁酒だし、肉も食べない、結婚するまで童貞だ。苛立ったJBはシンに問う。

「君たち、夢はないのか？」

「夢？　ないです」

そこでJBはシンたちとの絆を強めていく。家族のように。欲望がなくても、家族のためならどんな苦難も厭わない彼らだから。そして運命のトライアウトの日がやってくる……。

この美談の裏にはメジャー・リーグの世界戦略がある。メジャーが日本や韓国の選手を積極的に採用した本当の理由は、日本人や韓国人をメジャーの試合の放送権やグッズの消費者として取り込むためだった。ワールド・ベースボール・クラシックもその一環だ。日本や韓国と比べものにならない巨大な市場が、11億人のインドと13億人の中国だ。ヤオ・ミンのNBA入りで中国にはバスケットボールの大ブームが起こり、NBAは中国で莫大な収益を上げている。メジャー・リーグもすでに09年、中国の無錫に野球学校を設立した。

現在、リンク・シンはインド系で初のプロ野球選手としてマイナーリーグで活躍中だ。

## 2014.09

# 『コングレス未来会議』
# イスラエルの罪を描いた監督によるハリウッドへの風刺

「ロビン、君は23歳の時、『プリンセス・ブライド』（87年）のヒロインとして華々しくハリウッドに登場した。『フォレスト・ガンプ』（94年）のヒロインを演じた時はアカデミー賞にもノミネートされた」

映画『ザ・コングレス』は、実在のハリウッド女優ロビン・ライトのすっぴんのアップで始まる。1966年生まれの彼女の顔は、歳相応に見える。

「でも、その後の君はいくつもの選択を誤ってきた」

ロビンは『ガンプ』の後、ショーン・ペンと結婚し、映画よりも子育てに専念した。夫はアカデミー賞を二度も受賞して大スターになったが、彼女には『ガンプ』以降、ヒット作はなかった。ロビンに話しかけているのは彼女のエージェント。彼は、ロビンの全身の映像データをコンピュータでスキャンして、その権利を映画会社に売ろうと提案する。

『コングレス未来会議』は、2008年に『戦場でワルツを』でアカデミー外国語映画賞にノミネートされた、イスラエルの映画作家アリ・フォルマンの新作映画。

『戦争でワルツを』は、82年のレバノン内戦に当時19歳のフォルマンが従軍した体験をアニメーションで描いた。26年後、彼はレバノンで何をしたか思い出せず、戦友を訪ねて記憶をたどっていく。そしてついに、自分が忘れようとした事実と直面する。イスラエルが支援するキリスト教徒がレバノンに逃げたが、パレスチナ難民キャンプを襲撃して3000人を虐殺するのを目撃してしまったのだ。

イスラエルの罪を暴いたフォルマンが『コングレス』で挑んだのはハリウッドだ。ロビンのデータを買おうというのは、ミラマックスとパラマウントを足した名前の架空の会社。彼らはロビンのデータを勝手に使って映画が撮れる。

「今のハリウッドには35歳を過ぎた女優に主演の企画はない。でも、CGデータなら歳も取らないし、好きなだけ若くなれる」

でも、微妙な表情の演技ができないのでは？

「何言ってる。若返りのためにフェイスリフトやボトックスで顔が突っ張って、表情が変えられない女優ばかりじゃないか」

メグ・ライアンなど整形のしすぎで仕事を失ったスターも少なくない。

ロビンはこの契約に同意する。離婚した彼女は、聴力と視力に障害のある長男（これはフィクション）のために莫大な金が必要だからだ。

現在、ハリウッドのアクション映画では俳優が実際に演じていないことが多い。俳優のデータをCGで動かしたり、CGアニメに貼りつけたりしている。

ここで画面に「20年後」と出る。60代になったロビンは契約更新のため、ミラマウントの「未来学会議（コングレス）」に出席するが、警備員がロビンを止める。

「ここから先はアニメーション以外、入れません」

え？　ロビンは警備員から渡された薬を飲む。するとたちまち、彼女も周囲の風景もカラフルなアニメに変わる。会議場には、トム・クルーズがいる。死んだはずのジョン・ウェインもいる。そして、ミラマウントの新路線が発表される。

「映画はもう古い。これからは薬です。これを飲めば誰でもなりたいスターになれる、誰でも映画の主人公になれるのです！」

**『コングレス未来会議』**
監督=アリ・フォルマン／出演=ロビン・ライト、ハーヴェイ・カイテル、ジョン・ハム、ポール・ジアマッティほか

『コングレス』の原作はポーランドのSF作家スタニスワフ・レムの『泰平ヨンの未来学会議』。原作では共産主義を理想の社会とするプロパガンダや思想統制を幻覚剤に象徴させているが、フォルマンはそれを夢工場ハリウッドへの痛烈な風刺にアレンジした。そのせいかハリウッドから資金は得られず、イスラエルやドイツ、ポーランドなどの共同製作になっている。

何歳にもなれるアニメの世界で、ロビンだけは60歳過ぎの姿で冒険を続ける。その彼女が自分で歌うボブ・ディランの名曲『フォーエバー・ヤング』をBGMに息子のような年齢の男性とセックスするシーンは、老いを恐れるハリウッドへの皮肉だろう。先ごろ、実際にロビンは48歳で33歳の俳優ベン・フォスターと婚約した。フォーエバー・ヤング！

2014.10

『インターネットの申し子 THE INTERNET'S OWN BOY』

# レディットを作った天才青年を殺したのは誰か？

アーロン・シュウォーツは1986年にシカゴで生まれ、3歳でスラスラ字を読むようになり、アップル・コンピュータをいじり始めた。彼は天才だったのだ。

映画『インターネットの申し子THE INTERNET'S OWN BOY』は、2013年に自ら命を絶ったハックティヴィスト（ハッキングによる社会変革者）、アーロン・シュウォーツの、26年間の生涯を追ったドキュメンタリー作品だ。

幼い頃からアーロンは、スポンジのように知識を吸い込んだ。図書館が大好きだった。13歳の時、誰でも自由に加筆できるウェブ百科事典をプログラムした。

「辞書は素人が作るべきじゃない」

学校の先生は批判した。それが何年もたってからウィキペディアとして実現することも知らず。

このプログラムでアーロンは奨学金を得て、ウェブフィード・フォーマットRSSの開発に参加し、中学生にしてネット界でその名を知られるようになった。

そしてアーロンはローレンス・レッシングの薫陶を受けた。レッシングは、知的所有権で完全に縛られているものと、完全に使用が自由なパブリック・ドメインの中間である、クリエイティブ・コモンズ（CC）を提唱した。

そしてアーロンは、知的財産の解放によるネットのユートピアを目指すようになった。かつて、人々が私有財産の否定によるユートピアを夢見たように。

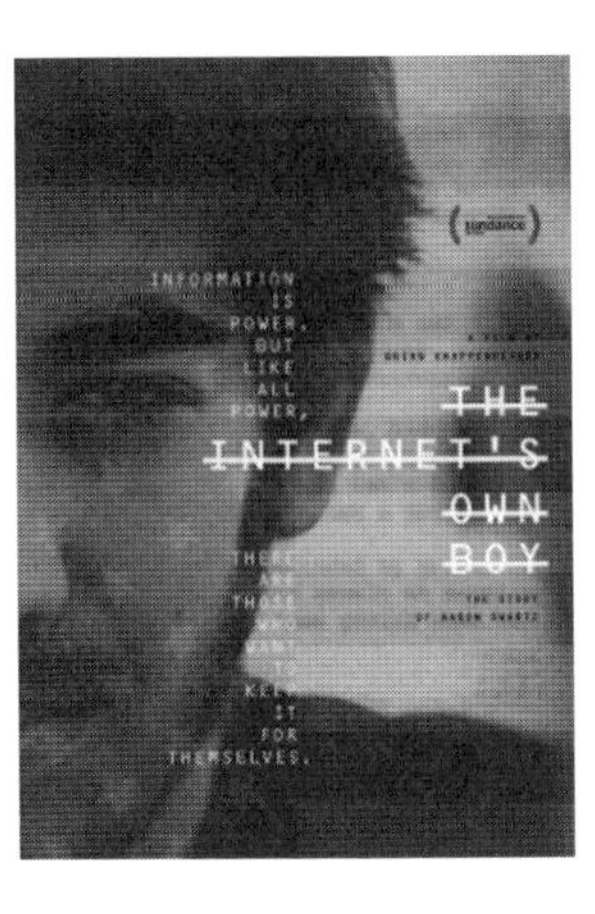


『インターネットの申し子
THE INTERNET'S OWN BOY』
監督=ブライアン・ナッペンバーガー

アーロンは18歳でソーシャル・ニュースサイト「レディット」の開発に参加した。それは巨大なビジネスになったが、彼は金に興味が持てず、ハックティヴィストの道を歩み始めた。そうして、公共の情報にもかかわらず有料にされているデータベースを、次々とハックした。

アーロンは議会図書館や連邦裁判所のデータベース、それにJSTOR（記事倉庫。学術論文の有料データベース）に侵入し、データをダウンロードした。もちろん利益が目的ではない。アーロンにとって、それは、閉じ込められた知識を解放する運動だったのだ。アーロンの名前を世界に知らしめたのは、11年のSOPA（オンライン海賊行為防止法案）との戦いだった。ネット上の著作権侵害を取り締まり、リンクを禁じ、違反者のデータを提出させる法案だ。

これが立法化されたらYouTubeからブログまで、個人のネット活動のほとんどは壊滅してしまう。アーロンは世界的な反対運動を組織し、署名を集め、政治家に働きかけ、12年1月18日、ウィキペディアをはじめ、10万を超えるサイトがSOPAへの抗議として機能を停止。法案は流れた。

アーロンは群衆に向けて勝利宣言した。

「皆さん一人ひとりがヒーローです。皆さんは自由を守る役割を果たしました」

無精ひげを伸ばしたアーロンは当時25歳。クシャクシャの髪にシャイな笑顔は少年そのものだった。

それが彼の最後の笑顔だったかもしれない。彼はJSTORのハッキングで起訴されてしまった。求刑は35年の懲役と3年の保護観察、そして100万ドルの罰金。

その刑は80年代に制定されて忘れられた法「コンピュータ詐欺と濫用防止法」に基づく。JSTORは具体的な被害がなかったので訴えなかったのに、検察がアーロンを起訴したのは、明らかに見せしめだった。

どう考えてもやりすぎだ。金融危機を引き起こしたウォール街の連中も、イラク戦争を引き起こしたブッシュ政権も誰ひとりとして罰せられていないのに。

アーロンは潰瘍性大腸炎という病を抱えていた。長い収監には耐えられない。裁判が始まる前、13年1月11日、アーロンは自宅で首を吊った。もし生きていたなら、いったいどれほど、世の中を変える技術やシステムを開発していっただろうか。

2014.12

# 『ディア・ホワイト・ピープル』

# 名門大学で起こる人種差別論争を笑い飛ばせ

「親愛なる白人生徒たちへ」

サマンサ・ホワイト（テッサ・トンプソン）は大学の学生ラジオで呼びかける。「黒人の友だちが1人いるくらいで『私は人種差別主義者じゃない』なんて言わないで。今は2人以上いないとね」

『ディア・ホワイト・ピープル』は、アフリカ系のジャスティン・シミアン監督の長編デビュー作。東部の名門ウィンチェスター大学（架空）の学生たちの人種問題を描くコメディ、というかサタイア（皮肉な劇）だ。

「もう人種差別なんて過去そのものだ」ウィンチェスター大学の総長（白人）は、副総長（黒人）に向かって断言する。「残ってるとしても、せいぜいメキシコ系差別だけだ」

最近も人種差別についての映画は作られてはいる。『それでも夜は明ける』は南部の奴隷制度を、『大統領の執事の涙』は1960年代の公民権運動を描いていた。しかし、ポスト・オバマ、つまりアフリカ系が大統領になった今、差別は本当になくなったのか？

特に、知的で裕福なエリートたちの間では？

『ディア・ホワイト・ピープル』は群像劇だ。ヒロインのサマンサは学生ラジオの人気者。人種ジョークを通して、表面的には差別などないかに見える名門大学に人種問題の論争を起こそうとする。

サマンサは生徒会長選挙で元カレのトロイに挑戦する。彼は大学の副総長の息子で、ハンサムでスポーツマンで優等生。弁護士を目指し、将来は政治家になることを期待されている。黒人っぽい言葉は使わず、今つきあっている彼女も白人。それも総長の御令嬢だ。

サマンサの人気に嫉妬するココというアフリカ系女学生がいる。シカゴの黒人スラムから苦学して大学に入った彼女はセレブを夢見ている。サラサラのストレートヘアのかつらと青い瞳のコンタクトレンズをつけて、白人男子寮に入ったりする。

総長の長男カートは典型的な白人の金持ち息子。白人学生に敵対的なサマンサを苦々しく思い、学内ユーモア雑誌を創刊して、人種問題をからかう。アファーマティヴ・アクション（積極的差別是正措置）でマイノリティの入学が優遇されることに不満だ。

アメリカの学生たちはクラスやクラブよりもフラタニティ（友愛会）や寮を中心に人間関係を作る。どこかに属さないと居場所がない。巨大なアフロ・ヘアーのライオネルはまさに居場所のない男で、アフリカ系だが、ゲイで、気の弱いオタクなので、どのグループや寮に入ろうとしてもつまはじきにされ、とうとうひとり淋しくアパート住まいを始める。大学で誰よりも差別されている最下層はオタクだったのだ（トホホ）。

学生間のテンションは徐々に高まっていく。ついにカートは黒人学生への嫌がらせでブラックフェイス（白人の黒塗り）・パーティを開く。これは2010年にカリフォルニア大学サンディエゴ校の学生たちが実際にやって問題になった。ブラックフェイスにアフリカ系が激怒するのは、奴隷制時代に南部の白人たちが顔を黒く塗って、バカでずるい黒人の芝居を演じて白人を笑わせたミンストレル・ショーに戻ることだからだ。

この『ディア・ホワイト・ピープル』で怒りを爆発させるのは、意外にもヘタレのライオネルだ。彼は人種や何かで人を分類することの被害者だった。

しかし、誰だって何かの枠にぴたっとハマる存在ではない。自分を黒人だと規定していたサマンサの父は実は白人で、今の恋人が白人なのを隠していた。トロイは白人の彼女に

『ディア・ホワイト・ピープル』
監督=ブライアン・ナッペンバーガー

なじめず、白人になろうとして傷ついたココと互いに惹かれ合う。

この映画は公開前に右翼ウェブ・ニュース「ドラッジ・レポート」によって「反白人映画」として取り上げられ、ヘイトを煽られた読者たちがムービー・データベースのレビューに殺到して、観てもいないのに最低の星ひとつをつけるという事態になった。まったく、ディア・ステューピッド・ピープルが……。

『ナイトクローラー』

# 血なまぐさい特ダネを求めてエスカレートする夜の徘徊者

2015.01

映画『ナイトクローラー』の主人公ルー（ジェイク・ギレンホール）は無職の男。今日も職を得られないまま、真夜中のロサンゼルスをうろついていると、交通事故に出くわした。大破した車からレスキュー隊が運転手を助け出そうとしている。その光景をビデオで撮影している男がいる。テレビ局の職員だろうか？

「いや。フリーランスだ」

「お金になるんですか？」

「テレビ局が買ってくれたらな」

彼のように、大手メディアを出し抜いて現場に駆けつけて生々しい映像を撮って稼ぐ仕事をストリンガーと呼ぶ。翌朝、ルーがテレビでニュースを見ると、まさに昨夜見た事故が放送されていた。ルーは高級自転車を盗んで売ってビデオカメラと無線機を買い、自分もストリンガーになろうとする。

最初はカージャックだった。駐車場の運転手を襲って車を奪う強盗だ。喉を撃たれて血みどろの被害者をビデオに撮ったルーは地元のローカル・テレビ局に持ち込んだ。女性プロデューサーが2万円ほどで買ってくれた。

「もっと強烈な映像が欲しいわ！」

かくしてルーは事故や殺人を求めて駆ける「ナイトクローラー（夜の徘徊者）」になっていく。ストリンガーの始まりは1930年代にさかのぼる。大恐慌と禁酒法で暴力犯罪が増加

『ナイトクローラー』
監督=ダン・ギルロイ／出演=ジェイク・ギレンホールほか

したニューヨークで、アッシャー・フェリグという男が、事故や殺人の生々しい現場写真を次々に発表した。その多くは野次馬さえいない路上や室内で、血みどろの死体が倒れているもので、フェリグがどうして警察や救急車よりも早く現場に急行できたのかが謎だった。人々は「フェリグはウィージャー（こっくりさん）で事件を占っているのだ」と噂し、ウィージャーがなまって、いつしか彼はウィージーと呼ばれるようになった。

現代ロサンゼルスのストリンガーたちは、芸能ゴシップのカメラマン、いわゆるパパラッチを兼ねている人も多い。そして競争は苛烈だ。筆者は2007年、その現場を体験した。日本のテレビ局に依頼されて、パリス・ヒルトンが酔っぱらい運転で逮捕されて収監されていた刑務所から、真夜中に出所するのをレポートすることになった。すっぴんのパリスが待っていたリムジンに乗り込むと、それを追って、ストリンガーたちのカーチェイスが始まった。深夜のフリーウェイで十数台のバンが爆走し、上空からは3機以上のヘリコプターが爆音を立てている。まるで戦場だった。

ルーは他のストリンガーたちを出し抜こうと必死になる。カーチェイスで勝つだけでなく、警察の立ち入り禁止テープを勝手に越えて被害者の家に入り込み、警察よりも早く交通事故現場に着いて、倒れている怪我人を勝手に引きずって、いい写真になるように演出する。しかし、それだけでは満足できなくなる。最高にセンセーショナルな映像が欲しい。つまり、殺人、その瞬間だ。

ひたすら強烈な映像を求めるタブロイド・ジャーナリズムは、ネットとスマホの時代に過激さを増すばかり。ゴシップ・ニュース・サイト「TMZ」は一般人からの通報や投稿、リークを積極的に集めることで大手マスコミを出し抜いて1000万ドル規模のビジネスに成長したが、法的、倫理的なトラブルも増えている。13年にはナイトクラブの駐車場での乱闘と射殺の瞬間を撮影して遺族から訴えられた。

アメリカ国内だとまずいなら、外国に行けばいい。パンクなフリー・マガジンを母体にしたYouTubeニュース「VICE」はウクライナ内戦、シリアのイスラム国、メキシコの麻薬カルテルなどにビデオを持って潜入し、血みどろの映像を配信する。VICEのレポーターたちは戦争や暴力への怒りや政治的オピニオンはなく、ただひたすら興味本位で野次馬的だ。むしろ、そこが正直でいい、という考えもある。だって、あのキャパのスペイン市民軍兵士射殺の瞬間だってヤラセだったんだからさ。

『ビッグ・アイズ』

# 大きな目に隠されたゴースト画家の悲しみ

2015.02

顔の面積の半分くらいを埋める巨大な目を持つ、まるで日本の少女マンガやアニメを先取りしたような絵が、今から55年前のアメリカで大人気になった。

ただ、アニメと違って、どの少女も今にも泣き出しそうな表情で、寂しそうにぽつんと路上に立っているのだが。

この絵にまつわる、「アメリカ版佐村河内事件」の映画化が、ティム・バートン監督の新作『ビッグ・アイズ』だ。

１９６０年代初め、ウォルター・キーンが描く大きな目の少女の絵が人気になった。ただ、作者のウォルターは饒舌で目立ちたがり屋で、とても孤独な少女の作者には見えなかった。

「あんな中年男が幼い少女の絵を描くなんておかしい。変態なのでは？」

そんな疑惑が高まると、ウォルターはテレビで感動的な弁明を行った。

「第二次大戦が終わった直後、わたしは焼け野原となったヨーロッパを訪れました。そこでは両親を戦争で失った子どもたちが私を見つめていました。あの目が忘れられないのです！」

日本でもアメリカでも、金を払ってでも感動したい連中は多い。

ふだん、美術館にすら近づいたこともない人々が、サンフランシスコのキーンの画廊に殺到した。もちろん彼らには何十万円もする油絵そのものを買う金はない。

そこでキーンは絵を印刷したポスターを１０００円ほどで売り出した。これは大量生産されて、全国のスーパーマーケットにまで置かれるようになった。

同じ頃、アンディ・ウォーホルがキャンベル・スープ缶の絵でセンセーションを起こし、ポップ・アートが始まる。スーパーで売られるスープやコーラの絵がアートになり、アートがスーパーで売られるポップ（大衆）時代になったのだ。

しかし、実はウォルターは大きな目の少女の本当の作者ではなかった。実際にそれを描いていたのは妻のマーガレット（エイミー・アダムス）だった。

マーガレットは絵を描くのが好きだったが、保守的なテネシー出身で、女は専業主婦になるしか生きる道はないと思い込んでいた。最初の夫はまるで彼女に理解のない傲慢な男だった。寂しい目の少女はマーガレットの心を表現していた。

夫ウォルターは、彼女の絵を売ってやったのは自分だと恩を着せた。

「君のような口下手では、絵を売り込むことなんかできない。僕のようなセールスのテクニックが必要なんだ」

ウォルター役は、『イングロリアス・バスターズ』で慇懃無礼で狡猾なナチの親衛隊を演じたクリストフ・ヴァルツ。ここでも実にインチキくさい口先男を演じて爆笑させる。

ウォルターにすっかり洗脳されたマーガレットは、巨万の富と名声をつかんだ夫が遊び歩いている間、鍵をかけた部屋に閉じこもって奴隷のように絵を描き続けた。彼女が作者であることは実の娘にも隠さねばならなかった。

この後、夫婦は決別し、絵の本当の作者をめぐって裁判に発展し、映画ではこれが痛快なクライマックスになるのだが、このスキャンダルで人々のキーン熱は冷めてしまった。佐村河内事件と同じだ。

しかし、こんなことは今では当たり前だ。ウォーホルは当時から自分では直接タッチせず、コンセプトだけ出してファクトリー（工場）のスタッフに指示をして、写真から作ったシルクスクリーンで絵を大量生産した。

マーク・コスタビなどは最初から最後まで弟子に絵を描かせて、自分はサインだけした。それは秘密でも何でもなく、公に知られていたが、人々はその絵を高い値段で買った。描き手の思いなど、どうでもいいのだ。芸術が、孤独な魂の叫びだった時代は終わったのだから。

**『ビッグ・アイズ』**
監督＝ティム・バートン／出演＝エイミー・アダムス ほか

2015.03

# 『アメリカン・スナイパー』

# イラク戦争の帰還兵が怯える見えざる敵

イラク戦争で160人以上を射殺したアメリカ軍の狙撃兵クリス・カイルの自伝の映画化『アメリカン・スナイパー』は、1月16日に全米公開され、2億ドルを超える大ヒットになっている。しかし、同時に大論争を生んでいる。

カイルはテキサス出身の西部男だ。子供の頃からライフルで鹿を撃ち殺し、カウボーイハットをかぶってロデオを楽しみ、カントリー&ウェスタンの流れる酒場でケンカし、聖書と星条旗を愛する、本人曰く典型的なレッドネック（南部の貧乏白人）だ。

米軍最強といわれる海軍特殊部隊ネービー・シールズに入ったカイル（原作の映画化権を自ら買ったブラッドリー・クーパー）は、イラク戦争に従軍する。最初の標的は女性だった。彼女は侵攻してくるアメリカ軍に自爆テロを仕掛けようとした。カイルは彼女を射殺した（映画では彼女の息子も一緒に）。

それから160人以上の敵を殺したカイルはアラブ人たちを「野蛮人」と呼ぶ。昔の西部劇で白人がインディアンをそう呼んだように。彼は殺したことを後悔してない。それどころか「もっと殺せばよかった」とまで言う。

「こんな殺人者を英雄扱いしていいのか？」ロサンジェルスの映画館ではポスターに「人殺し」と落書きされた。金正恩を暗殺するお騒がせコメディ『ジ・インタビュー』の監督・主演のセス・ローゲンは「『イングロリアス・バスターズ』に出てくるナチのプロパガンダ映画を思い出したよ」とツイートした。第二次世界大戦でドイツの狙撃兵が敵を殺しま

**『アメリカン・スナイパー』**
監督＝クリント・イーストウッド／
主演＝ブラッドリー・クーパーほか

くる劇中劇のことだ。

「狙撃なんて卑怯だ。英雄扱いするな」と言ったのはマイケル・ムーア。彼はドキュメンタリー映画『華氏911』で、9・11テロをイラクのせいにして戦争を仕掛けたブッシュ大統領を批判した。ところが『アメリカン・スナイパー』のカイルはテレビで9・11テロを観てイラクに出撃する。まるで9・11テロの黒幕がイラクであるかのように。

「これは嘘っぱちだ」ジャーナリストのマット・ダイビは「ローリングストーン」誌で同作は愚かすぎて批評に値しないとコキ下ろした。

「英雄たちの墓に唾するサヨクども！　貴様らはカイルの靴を磨くにも値しないわ」

元副大統領候補のサラ・ペイリンはそうコメントした。彼女をはじめ、右派の論客たちが一斉に擁護に回った。カントリー歌手クレイグ・モーガンは「この映画が嫌なら、この国を出て行け！」とまで言った。

右も左もバカばっかりだ。連中は本当に『アメリカン・スナイパー』を観たのだろうか？

この映画はイラク戦争もカイルも賛美していない。カイルが9・11テロのためにイラクに攻め込んだように描かれていたのは、カイル自身がそう信じていたからだ。彼はブッシュに騙された哀れなカウボーイだった。そもそもイーストウッド自身は当時から一貫してイラク・アフガン戦争に反対している。

『アメリカン・スナイパー』のカイルは、殺しを重ねていくうちにだんだん壊れてくる。いつも何かに怯え、ちょっとしたことで激怒し、暴力が抑えられない。血圧と脈拍数が異常に高い。正常に戻るのは銃に触れている時だけ。典型的なシェルショック、つまり戦場経験者のPTSDである。

イーストウッドは過去の映画でもPTSDを描いてきた。『父親たちの星条旗』では太平洋戦争の硫黄島で日本軍と戦った米兵たちは戦後も心の傷を克服できず、酒に溺れて野たれ死ぬ者もいた。『グラン・トリノ』でイーストウッドが演じた老人も朝鮮戦争の記憶から逃げられない。

『アメリカン・スナイパー』のカイルは、自らのPTSD治療のために、同じ苦しみを持つ他の兵士たちを癒やそうとする。銃を持たせることで。それが命取りになった。「カイルは運命につかまっちまったんだ」イーストウッドは言っている。

『アメリカン・スナイパー』のエンディングには、何の音楽もつけられていない。英雄を讃える勇ましいオーケストラも、その死を嘆く鎮魂歌も。戦争には英雄などいないからだ。

2015.04

『わたしに会うまでの1600キロ』

# 1600キロのお遍路でヘロイン中毒からの脱出

パシフィック・クレスト・トレイルは、メキシコからカナダまで南北に連なるシエラ・ネヴァダ山脈の尾根を走る自然歩道。最高地点のフォレスター峠は標高4000メートルを超える。踏破に挑戦する人々は多いが、成功率は6割といわれる。1995年、27歳の女性シェリル・ストレイドは、たった1人で踏破に成功し、その手記を映画化したのが、リース・ウィザースプーン製作・主演の『わたしに会うまでの1600キロ』だ。

シェリルはアウトドアスポーツに興味はないし、キャンプの経験すらロクになかった。彼女が苛酷なトレイルに挑んだのは、ヘロイン中毒でセックス中毒だったからだ。シェリルは離婚したばかりだった。結婚している間、ウェイトレスとして働く彼女は行きずりの男たちに身を任せた。男の1人はジャンキーで、彼女にもヘロインを注射した。ジャンキーと共に行方不明になったシェリルを、夫は必死に探し出して、家に連れて帰った。その後、ジャンキーの子どもを妊娠していることに気付いたりもするのだが、どんなことがあっても夫は妻を責めず、いつでも優しく抱きしめた。彼の優しさがシェリルには苦痛だった。

離婚した日、彼女は夫の名前のタトゥーを腕に彫った。籍を抜く時、彼女は苗字をストレイドに改名した。「野良」とか「はぐれ」という意味だ。

シェリルはドラッグ中毒からのリハビリを始めたが、効き目はなかった。本当は24時間体制で監視される施設に入院するのが一番なのだが、それは大金持ちの行く所だ。コールドターキー（麻薬抜き）のため、彼女が選んだのは数カ月、山奥に入ることだった。

パシフィック・クレスト・トレイルの南端から山に入ったシェリルは、アウトドアについてズブの素人。テントを張る手もおぼつかない。バックパックには余計なものを詰め込みすぎて、重くて立ち上がれない。そのくせ食糧が足りなくて餓死しそうになる。水場に着く前に水筒の水を飲み干してしまう。サイズがぴったりの登山靴を買ってしまう。山歩きをしていると足がむくんでくるので、靴のサイズは分厚い靴下を2重にはいた上で決めるべきなのだ。きつい靴のせいで、シェリルの足の親指と小指の爪ははがれてしまう。

そんな苦痛がシェリルには必要だったのだ。彼女は、酒に酔って暴力をふるう父親に育てられた。母親と弟と共に逃げ出した。生活は貧しかったが、母はいつも明るく、楽しく、歌を歌っていた。唯一の希望だった母も、シェリルが22歳の時にがんで死んでしまった。傷ついてばかりの人生に慣れたシェリルは、たとえ優しい夫に愛されても、セックスやドラッグで自分を傷つけずにはいられなくなった。

トレイルで苦闘するシェリルに、山ですれ違う人たちは、無償で食糧を分け与え、アドバイスをくれた。都会の男たちと違って体を求めたりはしなかった。

筆者も登山をするのでわかるのだが、山を歩いていると、聞こえるのは自分の息遣いと足音、時折の鳥の声だけなので、自然と意識は自分の内側へと向っていく。シェリルは歩きながら自分の過去と向き合っていく。思い出されるのは、亡き母が鼻声で歌っていたサイモンとガーファンクルの『コンドルは飛んで行く』だ。

私は街より森になりたい／ええ、そうよ／なれるなら　そうなりたい／大地を足の下に感じていたい／ええ、そうよ／できるなら　そうしたい

**『わたしに会うまでの1600キロ』**
監督=ジャン=マルク・ヴァレ／主演=リース・ウィザースプーンほか

「不幸ばかりなのに、なんでママはいつも楽しそうに歌ってるの？」シェリルがたずねると、母はこう答えた。「幸せよ。あなたみたいな子どもが生まれたから」

それを思い出してシェリルは泣き崩れる。トレイルの終わり、カナダとの国境にある「神々の橋」にたどり着いた彼女は晴れ晴れとした笑顔で山を降りていく。

シェリルが書いた本がベストセラーになると、人生に行き詰まった人々がパシフィック・クレスト・トレイル踏破を目指すようになり、利用客は3割も増えたという。日本のお遍路さんと同じですね。

# スノーデンとの接触から告発までの実況生中継

## 『シチズンフォー　スノーデンの暴露』

2013年、NSA（米国国家安全保障局）の外注スタッフだったエドワード・スノーデンが、アメリカ政府が国民の電話やネット活動を監視している事実を暴露し、国際的な大事件となった。それを報道した英国人ジャーナリストのグレン・グリーンウォルドはピュリッツァー賞を受賞したが、そのスクープの陰にローラ・ポイトラスというドキュメンタリー映画作家がいたことはあまり知られていなかった。

彼女がその時に撮影していた映像は14年に『シチズンフォー』という長編映画にまとめられ、15年のアカデミー賞で長編ドキュメンタリー賞を受賞した。

13年1月、「私」＝ポイトラスに「シチズンフォー」と名乗るメールが届いた。極秘の情報を暗号で送るのでキーを受け取ってくれという。送られてきたものは、アメリカ政府が電話やネットを監視している実態の内部告発だった。

ポイトラスが選ばれたのは、彼女自身が監視されていたからだ。06年、ポイトラスはイラクで戦時下の人々を記録したドキュメンタリー『マイ・カントリー、マイ・カントリー』を撮影していた。現地の人と親しげに話す彼女を目撃したアメリカ軍は、反米勢力のスパイだと疑った。それ以来、彼女は、どこの空港に行っても別室で取り調べを受けるようになった。ノートはすべてコピーを取られ、パソコンは押収、何週間も戻ってこない。係官は言った。「あんたは政府のブラックリストに載ってるんだ」

彼女の体験をグリーンウォルドが記事にした。それを読んだシチズンフォーが、2人に

**『シチズンフォー スノーデンの暴露』**
監督=ローラ・ポイトラス／主演=エドワード・スノーデンほか

コンタクトをとったのだ。

「ネットは危険だ。もっと詳しい情報は直接渡す。香港のミラ・ホテルのレストランに来てくれ。ルービックキューブをいじっているのが私だ」

しかし、シチズンフォーは男か女かもわからない。何かの罠かもしれない。6月、半信半疑のまま、ポイトラスとグリーンウォルドは香港に行った。そこにいたシチズンフォーは30歳手前で、Tシャツを着た青白い若者だった。NSA内部の者と聞いたポイトラスたちは40代後半の男性を想定していたから驚いた。

「エドワード・スノーデンといいます。NSAの下請け会社で働いていました」

ホテルの彼の部屋でインタビューが始まる。この段階でもまだ、グリーンウォルドはいぶかしげだ。このスノーデンという男はよくある陰謀論者や被害妄想にすぎないかもしれない。

スノーデンは話し始める前にベッドの枕元の電話を引き抜いた。「電話を使って盗聴できるんだ。受話器が上がっていなくても」

スノーデンのパラノイアぶりにグリーンウォルドたちは苦笑する。しかし、スノーデンがUSBドライブにコピーした監視システムの概要を見せられて目をむく。これは本物だ。青ざめる。その内容はその日の夜にグリーンウォルドがCNNから全世界に報じ、大センセーションになる。

結局、スノーデンはロシアに亡命した。エンディング、グリーンウォルドたちはモスクワを訪れてスノーデンと再会する。グリーンウォルドは、自分たちが掴んだアメリカ政府の極秘活動についてスノーデンに話すのだが、ビデオに撮影できるように、肝心の固有名詞や単語は全部、筆談にする。

スノーデンは「それはひどい」と眉をしかめたり肩をすくめたりするのだが、何について話してるのか観客にはわからない。時々「ドローンが……」と聞こえたり、メモに「POTUS（アメリカ大統領）」と書いてあるのが見える程度だ。最後にグリーンウォルドは筆談に使った紙を小さく千切ってしまう。

アカデミー賞授賞式の司会ニール・パトリック・ハリスは「出演者のスノーデン氏はある理由〈Reason〉でアメリカに来られません」というところを「Treason（国家反逆罪）」と言い間違えた。もちろんギャグで。そんな映画に賞を与えたのはハリウッドの決意表明だ。シチズンフォーとはCitizen Forward（一歩前に出て発言する市民）という意味だそうだ。

2015.06

# 『グローリー　明日への行進』
# 50年目にやっと映画化されたキング牧師のセルマ行進

『猿の惑星・創世記』のクライマックス、人間たちの虐待に耐えかねた猿たちが蜂起して、サンフランシスコのゴールデンゲートブリッジを渡ろうとする。そこに騎馬警官が突入し、馬上から警棒で猿たちを殴打する。なぜ騎馬警官？　日本ではそう思った人も多いだろう。

アメリカでは、あのシーンには重要な意味がある。50年前、投票権を求める南部の黒人たちが弾圧された「血の日曜日」の再現だから。その事件を映画化したのが『グローリー　明日への行進』（原題『SELMA』）だ。

南北戦争が終わってから100年目にあたる1965年、南部各州では依然として黒人の参政権が制限されていた。たとえば、アラバマ州法は、教養テストに合格しない者は有権者登録できなかった。登録窓口に来た希望者に、係員が合衆国憲法などについて口頭で質問するのだが、白人はテストされないし、黒人の場合は間違えるまで延々と質問を続けられたので、合格することは実質的に不可能だった。

非暴力闘争によってついに南部の人種隔離廃止を成し遂げた公民権運動のリーダー、マーティン・ルーサー・キングJr.牧師（デヴィッド・オイェロウォ）が次なる目標に定めたのは投票権の獲得だった。選挙に参加できなければ、黒人に差別的な政治や法が続くだけだからだ。当時、アラバマ州ダラス郡の住民は57%を黒人が占めていたが、黒人の登録者は1%にすぎなかった。このダラス郡の街セルマが投票権をめぐる戦場になった。

選挙権を求める黒人たちを警官隊によって徹底的に弾圧していたのは、アラバマ州知事ジョージ・ウォーレスだ。「永遠に人種隔離を！」の演説で知られ、差別意識を隠さないウォーレスは白人からは人気だったが、州民の3割を占める黒人の参政権が認められてしまうと次の選挙で当選が危うかった。

キングたちは、セルマからウォーレスのいる州都モンゴメリーに向かって行進すると決めた。3月7日、デモ隊がエドマンド・ペタス橋を渡ると、武装した騎馬警官隊が襲いかかり、無抵抗の黒人の頭に警棒を振り降ろした。これが「血の日曜日」だ。

意外にも、『グローリー　明日への行進』は、キング牧師を主人公にした初めての映画になる。キング牧師の演説の著作権は何人もの遺族が共同管理しており、その使用許可を取るのが難しかったからだ。

それでもスピルバーグの会社ドリームワークスは苦労して演説の使用権を獲得し、オリバー・ストーン監督で映画化に動き出したが、彼がキングの婚外交渉に触れようとしたため、遺族の同意が得られず頓挫した。

「セルマから50年目の今こそ、映画化しなければ」

過去にインディペンデント映画1作しか経験のない黒人女性監督エヴァ・デュヴァネイはそう思った。そして、遺族全員の許可を取らずに強行突破に出た。

キングの演説は既にドリームワークスが独占しているから、デュヴァネイは類語辞典を引きながら、映画で使われるすべての演説の単語や言い回しを同義語に書き替えた。

３００年も奪われていた黒人の人権を取り戻したキングは聖人や超人扱いされてきたが、デュヴァネイという女性の目から描くと弱さもある普通の男だ。妻からは浮気と収入の少なさを責められ、「運動と家族と、どちらを取るの？」と迫られ、暴力も辞さないマルコムXからは白人に妥協するアンクル・トムと揶揄され、学生からはもう非暴力闘争では勝

**『グローリー　明日への行進』**
監督=エヴァ・デュヴァネイ／主演=デヴィッド・オイェロウォほか

てないと批判され、その毎に信念が揺さぶられる。

キングが悩んでいる間に、運動に参加していた黒人青年が無抵抗のまま警官に射殺される。

キングたちはエドマンド・ペタス橋を渡れるか。橋の向こうには武装警官たちが待ち構えている。突き進んでこれ以上の犠牲者を出すのか？　橋を挟んだ一進一退の攻防戦は続く。これは一種の戦争映画でもある。

セルマの戦いの果てに、ついに黒人たちは投票の平等を勝ち取った。しかし、それから半世紀たった今、南部では投票時に写真付き身分証の携行を義務付ける州法によって、運転免許を持たない黒人貧困層の選挙権が抑圧されている。また、14年からアメリカ各地で警官による黒人殺害事件が続き、裁判になるどころか起訴すらされていない。

『グローリー』の主題歌でアカデミー賞を受賞したジョン・レジェンドとコモンはオスカーを握ってこう叫んだ。

「セルマの戦いは今も続いています！」

2015.07

『トゥモローランド』

# 希望か絶望か？ディズニーが描く未来の国

1962年生まれの筆者が幼い頃、未来はバラ色だった。『鉄腕アトム』や『宇宙家族ジェットソン』や真鍋博のイラスト、映画『2001年宇宙の旅』に描かれた21世紀は、月に旅客ロケットが飛び、都市ではつるつるピカピカの高層ビルの間をエアカーが飛び交い、夢のエネルギー、原子力がすべてを支えている。貧困も飢えも科学技術が解決したユートピアだった。

それを実際に形にしたのが64年のニューヨーク万国博覧会だった。科学技術による未来世界の品評会で、ディズニーランドの「イッツ・ア・スモールワールド」も元々はこの万博の展示だったのだ。

ウォルト・ディズニーは科学の未来を信じていた。だからディズニーランドにトゥモローランドを作った。未来をテーマにしたセクションで、60年代にはスペース・エイジを象徴する流線形のロケットがそびえ立っていた。

そんな科学による輝かしい未来像の頂点が、「人類の進歩と調和」をスローガンにした70年の大阪万博だった。その直後、環境破壊や石油ショックにより、これ以上物質文明の闇雲な発展に地球は耐えられないと人々は知った。宇宙開発はスローダウンした。貧困も飢えも克服されなかった。

70年代、映画やアニメに描かれる未来は、弱肉強食の無法地帯『マッドマックス2』（81年）や、酸性雨が降りしきる『ブレードランナー』（82年）、全体主義が支配する『ハンガーゲーム』

**『トゥモローランド』**
監督=ブラッド・バード／主演=ジョージ・クルーニーほか

（12年）のようなディストピアばかりになり、ディズニーランドの60年代風トゥモローランドは時代遅れになった。いわばイエスタデイズ・トゥモロー、過去に夢見たけど実現しなかった未来だった。このトゥモローランドが映画になった。

NASAのロケット発射台のあるフロリダから物語は始まる。宇宙開発の縮小で、発射台は解体されつつあったが、NASAの技術者を父に持つ理系女子ケイシーは憤っていた。学校でもケイシーは、地球温暖化や中東紛争などの問題に、科学こそが解決を見いだすはずだと主張するが同意してくれる仲間はいない。

人類の未来を信じる孤独な少女ケイシーの持ち物に、いつのまにか「T」と書かれたバッジが入っていた。それを握ると、ケイシーはピカピカの未来都市にいた。宇宙ロケットが銀河を探索し、環境破壊もエネルギー問題も解決された理想郷、60年代に人類が夢見た世界、トゥモローランドだ。ケイシーは、かつてトゥモローランドにいた科学者フランク（ジョージ・クルーニー）に導かれて、パリのエッフェル塔に飛ぶ。

エッフェル塔は、1889年のパリ万博のために建設された。その近代科学の祭典に集った4人の天才、エッフェル、エジソン、ニコラ・テスラ、そしてジュール・ベルヌによって科学の未来を信じるドリーマーたちの秘密結社が始まったとフランクは言う。彼らが異次元にトゥモローランドを築いた。しかし、人々は未来に希望を失い、トゥモローランドは廃墟となった。世界の明日を救うには、ケイシーのような未来を信じる者が必要なのだ。

映画『トゥモローランド』は「夢を取り戻せ」と訴える。脚本・監督のブラッド・バードはいつも力強く前向きなメッセージを打ち出してきた。

『アイアン・ジャイアント』（99年）は兵器として作られたロボットが「人は自分のなりたいものになれる」と言われて運命に抗う物語だった。『レミーのおいしいレストラン』（07年）では料理人を目指すネズミに尊敬する師匠が言う。「料理は誰にでもできる。だが恐れを知らぬ者だけが偉大なシェフになる」。

ただ問題なのは、『トゥモローランド』にはケイシーのように選ばれた者しか行けないのだ。「優れた者が世界を導く」、それは大衆に抑圧されるスーパーヒーローを描いた『Mr.インクレディブル』（04年）にも共通するブラッド・バードのテーマだが、アメリカでは選民思想として反発も受けている。

ブラッド・バードは高校時代からアニメーションの天才を示してディズニーの奨学金で美術大学を卒業したエリート中のエリートだ。彼の映画の主人公はみんな周囲の反対をものともしないビリーバーで、バードの分身だ。

バード監督は「みんながケイシーになればいい」と思っているのだろう。彼女はジョン・レノンのTシャツを着ている。ジョンは「イマジン」で、戦争も国境も貧富もない世界を創造してごらん、と歌った。

「君は僕をドリーマー（夢追い人）と呼ぶかもしれないけど、僕はひとりじゃない。君もいつか仲間になってほしい」

『懲罰大陸★USA』

# 政府に逆らう若者たちを集めてバトルロワイヤル！

2015.08

全体主義の国家で、子どもたちが殺し合いゲームを強要される……。

スーザン・コリンズの『ハンガー・ゲーム』が2008年にアメリカでベストセラーになって以来、ヴェロニカ・ロス『ダイバージェント異端者』、ジェームズ・ダシュナー『メイズ・ランナー』と、同工異曲のディストピア小説が次々に書かれ、映画化されている。その原点は1999年に日本で出版された高見広春『バトル・ロワイアル』だと言われていたが、『ハンガー・ゲーム』のスーザン・コリンズはスティーヴン・キングが別名で79年に出版した『死のロングウォーク』に影響を受けたと言っている。

映画史的には、71年に英国のピーター・ワトキンス監督がアメリカで撮影した『パニッシュメント・パーク』が最初ではないかと思われる。この怪作が『懲罰大陸★USA』の邦題で日本初公開される。

舞台は、この映画が製作公開されたのと同じ71年。アメリカはベトナム戦争の泥沼にはまり、若者たちは戦争の中止を求めて反政府デモや徴兵拒否を続けていた。ここまでは事実。ニクソン大統領は非常事態を宣言し、国内の反体制分子の身柄を拘束し始める。逮捕された思想犯は、パニッシュメント・パークでのゲームに参加すれば刑を免れる。焼けつくような荒野を水も食糧もないまま走り続け、3日以内にゴールにたどり着くこと。ただし、武装した州兵や警察官たちに追撃され、拷問されながらだ。

『懲罰大陸★USA』のチャレンジャーたちは、ベトナム反戦運動家、良心的徴兵拒否避者、黒人の平等を求める公民権運動家、女性の権利を求めるフェミニスト運動家、社会主義者など。この映画は、彼らのチャレンジに同行取材するヨーロッパの撮影スタッフが作ったドキュメンタリーという体裁になっている。

偽ドキュメンタリー、別名モッキュメンタリーは今ではすっかりよく知られたジャンルだが、65年当時は違った。『ウォー・ゲーム』は、東西ドイツの衝突を引き金に核戦争が始まり、イギリスにもソ連の核ミサイルが落ちて、直撃を免れた人々も放射能障害で次々と倒れていく地獄絵図を記録映画のようにまとめたもの。オーソン・ウェルズが火星人の襲来をニュースとして描いたラジオドラマ『宇宙戦争』で全米をパニックに陥れたような事態を引き起こしかねないと懸念したBBCにより放映は中止されたが、なんと、その年のアメリカのアカデミー賞で最優秀ドキュメンタリー賞を受賞してしまった!

続いてワトキンスは『傷だらけのアイドル』(67年)を製作。保守派政治勢力と大企業と宗教家が結託して、若者の心をつかむためにアイドルを作り出すというポリティカル・フィクションで、これもドキュメンタリー形式だった。日本でもヒットして主題歌を沢田研二がカバーした。

70年、ワトキンスがベトナム戦争真っ只中のアメリカで撮った『懲罰大陸★USA』は当時、実際にあったいくつかの事件を基にしている。ひとつは同年にオハイオ州の大学で、ニクソン大統領のカンボジア爆撃に反対する学生デモに対して州兵が発砲した事件。武器も何も持っていなかった学生4人が死に、遺体に駆け寄って泣き叫ぶ女学生の写真が世界に衝撃を与えた。

また、反体制運動家の拘束も絵空事ではなく、50年にパット・マッカラン上院議員(民主党)

によって提唱された法案で議会を通過している（トルーマン大統領が拒否権を発動した）。ただ、パニッシュメント・パークで反戦運動家たちが自分たちが生き残るために凶暴化するあたりは、ワトキンスのイギリス人らしい皮肉だろう。

アメリカ人は『懲罰大陸★USA』を嫌い、まともに公開されなかった。その後、ワトキンスは祖国なき映画作家として世界各地の歴史の汚点を暴き続けた。最後の作品は1871年のパリ・コミューンを描く『ル・コミューン』（00年）という5時間を超える「偽」ドキュメンタリーである。

**『懲罰大陸★USA』**
監督・脚本=ピーター・ワトキンス

『ホワイティ』

# ボストン暗黒街の〝ドン〟とCIAの人間ロボット計画

**2015.09**

ボストンはハーヴァード大学やMITなど学問の街として知られ、ヨーロッパのような落ち着いた風情がある。しかし、その周辺、サウスボストンやチャールズタウン、ドーチェスターなどの港湾部は違う。

もともと、港湾労働者として働くアイルランド移民の街で、今もアイルランド訛りがきつい。映画『ディパーテッド』(06年)で刑事役のマーク・ウォールバーグが話している奇妙な英語がボストン訛りだ。下町は、港湾労働者を仕切っていたヤクザから発展したアイルランド系ギャングに支配されている。

ボストン出身のベン・アフレック監督がチャールズタウンを舞台にした映画『ザ・タウン』(10年)は、強盗を家業としてきた父子の物語。ドーチェスター出身の俳優マーク・ウォールバーグは、10代からドラッグ密売で高級車を乗り回し、アジア系の男性を理由もなく暴行して片目を失明させ、刑を受けている。

そんなボストン暗黒街で最も恐れられた男ホワイティ・バルガーを描いたドキュメンタリー映画が『ホワイティ』(14年)だ。彼は『ディパーテッド』でジャック・ニコルソンが演じたギャングのボス、コステロのモデルで、2015年、またジョニー・デップがホワイティを演じる映画『ブラック・スキャンダル』が公開される。

1929年、ホワイティはサウスボストンの貧しいアイルランド系家庭に生まれ、ストリート・ギャングの一員として強盗や傷害を繰り返し、27歳で逮捕される。アトランタ刑

『ホワイティ』
監督＝ジョー・バーリンガー

務所から脱走しようとして捕まったホワイティは脱出不可能といわれたサンフランシスコのアルカトラズ島に送られ、三年間過ごした。

70年代、サウス・ボストンに帰ったホワイティは、アイルランド系ギャングのボス、ドナルド・キレーンに雇われ、相棒のスティーヴ・フレミと共にライバルのミューレン一家を殺しまくった。たった3年で10人も。なかには人違いも含まれるが気にしない。たまたま現場にいた目撃者も殺した。ムチャクチャである。彼が生涯に殺した数は少なくとも11人、最大で19人と言われる。こんなに人を殺して、なぜ逮捕されなかったのか？

ひとつには、ホワイティの実弟ウィリアム・Ｍ・バルガーがボストンの大物政治家だったからだ。ホワイティが刑務所にいた61年、ウィリアムは州下院議員になり、70年代には州上院議長に上りつめた。アイルランド系労働者の絶大なる支援を受けて君臨するバルガーの兄であるホワイティに、警察は手を出さなかった。

もうひとつ、ホワイティと相棒のフレミは、ギャングの殺し屋をしながら、ＦＢＩにイタリア系マフィアの情報を売る「密告屋」だった事実が97年に発覚している。ＦＢＩは国家的な規模のマフィアと戦うために、ローカルなアイリッシュ系ギャングを見逃したのだ。

このような腐敗に満ちたボストンで、ホワイティは80年代に東部を完全に支配下に置き、麻薬、賭博、売春、強盗など暗黒社会を取り仕切った。

94年、ＦＢＩは麻薬取締局やボストン警察に突き上げられて、ついにホワイティを見捨て、ＲＩＣＯ（組織犯罪取締法）でホワイティに逮捕状を出した。ホワイティは逃亡し、16年間も世界各地を逃げ続けた。国際指名手配ではオサマ・ビン・ラディンに次ぐ「民衆の敵」にランクされた。そして11年、ついにカリフォルニアで逮捕された。裁判で検察側の証人になったのは相棒のフレミだった。秘密を知りすぎたとして、恋人と娘をホワイティに殺されたからだ。

死刑のないボストンで、ホワイティは終身刑を受けた。裁判で、彼は20代で刑務所に入っていた時、刑期を減らす代わりに政府の人体実験の被検体になった経験を話した。「MKウルトラ」と呼ばれるCIAの秘密実験で、幻覚剤LSDと催眠術によって人間の心を操ってロボット化する企みだった。この実験の後、ホワイティは生涯、不眠や幻覚に悩まされ、凶暴さを増していったという。

獄中でインタビューを受けたホワイティは人生で一番良かったのはアルカトラズ監獄にいた時だと話した。「ずっとあそこにいれば良かった……」

## 2015.10

# 原子爆弾投下は〝神の福音〟か〝大量虐殺〟か？

## 『リトル・ボーイ　小さなボクと戦争』

広島に原爆が投下されて70年目、アメリカでもそれを題材にした映画が公開された。タイトルを『リトル・ボーイ』という。

舞台は1940年代、カリフォルニア州の小さな漁港町。主人公ペッパーは小学生。町でいちばん背が低かったので「リトル・ボーイ（チビスケ）」とあだ名を付けられていた。イジメられっ子のペッパーだが、彼はいつでも優しかった。

太平洋戦争が続き、ペッパーの兄にも招集令状が来る。しかし、偏平足で徴兵検査にはねられる。代わりに父が戦場に兵隊に取られる。父は南太平洋の戦闘で、日本軍の捕虜になってしまう。

日本軍を憎むペッパーは、日本人を初めて目にする。強制収容所から釈放されたハシモト（ケリー・ヒロユキ・タガワ）という老人だ。当時、収容所から釈放された日系人もわずかながらいたらしい。町じゅうの憎しみがハシモトに向けられる。ペッパーの兄はハシモトの家に放火しようとして逮捕される。

パパは生きて帰って来るだろうか。ペッパーは、町のカトリック教会の神父オリバーから「神の力がもっとも偉大だ」と聞かされて、その力でパパを取り戻せないか相談する。神父は言う。「ハシモトと友達になることだ」

ここで『リトル・ボーイ』という映画の正体が判明する。これは最近アメリカに増えてきた「クリスチャン映画」なのだ。アメリカの人口は22％がカトリック教徒、30％が福音派（保守的なプロテスタント）である。つまり保守的なキリスト教徒は人口の半分以上を占めるのに、最近のハリウッド映画は彼らの嫌う内容（セックスやバイオレンスやドラッグなど）が多く含まれる。逆にキリスト教的なメッセージは避けられる傾向にある。国際マーケットにもアピールするためだ。

そこで、保守的なキリスト教徒の出資と製作によって、彼ら自身にターゲットを絞った映画が作られるようになった。日本でも公開された『神は死んだのか』がその一例で、無神論者の大学教授に論戦を挑んだ福音派の学生を主人公にした映画で、福音派映画専門の会社ピュア・フリックス（純粋映画）エンターテインメントの製作だが、製作費わずか2億円で、64億円もの興行収入を稼ぎ出した。キリスト教徒のネットワークや、日曜日の教会の説教で信者が動員されるので、ビジネスとしては手堅い。

『リトル・ボーイ』のペッパー少年は、オリバー神父に言われた通り、嫌々、ハシモト老人と仲良くなろうとする。ハシモトは小さなサムライが巨大な元寇を倒す絵本を読んで聞かせる。沖縄にしかいないサソリの毒で殺すので、ちょっと侍らしくないが、これに勇気づけられたペッパーはイジメっ子にケンカを挑んで倒す（毒殺はしません）。

ハシモトと親友になることで、ペッパーは神父が与えた課題をクリアした。でも「日本が降伏しないとパパは帰ってこない」と聞かされたペッパーは夕陽が沈む太平洋の向こうの日本をにらみ、神の力が及ぶように念を送り続ける。

8月6日の朝、ペッパーが町に行くと、笑顔の人々から「リトル・ボーイ！　あんたのおかげで戦争が終わるよ！」と声をかけられる。新聞の一面は、広島に原爆が投下されたことで日本は降伏するだろうと報じている。原爆のニックネームは「リトル・ボーイ」。感動的な音楽が高まり、ペッパーは腕を天に突き上げて神に感謝する。

**『リトル・ボーイ　小さなボクと戦争』**
監督=アレハンドロ・モンテヴェルデ／出演=エミリー・ワトソン、ケリー・ヒロユキ・タガワほか

「僕はやったよ！」

だが、しばらくして、ペッパーは、原爆が広島市を民間人ごと焼き尽くした事実を知って、悪夢を見る。彼はリトル・ボーイが落ちた爆心地にいる。少女たちが輪になって「かごめかごめ」を遊んでいる姿のまま、真っ黒に焦げている。ハシモト老人は真珠湾攻撃で息子を失った男に蹴り殺されてしまう。

オリバー神父は「憎しみは何も生まない」と神の教えを語るのだが、「少年の願いが神様に届いて原爆が落ちました」という物語なので、何がなんだかわからない。最後に父親が無事に帰ってきてハッピーエンドになるのだが、素直に感動なんかできやしない。まあ、日本公開はあり得ないな。

★と思ったら公開されました。

2015.11

# 元祖ギャングスタ・ラッパーはギャングじゃなくて優等生?

## 『ストレイト・アウタ・コンプトン』

映画『ストレイト・アウタ・コンプトン』のポスターのデザインは、輸入版CDを買う人ならおなじみのParental Advisory(保護者への勧告)というステッカーのパロディになっている。このステッカーは、アメリカで1990年から過激な歌詞があるCDについて、貼付が義務付けられた。このステッカーが作られるきっかけになったCDのひとつが、N.W.A.のラップ・アルバム『ストレイト・アウタ・コンプトン』(88年)で、この映画は、それから27年目に作られたN.W.A.のドキュ・ドラマだ。

N.W.A.はニガズ・ウィズ・アティテュード(喧嘩腰の黒人)という意味だが、「ニガ(黒人の蔑称)」の語を含むユニット名からして放送できない始末。N.W.A.の5人のメンバーは、ロサンゼルス空港の南東にあるコンプトンで育った。黒人とメキシコ系のストリートギャングがしのぎを削る、全米でももっとも殺人事件が多い地域だ。

麻薬の売人をしていたイージー・Eは、稼いだ金で自宅に録音スタジオを作り、幼なじみのアイス・キューブとドクター・ドレにヒップホップのレコードを作らせようとした。

アイス・キューブは、ギャングだったことは一度もない。真面目で働き者の両親は、成績が良かった息子アイス・キューブを遠くの偏差値が高い高校に越境通学させていた。彼自身も優等生で、フェニックス工科大学の建築科に進学している。そんな彼はイージー・Eのフッド(ギャング)生活を基に想像をふくらませて「ボーイズ・ン・ザ・フッド」の歌詞を書いた。

**『ストレイト・アウタ・コンプトン』**
監督＝F・ゲイリー・グレイ／出演＝オシェア・ジャクソン・Jrほか

ドクター・ドレはアイス・キューブのような優等生ではなかったが、犯罪とは無縁の音楽オタクで、作曲を担当した。予定していたヴォーカルが降りてしまったので、イージー・Eにラップさせて、できあがった「ボーイズ・ン・ザ・フッド」は売れまくった。

これに目をつけたのが、音楽マネージャーのジェリー・ヘラーだった。ヘラーは70年代にエルトン・ジョン、ピンク・フロイド、REOスピードワゴンなど、そうそうたるミュージシャンをマネージメントしてきたが、80年代後半は沈滞していた。ヘラーはイージー・Eを父親のように巧みに操り、裏からN.W.A.の主導権を握った。

最初のアルバム『ストレイト・アウタ・コンプトン』のレコーディングが始まる。メンバーがスタジオ前の路上で休憩していると、突然パトカーから警官たちが降りてきて、彼らに銃を突きつけ、地面にねじ伏せた。若い黒人が集まっているだけで、ギャングだと決めつけたのだ。ガキの頃から何度もこういう目に遭ってきたアイス・キューブだが、もう我慢できず、それをラップにした。

「俺が若くて／ちょっと金のアクセサリーをつけて／ポケベル持ってるだけで／俺の車をあさってヤクを探そうとする／黒人はみんな売人だと思い込んでやがる／くそくらえポリ公！」

この「ファック・ザ・ポリス」は、同じ経験のある若者たちに熱狂的に支持された。歌詞は「俺はカタギなんだからギャング扱いするな」という意味なのだが、この歌はギャングスタ・ラップというジャンルを開花させてしまった。

全米ツアーは、各地で暴動まがいの騒ぎになった。デトロイトでは警備に当たる警官たちから事前に「ファック・ザ・ポリス」を歌うなと脅されたが、観客の激しいリクエストに抗えず、とうとう歌い出すと銃声と共に警官がステージに殺到、N.W.A.に手錠をかけた。歌を歌っただけなのに！　この映画が全米で大ヒットしたのは、警官による黒人への暴力が当時以上に悪化している現状のせいだろう。

ドクター・ドレが自分のレーベル、デスロー・レコードを作ったら本物のギャングが集まって困ってしまうのもおかしい。また本物のギャングだったイージー・Eは悪徳白人たちに懐柔されてしまうのに、優等生のアイス・キューブはきちっと怒るのもリアルだ。

映画『ストレイト・アウタ・コンプトン』は夢を目指した幼なじみたちが成功したおかげで憎み合う悲劇を描いているが、製作クレジットにアイス・キューブとドクター・ドレとイージー・Eの未亡人の3人の名前が並ぶのを見ると、N.W.A.再結成はこの映画で実現したんだな、と目頭が熱くなる。彼ら3人は筆者と同世代なので親近感があるのだが、映画で当時のアイス・キューブ役を演じるのはアイス・キューブの長男だと！　オレも年取ったなあ。

2015.12

# 『完全なるチェックメイト』
# ユダヤを憎んだユダヤ系チェス王の天才と狂気

1949年、6歳のボビー・フィッシャーは孤独だった。母は姉とボビーを看護師として女手一つで育てたが、仕事と左翼運動で忙しくて、子どもにかまわなかった。姉と2人で家にいる間、お菓子屋で買ってもらった子ども用のチェスと教本のセットで遊んだ。そしてチェスに取りつかれた。落ち着きがないボビーは「独りで」チェスをしている間だけおとなしかった。それからボビーはチェス世界一への道を駆け上がっていった。

映画『完全なるチェックメイト』は、史上最強のチェス・プレイヤーといわれたボビー・フィッシャーが、72年に世界チャンピオンのボリス・スパスキー（ソ連）に挑戦した世界王者決定戦を描いている。

当時、アメリカはベトナム戦争に負けつつあった。アメリカ人であるボビーとソ連のチャンピオンの戦いには政治的に重要な意味があった。ニクソン政権の国務長官キッシンジャーはボビーを国家的英雄に祭り上げたかった。しかし、ボビー本人は壊れつつあった。

「僕はチェスの天才じゃない」ボビー（トビー・マグワイア）は言う。「天才がたまたまチェスをやっているだけだ」

誇大妄想的な発言が増えていた。幼い頃からチェス一筋で、それ以外は何も知らず、友人もなく、左翼運動にのめりこむ母親と絶縁し、人や社会との接点を失ったボビーは次第に狂気に蝕まれていった。

ボビーは母親への憎しみを社会主義への憎悪に向けた。ソ連が自分を勝たせないよう陰謀をめぐらせていると妄想するようになった。そのうちにアメリカ政府もグルだと思い始めた。部屋の壁紙をはがし、電話を解体して盗聴器を探した。『シオンの議定書』を読んで、「世界支配を企むユダヤ人こそが黒幕だ！」と言い出した。自分もユダヤ人なのに！

ボビーのコーチ、ロンバルディアは「チェスの天才は狂気と紙一重だ」と言う。南北戦争時代のポール・モーフィもそうだった。彼はパリで目隠しをしたまま、駒の位置を耳で聞いただけで8人のトップ・プレイヤーに圧勝したが、次第に妄想に苦しめられていった。レストランで食べ物に毒を混ぜられている、床屋が喉をかき切ろうとしている……。ついにはニューオリンズの街を徘徊する廃人になった。

「チェスの駒の動きには銀河系の星の数ほどの可能性がある」ロンバルディアは言う。「ボビーのようなチェスの天才は、その可能性を瞬時に計算する」

だが、それを現実に持ち込めば、周囲の人物はみな裏で結託したシステムに見えてくる。そして、自分は世界の仕組みを知っている唯一の、選ばれた人間に思えてくる。初代世界王者のヴィルヘルム・スタイニッツは神と無線電話でチェスをして勝ったと言っていた。彼は精神病院で死んだ時、無一文だった。

ボビー対スパスキーの世界戦はアイスランドのレイキャビクで行われた。第一局で、ボビーは初心者的なミスで惨敗。観衆の前では気が散ってプレイできないと言い出して、地下室での対局になる。するとボビーのパラノイアが、いつの間にかスパスキーに感染していく……。

ついにチェス世界一に輝き、アメリカの英雄になったボビーだが、すぐに失踪、王座も放棄し、20年間も隠遁生活を送っていた。92年、ファンの少女の手紙がきっかけで、ユーゴスラヴィアでスパスキーとリターンマッチを行い、ボビーはまたしても勝利し、賞金

『完全なるチェックメイト』
監督=エドワード・ズウィック／出演=トビー・マグワイアほか

335万ドルを手にしたが、当時、内戦中のユーゴを経済制裁していたアメリカはボビーの国籍を剥奪した。ボビーは各国を放浪、2001年の9・11テロの際はフィリピンのラジオの取材に対して「素晴らしい。これでアメリカは滅びればいい」と発言し、完全に帰る場所を失った。

04年、成田空港でパスポートがないボビーが逮捕された。00年から、チェスの元日本チャンピオンの渡井美代子氏と暮らしていた。羽生善治名人らがボビーの救援活動に参加し、アイスランドが彼を難民として受け入れた。ボビーは08年に亡くなるまで陰謀論を唱え続けた。

2016.01

# 『スポットライト』
# バチカン史上最大の危機は地方紙のスクープから始まった

「このコラムを読んだかい？」

2001年7月、ボストンの地元紙グローブの編集長に赴任したマーティ・バロン（リーヴ・シュレイバー）は新しい部下たちに尋ねた。

彼が指さしたのは、ボストンのカトリックの司教が未成年信者への性的虐待で訴えられたが……という小さなコラムだった。被害者とは示談になり、裁判所は事件の記録を封印したと書いてある。

「封印なんておかしいと思わないか？」

バロンにそう聞かれて、地元ニュース欄「スポットライト」のデスク、ロビーことウォルター・ロビンソン（マイケル・キートン）は戸惑った。ボストニアンにとってカトリック教会を疑うなんてあり得ないことだったからだ。市民の2人にひとりがカトリック信者で、スポットライト班も全員カトリックとして育った。だが、新編集長のバロンはフロリダ生まれのユダヤ系だったので、素朴な疑惑を抱いたのだ。

「調査するんだ」

スポットライト班の取材が始まった。それがボストンのみならず、世界に10億人以上の信者を持つローマン・カトリックを震撼させるスクープになるとは夢にも思わないまま。

映画『スポットライト』は、『大統領の陰謀』（76年）を思い出させる。72年にニクソン大統領が民主党を盗聴したウォーターゲート事件をスクープしたワシントン・ポスト紙の

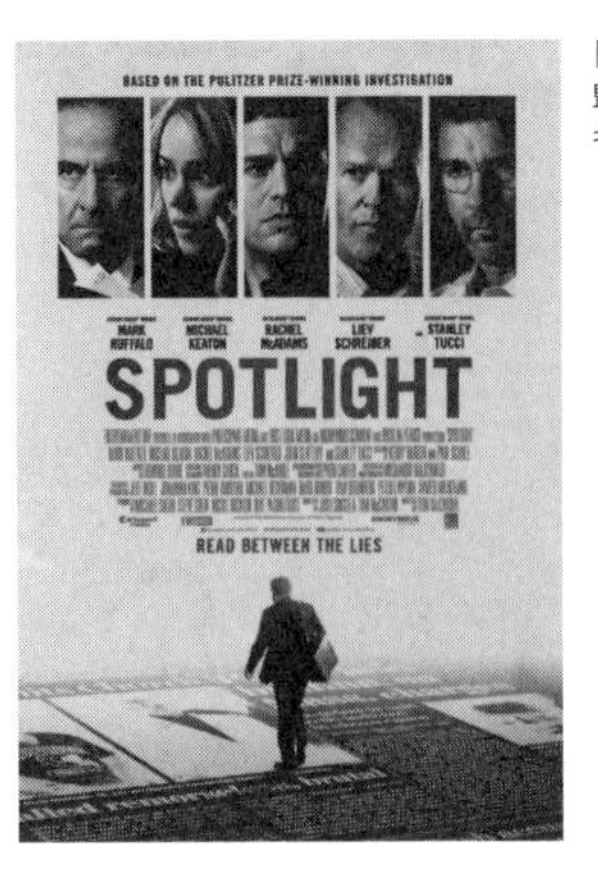


**『スポットライト』**
監督＝トーマス・マッカーシー／出演＝マイケル・キートン、レイチェル・マクアダムスほか

記者2人の地道な調査取材を淡々と描いたのが『大統領の陰謀』だった。『スポットライト』も、アクションどころか口論すらない地味な内容だが、ネット時代に滅んだ「記者魂」が静かに燃えている映画だ。

マイケル・レゼンデス記者（マーク・ラファーロ）は、被害者側の弁護士ミッチェル・ガラベディアン（スタンリー・トゥッチ）の事務所で、幼い頃にレイプされた青年に対面する。カトリックの少年にとって神父は神と同じだった。逆らえるはずがない。

神父たちは金で示談にできる貧しい家庭の少年ばかりを狙った。被害者たちは神も人も世界も信じられなくなり、結婚することも、人を愛することもできなくなった。ガラベディアンは言う。

「あの被害者は生きてるだけマシさ」。自殺者も多いのだ。

被害者への聞き込みで、記者たちはジョン・ゲーガンという神父が130件もの性的虐待事件を起こしていた事実を知る。一体なぜ、そんな変質者が裁きを受けないのか？ アメリカのカトリックを管理する枢機卿が、不祥事のたびにゲーガンを全米各地に転任させ、ごまかしていた。ゲーガン以外にも謎の転任をしていた神父は100人を超えた。しかも警察はそれらのレイプを追及せず、裁判所は裁判記録を封印していた。

「カトリックはボストンのすべてを支配している」

ガラベディアンが言っていた通りだ。

02年12月、このスクープを掲載した号が発売された。告発は全米に広がり、3000件もの訴訟が起こった。これをきっかけに、全世界でカトリック神父による性的虐待事件が発覚し、ローマ法王ベネディクト16世も隠蔽に関わっていた疑惑が浮かび、その後、辞任することになった。

800人以上の神父が性的虐待をしていた事実が判明してバチカンから破門され、2500人以上が職務永久停止処分を受けた。被害者への損害賠償額はアメリカだけで40億ドルに達する。

130人を犯していたジョン・ゲーガン神父は有罪となり、刑務所内で別の受刑者に踏み殺された。

「これは単なる性犯罪事件ではない」

ガラベディアン弁護士は言う。

「魂に対する犯罪なんだ」

スポットライト班の女性記者サシャ・ファイファー(レイチェル・マカダムズ)の年老いた母は、娘の書いた記事を読んで沈黙する。信心深いカトリックだった彼女は、これから何を信じて死に臨めばいいのか。

★『スポットライト』は2016年度アカデミー作品賞を受賞した。

2016.02

『ブリッジ・オブ・スパイ』

# 東西冷戦の壁ではなく橋になろうとした弁護士

『ブリッジ・オブ・スパイ』とは、ベルリンの西にあるハーフェル川に架かったグリーニッケ橋のこと。ドイツが東西に分断されていた時代には、東側と西側のスパイ交換に使われたので『パーマーの危機脱出』（66年）や『エスピオナージ』（73年）などのスパイ映画によく登場した。スティーブン・スピルバーグ監督の『ブリッジ・オブ・スパイ』は、最初のスパイ交換を成し遂げた弁護士ジェームズ・B・ドノヴァン（トム・ハンクス）を描く冷戦秘史だ。

1953年7月、ニューヨークの下町で新聞を売る少年が、代金の5セント硬貨を落としたら2つに割れた。中からマイクロフィルムが出てきた。彼は警察に届け、FBIはアメリカに潜入したKGBの暗号と断定した。

57年6月15日、FBIはブルックリンに住む画家ヴィリアム・フィッシャー（当時54歳）を逮捕。ドイツ系ロシア人のフィッシャーはKGBの工作員として米国に住み、核兵器の情報をソ連に送っていたのだ。

当時の米国はソ連の核兵器におびえていた。53年にソ連に核兵器の情報を渡していたローゼンバーグ夫妻がスパイ罪で処刑された。フィッシャー逮捕の4カ月後にソ連は人類初の人工衛星スプートニクの打ち上げに成功、ソ連の核ミサイルに直撃される恐怖でアメリカはパニックに陥った。検察も大衆も、ローゼンバーグ同様フィッシャーの死刑を求めた。彼の弁護士を引き受ける者は誰もいなかった。ドノヴァン以外に。

ドノヴァンが選ばれたのは、ナチの戦犯を裁くニュールンベルク裁判の検察側の顧問を務めたからだ。

フィッシャーへの判決は懲役45年。死刑を免れたのは「将来、我が国のスパイがソ連で逮捕された際に交換できます」というドノヴァンの訴えが聞き入れられたのだが、それは現実になる。

60年5月、ソ連の核ミサイル基地を撮影するために領空を侵犯した米軍のU2偵察機が撃墜された。乗組員のフランシス・G・パワーズは逮捕されて禁固10年の刑を受けた。米国政府と国民の多くはパワーズに同情しなかった。彼が機体を自爆させず、自決用の毒針も使わなかったからだ。パワーズの両親に懇願されたドノヴァンは、フィッシャーとの交換交渉を始めた。

ところが救うべきはパワーズだけではなくなった。翌61年8月、ソ連はベルリンを東西に分けていた国境に突然壁を建設し始めた。西ベルリンに留学していた米国人の学生フレデリック・プライヤー（当時29歳）は東ベルリンに住む恋人を西側に連れ出そうとしたが、スパイとして東独政府に逮捕された。米国政府は東独を国家として承認していなかったので救出の交渉はできない。

かくして、ドノヴァンは米国の後ろ盾もなく、フィッシャーひとりとパワーズとプライヤー2人を交換する無茶な取引のため、単身、東ベルリンに乗り込む。

ドノヴァンは徹底的に四面楚歌だ。自宅は「アカの味方め」と石を投げられる。「売国奴の弁護なんかしないで」という妻を、彼はこう諭す。

「違う。フィッシャーは祖国の命令を遂行する兵士だから捕虜と同じくジュネーヴ条約で守られるべきだ。誰でも弁護士に守られる権利がある。誰の命にも価値がある」

**『ブリッジ・オブ・スパイ』**
監督＝スティーヴン・スピルバーグ／出演＝トム・ハンクスほか

ドノヴァンは被告の情報を欲しがるＣＩＡに対し「弁護士は依頼人の秘密を守るのが鉄則だ」とはねつける。「今は戦時下だ。ルールを破る必要がある」と食い下がるＣＩＡ局員にドノヴァンは「君はドイツ系だね？」と尋ねる。「私はアイルランド系だが２人ともアメリカ人だ。憲法というルールがそう決めたんだ」

合衆国憲法の基礎である独立宣言は「すべての人間は平等に作られている」と始まる。「すべての人間」にはソ連のスパイも含まれる。

ドノヴァンは典型的なスピルバーグ映画のヒーローだ。政府に狙われるＥ．Ｔ．を宇宙に逃がしたエリオット少年、ユダヤ人をホロコーストから救ったドイツ人シンドラー、ライアン二等兵救出に命を懸けたミラー小隊、黒人を奴隷から解放したリンカーン……。彼らは国家やイデオロギーの犠牲になる弱き者たちを必死で救おうとする。

ドノヴァンはその後、62年、カストロ政権打倒のためにキューバに乗り込んで逮捕された１１３０人を５３００万ドルおよび食糧と医薬品と交換して救出した。国境の壁は人々を分断するが、ドノヴァンのような人々はその間に架けられた橋なのだ。

## 2016.03

# サブプライムローンは「クソ」崩壊前に知っていた勝者たち

## 『マネー・ショート　華麗なる大逆転』

『マネー・ショート　華麗なる大逆転』は2008年にアメリカで起こった金融危機で、逆に100億円以上の利益を得た男たちを描いた、ノンフィクション『世紀の空売り』の映画化。「ショート」は「空売り」つまり、相場が下がるほうに賭けること。

証券取引が趣味の神経科医マイケル・バーリ（クリスチャン・ベール）は住宅バブルが荒れ狂っていた05年、ウォール街の投資銀行が売っているサブプライム住宅ローン債を調べていた。バーリは、それが時限爆弾だと気がついた。バーリは突然カメラ、つまり観客に向かって言う。

「サブプライムとは何か？　僕が説明しても面白くないから、カワイコちゃんにお願いしよう」

すると画面は、裸でお風呂に入っているセクシーな美女に切り替わる。

「ウォール街は、支払い能力がない人の住宅ローンまでサブプライム（優良の下）と名付けて売り始めたのよ。サブプライムと聞いたら、クソだと思ったほうがいいわ」

彼女は『ウルフ・オブ・ウォール・ストリート』でディカプリオのエロエロ妻を演じたマーゴット・ロビー。こんなふうに『マネー・ショート』は金融という面倒くさい話を虚実ごちゃまぜのスピーディなコメディとして見せていく。

監督のアダム・マッケイは『俺たちニュースキャスター』『俺たちステップ・ブラザース－義兄弟－』『アザー・ガイズ　俺たち踊るハイパー刑事！』など、ウィル・フェレル

『マネー・ショート
華麗なる大逆転』
監督=アダム・マッケイ／出演
=クリスチャン・ベールほか

主演の下ネタ・コメディばかり作ってきたが、『アザー・ガイズ』では08年の金融危機の元凶、ウォール街の証券マンを敵役にし、エンドクレジットでサブプライム・ローンのデタラメな構造をアニメでわかりやすく解説してみせた。

普通、不動産を買うには頭金やローンを組むための収入証明が必要だが、サブプライム・ローンを借りたのは、貯金も収入も職すらない人々だった。彼らをローン会社は金利ほとんどなしのローンで釣った。2年後に未払いの金利がまとめて乗っかってくる仕掛けだったが、借り手は気づかないか、不動産価格は高騰しているから2年で売り抜けて儲けようと企んでいた。

このサイブプライム債券を証券会社はCDOとして売り出した。CDOは「債務担保証券」の略だが、『マネー・ショート』では、「レストランの月曜日のスペシャル・メニューは残り物処分だ」などの汚い裏側を暴露した『キッチン・コンフィデンシャル』の著者でセレブ・シェフのアンソニー・ボーディンが登場して、説明してくれる。

「この腐りかけた魚がサブプライムだ。でも、新鮮な魚と混ぜてシチューにしてしまえばバレない。これがCDOさ」

投資銀行は優良なローンにサブプライムを混ぜたCDOを作り、それをムーディーズなどの格付け会社に見せた。格付け会社の職員はウォール街に入れなかった人々なので、ゴールドマン・サックスなどにちやほやされると喜んで信用度最高のAAAをつけてしまう。こうして腐った魚入りのCDOが優良商品として世界中に売られた。日本でもこれで年金を運営していた企業もあった。

これは必ず破綻するとバーリは思った。さて、それでどうやって儲けるか。

バーリは自分でCDS（クレジット・デフォルト・スワップ）をサブプライム債の売り手である投資銀行にもちかけた。CDSは債券に対する保険のようなもので、サブプライム債が値上がりを続けている間、バーリは支払いを続けるが、下がったら下がった分だけ支払いを受ける。つまり「空売り（ショート）」だ。ゴールドマン・サックスはバブルが続くと思っていたから、喜んでCDSをバーリに売った。

原作『世紀の空売り』を書いたマイケル・ルイスの前作は『マネー・ボール』。メジャー・リーグ、オークランド・アスレチックスのケチケチ経営術を書いた本で、ブラッド・ピット製作・主演で映画化された。そのつながりで『マネー・ショート』もブラピの製作で、彼自身も金融業界に幻滅した元銀行マン役で出演している。

08年、ついに市場が崩壊して、ショートした連中が大喜びしていると、ブラピは「浮かれてるんじゃねえ！」と凄む。「何千万人が家を失い、大事な蓄えを失ったんだぞ！」。あのー、完全に『ファイト・クラブ』入ってるんですけど。

あ、もちろんこの事態を引き起こしたウォール街の連中はひとりも裁かれず、逆に税金で救済され、莫大なボーナスを自分たちに払った。共和党の次期大統領候補のテッド・クルーズの妻はゴールドマン・サックスの職員で、クルーズは同社から1200万ドルの選挙資金を借りている。

2016.05

『トランボ　ハリウッドで最も嫌われた男』

# ハリウッドの黒歴史「赤狩り」に耐えた脚本家の執念

1950年代、黄金時代のハリウッドを描いた2本の新作映画がある。ひとつは『トランボ ハリウッドで最も嫌われた男』という『ローマの休日』（53年）や『スパルタカス』（60年）の脚本で知られるダルトン・トランボの伝記映画。もうひとつは『フアーゴ』や『ビッグ・リボウスキ』のコーエン兄弟の監督作『ヘイル、シーザー！』。ジョージ・クルーニー扮する世界的映画スターの誘拐事件をめぐるコメディだ。この2つはハリウッドの黒歴史「赤狩り」でつながっている。

『トランボ』は40年代から始まる。ハリウッドの売れっ子脚本家だったトランボは共産党員だ。当時、アメリカでは共産党は非合法組織だったが、リベラルな文化人や映画界にも共産党員は多かった。第二次世界大戦が終わり、米ソ冷戦になると、マッカーシー上院議員が米国内にソ連のスパイがいると騒ぎ出し、共産党員を探し出す「赤狩り」が始まり、ハリウッドも「共産党のプロパガンダ映画を作っている」と疑われた。エリア・カザン監督などが元共産党員として議会に召喚され、他党員の名前を白状し、芋づる式に告発が続いた。

『キー・ラーゴ』などでギャングのボスを演じた強面俳優エドワード・G・ロビンソンですら、二度と映画に出られなくなるのを恐れて仲間を売ったが、トランボはダンマリを貫き、議会侮辱罪で懲役11カ月の判決を受けた。だが、本当の刑は、刑務所から出た後に始まった。

トランボのように最後まで屈しなかった映画人10人はハリウッド・テンと呼ばれ、業界のブラックリストに載せられた。ジョン・ウェインやロナルド・レーガンなどの右翼映画人の反共翼賛グループ「アメリカ理想防衛映画人同盟」がトランボたちを雇わないよう監視した。

廃業したり、海外に逃げた映画人も多かったが、トランボはシナリオを書き続けた。安物の娯楽映画を量産するキング・ブラザーズが彼に匿名で脚本を書かせた。ギャラは安かったが3人の子どもを抱えたトランボにはほかに選択の余地はなかった。

トランボ役は、『ブレイキング・バッド』で覚醒剤を密造する化学教師を演じたブライアン・クランストン。一日じゅう風呂に浸かったままタバコを吸い、ウィスキーを飲みながらタイプライターを打ちまくる、伝説となった執筆スタイルを再現する。

53年、トランボが友人の名前を借りて書いた『ローマの休日』がオードリー・ヘップバーン主演で映画化されて大ヒット。アカデミー脚本賞を受賞し、友人が代わりにオスカーを受け取ったが、業界では本当に書いたのはトランボだと噂される。3年後の56年、やはり偽名で書いた『黒い牡牛』で2度目のオスカーを獲得。トランボの存在は隠せなくなる。そして60年にオットー・プレミンジャー監督が『栄光への脱出』、カーク・ダグラスが『スパルタカス』の脚色を依頼し、ついにクレジットに堂々とトランボの名前が掲げられた。思想の弾圧に耐えたトランボが75年に『黒い牡牛』のオスカーを正式に受け取ってハッピーエンド。

だが『トランボ　ハリウッドで最も嫌われた男』は、公開されると保守系メディアから激しく攻撃された。彼が共産党員だった頃、スターリン独裁のソ連を支持していた事実を隠している、というのだ。『トランボ』で彼の思想について描かれるのは、娘にこう語るシーンのみ。「君がサンドイッチを持っていて、持ってない人がいたら、分けてあげるだ

**『トランボ　ハリウッドで最も嫌われた男』**
監督＝ジェイ・ローチ／出演＝ブライアン・クランストほか

ろう？　なら君も共産主義者だ」

トランボは善意と理想だけで共産主義を信奉したが、その無邪気さをからかうのがコーエン兄弟の『ヘイル、シーザー！』だ。スター誘拐事件の裏には共産主義を信じるハリウッドの脚本家たちがいて、トランボらしい男も見える。コーエン兄弟は明らかに「ソ連なんか信じて、バッカだねえ」と薄笑いで演出している。

トランボが共産主義を信じたのは確かに間違いだった。それでも赤狩りが醜悪なのは変わらない。思想や言論の自由を弾圧したら、共産主義と同じになってしまうからだ。

トランボの仲間だった脚本家フランク・ターロフの息子エリックは2011年に「共産主義は過ちだった」と書きながら、こう締めくくっている。「自由とは、過ちを犯す権利も認めることです」

トランボの遺作は「パピヨン」（73年）。若い頃の過ちで監獄送りになった男（スティーヴ・マックィーン）が、その失敗を悔やみつつも、権力側のどんな拷問にも決して屈せず、ついに自由を掴む物語だった。トランボ最後のセリフは「クソッタレども、俺は生きてるぜ！」だった。

2016.06

# 『ズートピア』なぜ、ウサギに「カワイイね」と言ってはいけないのか？

ディズニーの新作アニメ『ズートピア』は、人間以外のあらゆる動物が集まってくる大都市ズートピアが舞台。でも、これはおとぎ話じゃない。移民国家アメリカの現状をリアルに反映した映画なのだ。

ディズニーは昔からそうだった。1955年の『わんわん物語』はレディという血統書つきのコッカースパニエルとトランプという野良犬のラブ・ストーリーだが、レディはWASP（ホワイト・アングロ・サクソン・プロテスタント）の象徴で、トランプは20世紀初頭に移民してきた南欧や東欧移民だ。トランプの仲間の野良犬も、ボリス（ロシア系）やペドロ（ラテン系）。移民の町、ブルックリンで、レディとトランプはイタリア料理を食べるが、レディはスパゲティの食べ方を知らない。当時、イタリア料理はまだ一般化していなかった。

さて、ズートピアには、ジャングルなら弱肉強食の関係にある肉食動物と草食動物が仲良く平和に暮らしている。それはアメリカのようだ。中国とチベット、ロシアとウクライナ、イスラエルとアラブ諸国など、母国では対立し、殺し合っているような人々でも、アメリカでは隣人として、同胞として暮らしている。だが、多民族社会にはそれなりの礼儀が必要だ。

ヒロインのジュディは野ウサギ。警察学校を首席で卒業して、ズートピア署に配属される。受付の豹は「思ってたよりカワイイね」と褒めるが、ジュディは困った顔で警告する。

「ウサギがほかのウサギにカワイイねと言うのはいいんですが、ウサギ以外の動物がウサ

『ズートピア』
監督＝バイロン・ハワード、リッチ・ムーア
／製作総指揮＝ジョン・ラセター

ギにカワイイねと言うのは……」

このセリフ、何が問題なのか日本の観客にはわかりにくいだろう。実は2つの問題がある。まず、アメリカには同じ人種同士では使えても違う人種が使うと差別になる言葉がある。たとえば「ニガー」。黒人同士なら「同胞」の意味だが、非黒人が黒人に対して使うと言葉本来の意味である「黒人奴隷」になってしまう。

ジュディにしかられた豹は「ステレオタイプ（紋切型）にはめてごめん」と謝る。ウサギといえば「カワイイ」「りこう」「子だくさん」と決めつけるが、そうでないウサギもいる。アメリカでレストランのお勘定でチップの計算にてこずっていると「アジア系なんだから、さっさと暗算してよ」と言われたりする。「アジア系イコール数字に強い」というステレオタイプだ。

ジュディはアイスクリーム屋で狐のニックが入店を拒否される現場に出くわす。

「狐はずるがしこいから嫌いなんだ。帰ってくれ」

店主は壁にかかったプレートを指さす。そこには「当店にはお客様へのサービスを拒否する権利もあります」

そのプレートは、60年代まで、特に南部で黒人やメキシコ系の客を拒否するために使われていたものだ。最近ではミシシッピ州で、同性のカップルへのサービスを拒否する権利を認める州法が立法された。

『ズートピア』は実にタイムリーだ。大統領選に出馬したドナルド・トランプが「メキシコ系の移民はドラッグ・ディーラーとレイプ犯ばかりだ」と叫び、ライバルのテッド・クルーズが「イスラム教徒を警察はマークしろ」と主張している状況だから。

日本でよく言われる「草食」とか「肉食」という言葉も実にステレオタイプだ。アフリカ最強の猛獣は草食動物である水牛で、やすやすと角でライオンを嬲り殺しにする。英語でSheepish（羊っぽい）は「おとなしい」という意味だが、繁殖期の牡羊は頭をぶつけ合って戦い、人や自動車にすら襲いかかるほど獰猛だ。

ディズニー・アニメもかつて良くないステレオタイピングをしていた。先述した『わんわん物語』のトランプは女ったらしだと判明するがそれはイタリア系のステレオタイプだ。さらに狡猾なシャム猫がヒロインを窮地に追い込むのだが、その猫は吊り目も含めて「ずる賢いアジア人」を揶揄している。その頃に比べてディズニー・アニメはずっと進化した。『ズートピア』の問題は、肉食動物が何を食べているのか不明な点だ。監督はインタビューで「植物性たんぱくや虫を食べている」と答えている。ただ、この映画、人間が出てこないところを見ると、もしかすると実はどこかに食用の人間牧場があって……。

2016.07

# 『ブルックリン』
# アイルランド移民がスパゲティの食べ方を知らなかった50年代

アイルランド民謡とパンク・ロックをミックスしたバンド、ザ・ポーグスの1987年のヒット曲「フェアリーテール・オブ・ニューヨーク」は、あらゆるクリスマス・ソングのなかでも最も切ない歌だ。

クリスマスのニューヨーク。ドランク・タンク、つまり酔っ払い専用の留置所、いわゆるトラ箱にぶち込まれた男女の会話。かつて2人は成功を夢見てアイルランドからアメリカにやってきた。

「君は美しかった」「あなたはハンサムだった」

しかし夢破れた2人は酒におぼれ、互いを罵り合う。

「お前は売女」「あんたはクズ」

この歌を彷彿とさせる場面が映画『ブルックリン』にある。

舞台は50年代ニューヨークの下町ブルックリン。ヒロインのアイリーシュ(シアーシャ・ローナン)は20歳になったばかりでアイルランドの小さな町から移住してきた。文化の違いや孤独になじめないまま1年がたったクリスマス。アイルランド系の教会でホームレスの人々を招いてのディナーを手伝う。ボロボロの服を着た、年老いたアイルランド移民たちが行列を作る。神父はアイリーシュに教える。「彼らが来たのは50年ほど前だ」

20世紀の初め、アイルランドの貧しい小作人たちは、仕事を求めてアメリカにやってきた。

「彼らはトンネルを作り、橋を、道路を、摩天楼を作った」

高層ビルが立ち並ぶ大都市ニューヨーク、アメリカの近代を築いたのは彼ら移民だった。その後、アメリカという競争社会のハシゴを登っていった人もいるが、登り損ねた人は、年老いた今は力仕事もできず、故郷アイルランドにはもう帰る場所はなく、教会で施しを受けている。

ホームレスの老人の1人が食事のお礼に歌を歌う。英語ではない。アイルランド語だ。ケルト人の言語ゲール語だ。ポーグスPoguesというバンド名もアイルランド語のPogue Mahone（ケツにキスしな）から来ている。この映画の主演シアーシャ・ローナンのSaoirseもそうだ。綴り通りには読めない。

老人は「縄ない」という歌を歌う。好きな娘の家を訪ねた男が、娘の母に「藁を使って縄をなうから、反対側の端っこを持っていてくれ」と頼まれる。言われた通りにすると、縄が長くなるにしたがって、男はどんどん遠ざかり、ついにはドアの外に出てしまう。その時、ドアをぴしゃりと閉められてしまう。その歌は、行き場のない、夢破れた移民たちの境遇にも聞こえる。アイルランド独特の裏声を混ぜた声が悲しく響く。異国の地で孤独に暮らすアイリーシュの頬を涙がつたう。

でも、しばらくして、アイリーシュにはイタリア系のチャーミングな彼氏ができる。彼氏の実家に招待されたアイリーシュは、スパゲティを食べる練習をする。当時、スパゲティはまだイタリア系移民だけの料理だった（前項参照）。

『ブルックリン』の原作小説には、アイルランド人たちが「イタリア人は享楽的だから」と軽蔑する描写がある。逆にアイリーシュは、彼氏の8歳の弟から「アイルランド人は嫌いだ」と言われる。「みんな警官だから」。当時はニューヨークの警官はアイルランド系ば

**『ブルックリン』**
監督=ジョン・クローリー／出演=シアーシャ・ローナンほか

かりだった。ポーグスの「フェアリーテール・オブ・ニューヨーク」の背景には警官たちの聖歌が聞こえる。

赤毛のアイリーシュはニューヨークに来た当初は緑の服ばかり着ている。赤毛はケルト系の特徴で、緑はアイルランドのシンボル・カラーだ。だが、アメリカに住んでいるうちにさまざまな色の服も着るようになる。雑多な色が混じり交った国に溶け込んでいく。

50年代、移民の町ブルックリンで低所得者向けの集合住宅を建設して財を成したのがドナルド・トランプの父親だ。トランプは大統領選に出馬し、「移民を追い出せ」と叫んでいる。移民がいなければトランプもいなかったのに。アメリカ人は誰もが移民なのに。

## 2016.08

ミシシッピはディープサウス（深南部）で最もディープな州だ。地理的にも精神的にも。

# 『ニュートン・ナイト　自由の旗をかかげた男』

# 奴隷解放前の南部で黒人と白人のユートピアを築いた男と近親婚

ミシシッピ・デルタはバイユーと呼ばれる小川が入り組んだジャングルになっていて、昼なお暗い。人種差別も根深い。1960年代に公民権運動家たちが保安官とKKKに暗殺された事件は映画『ミシシッピ・バーニング』（88年）や『ゴースト・オブ・ミシシッピ』（96年）でよく知られている。

そのミシシッピの奥深くに、南北戦争の最中、南軍に反乱を起こして白人と黒人のユートピアを打ち立てようとした男がいた。それが『ニュートン・ナイト　自由の旗をかかげた男』である。

1861年、奴隷制の禁止を進めるリンカーン大統領の連邦政府に対して、南部各州は奴隷制を守るために南部連合を結成し、合衆国離脱を宣言。南北戦争が始まった。ミシシッピの農民ナイト（マシュー・マコノヒー）も徴兵されて戦場に駆り出され、歩兵として地獄を体験する。故郷の若者たちが無残に死んでいくのを見守るナイトを怒らせたのは、南部政府が発布した「奴隷20人令」だった。

南部政府は20人以上の奴隷を所有する者に奴隷を監視させるために兵役を免除することにした。南部の黒人奴隷たちは自由を求めて北部に脱走するだけでなく、戦争に男が駆り出されて手薄になった銃後で反乱を起こす可能性があったからだ。だが、兵役を免れるのは巨大な綿花農園を経営する金持ちだけで、ナイトら、多くの南部人は自分の狭い土地を

**『ニュートン・ナイト 自由の旗をかかげた男』**
監督＝ゲイリー・ロス／出演＝マシュー・マコノヒーほか

自分の手で耕すだけの貧農だった。

「金持ちの奴隷所有者のためになんで俺たち貧乏人が戦わなきゃならないんだ！」

ナイトは軍を脱走し、妻と子の待つ家に戻った。しかし戦争で物資不足に苦しむ南部政府は、農民の収穫物や食料を無理やり徴収した。

ついにナイトの怒りは爆発し、武器を持って軍に立ち向かうが、反乱者として指名手配される。追われたナイトはバイユーの奥深くに逃げ込んだ。ジャングルの奥には脱走奴隷たちが隠れていた。バイユーでナマズやザリガニを獲って食べて生活しながら、彼らと心をつないでいく。ここでナイトはレイチェル（ググ・バサ＝ロー）という黒人女性と出会い、愛し合うようになる。

さらに白人の脱走兵が、ナイトたちに加わる。ナイトは白人と黒人混成の反乱軍を組織して、南軍に対して武装蜂起する。これを鎮圧しようとする南軍のエイモス・マクルモア大尉。戦いが続く中、大尉は就寝中に何者かに暗殺される。犯人はナイトだと言われているが今も真実は不明。この部分、映画では大きくフィクション化されていて、仲間を大尉に絞首刑にされたナイトが怒り狂って将軍と対決してぐいぐいと絞め殺す！

敵将を倒したナイトたちはジョーンズ郡を制圧。フリー・ステート（奴隷を解放する自由州）を宣言する。これが原題『フリー・ステート・オブ・ジョーンズ』の由来だ。

1865年、南北戦争は北軍の勝利に終わり、すべての奴隷が解放される。しかし、それでナイトの戦いが終わったわけではない。南部の白人たちは黒人の迫害をやめなかった。KKKを結成して、選挙に行く黒人をリンチし、恐怖によって黒人を支配し続けようとする。

ナイトには白人の妻セレーナ（ケリー・ラッセル）と子がいたが、彼女と離婚せずに、黒人女性レイチェルとの間にも子どもを作った。そればかりか2人の「妻」と同居している。そのへんは迫害のなかで一夫多妻を始めたモルモン教を思わせる。映画ではセレーナとレイチェルがなんのわだかまりもなく仲良く暮らすように描いている。

さらに驚くべきは、映画でははっきり描いてないが、ナイトはセレーナとの間の子とレイチェルとの間の子つまり異母きょうだいを結婚させている。というのも、南北戦争後も南部では白人と黒人との結婚が「雑婚罪」として禁じられ続け、ナイト一家は人里離れて暮らしたので、村の外に結婚相手を求められなかったからだ。この近親婚について詳しく描く勇気はゲイリー・ロス監督にはなかったようだ。

映画ではここで1948年のミシシッピに飛ぶ。白人女性と結婚したナイトの子孫ディヴィス（肌は白い）が雑婚罪で裁かれている。その後、64年に公民権法で人種隔離が撤廃されて、やっと雑婚罪は消えたが、ナイトの戦いは今も終わっていない。

なぜなら、ミシシッピの州官公庁には南部連合のシンボルがデザインされた州旗が今もはためいているからだ。サウス・カロライナ州ですら、15年、黒人教会で発生した乱射事件で南部連合旗の掲揚をやめたのに！

『ゴーストバスターズ』

# ネトウヨのヘイトに潰された女性だけの幽霊退治チーム

2016.09

1984年に大ヒットした映画『ゴーストバスターズ』の3作目は30年もの間、浮上しては消える幻の企画だった。そして、人気キャラの権利を持たないソニー＝コロムビア映画にとっては悲願でもあった。

『ゴーストバスターズ』3作目がなかなか作られなかった理由はいろいろ噂されていたが、オリジナルの監督アイヴァン・ライトマンのシナリオに主役のビル・マーレイが難色を示していたからだともいわれている。

それが2014年頃、一気に形になり始めた。続編ではなく、主人公をすべて女性に替えた完全リブートとして。

オリジナル版はビル・マーレーやダン・エイクロイドなどお笑い番組『サタデーナイト・ライブ』の出演者をキャストしたが、リブートでも『サタデー〜』の女性コメディアン、クリステン・ウィグを中心に主役4人を固めた。ライトマン監督は降ろされ、クリステン・ウィグ脚本・主演の女子会コメディ『ブライズメイズ』を成功させた監督ポール・フィグが抜擢された。

しかし、女性キャストだと報道されると、ネットは炎上した。予告編のYouTubeには「低く評価」が90万もクリックされ、「なんで主役が4人ともオバサンなのか」「フェミニズムに媚びるな」など女性憎悪に満ちたコメントが大量につけられた。

この炎上にさらに油を注いだのはマイロ・イヤノプルスという最悪のトロールだった。

イヤノプルスは英国生まれのギリシア系ユダヤ人。アメリカに移り住み、ブライトバートなどの保守系ニュース・サイトでネット関係を担当するジャーナリストだが、「ドナルド・トランプを支持するゲイ」と称して、フェミニスト攻撃を続けるプロのネトウヨだ。

イヤノプルスは、ネット民を煽って女性ゲーム開発者を攻撃し、彼女への脅迫事件にまで発展させたり、「女性は技術職に向いていない」という論陣を張り、反論した女性科学者とネット・テレビで対決して論破するなど、悪名を轟かせていた。『ゴーストバスターズ』についてはツイッターで主役4人の写真を並べて「ブス、デブ、ブス、デブ」などと罵倒しているうちに調子に乗って、主演女優レスリー・ジョーンズのツイッター・アカウントに「才能ないなら、せめて被害者でも演じてみな」と絡んで、自らの33万人のフォロワーに突撃を促した。

アフリカ系のジョーンズをゴリラと並べるなどの人種差別的なコラージュが彼女のアカウントに飛ばされた。ジョーンズは最初、コメディアンらしくユーモアで迎え撃っていたが、彼女の名前をかたった偽アカウントが作られてスタッフへの誹謗中傷などがまき散らされるに至って、ついに心が折れた。「泣きながらツイッターを去ります」とだけ書いてツイートを停止した。

この事態に、やっとツイッター社のCEOジャック・ドーシーが反応し、何度も攻撃を煽ってきたイヤノプルスをツイッターから永久除名処分とした。イヤノプルスは「ツイッターはISISやブラック・ライヴス・マター（黒人の命も大事だ）運動は野放しなのに」と不満を表明。ジョーンズはテレビに出演し、「言論の自由とヘイトスピーチは違うわ」と語った。

女性版『ゴーストバスターズ』の肝心の中身は、女性科学者たちが男性社会の偏見と闘

『ゴーストバスターズ』
監督＝ポール・フェイグ／出演＝クリスティン・ウィグほか

い続けるという、今回のバッシングをまさに予言する物語だった。「主役4人に若くてカワイイ女の子がいないからダメ」という批判に対しても、逆に若くてセクシーなイケメンのクリス・ヘムズワースに中身はカラッポな男を演じさせて、「見た目だけじゃダメでしょ？」と皮肉を利かせている。そもそもオリジナルも不細工なおっさん4人組だったのにオバサン・キャストを叩くのは差別といわれてもしょうがない。こんなんじゃ史上初の女性大統領も無理じゃね？

★イヤノプルスはその後、カトリックの神父から同性愛の手ほどきを受けるのも悪くない、と発言した。彼自身の体験を語ったのだがカトリック司祭による信者の少年への性的虐待が世界的な問題になっている現在、イヤノプルスの言葉はシャレにならなかった。イヤノプルスは謝罪に追い込まれ、ネトウヨからは裏切り者呼ばわりされている。

『ハドソン川の奇跡』

# 奇跡でも英雄でもないベテラン機長の決断

2016.10

2009年1月15日15時30分、筆者はニューヨークにいた。

『キング・コーン』というドキュメンタリー映画監督の自宅でインタビューを終えて外に出ると、ヘリコプターが次から次へ、東から西に飛んで行った。地上でも街中にサイレンが鳴り響き、パトカーや消防車がやはり西に急いでいた。

何が起きたのか、後で知った。近くのラガーディア空港から離陸したジェット旅客機のエンジンが雁を吸い込んで停止し、マンハッタンの西を流れるハドソン川に緊急着水したのだ。乗客乗員155人は全員無事だった。

「ハドソン川の奇跡」と呼ばれたこの事件がクリント・イーストウッド監督によって映画化された。しかし、離陸してから着水するまで、たった5分間しかない。それをどうやって1時間半以上の映画にするのか？

『ハドソン川の奇跡』は、旅客機がマンハッタンの高層ビル街に墜落して爆発炎上する大惨事から始まる。それは見事に着水を成功させたサリーことサレンバーガー機長が見た悪夢だった。あの時、決断を誤っていたら……。

これは一種の法廷劇だ。機長は国家運輸安全委員会から「空港に引き返さずに着水を選び、乗客の命を危険にさらした」と糾弾される。一方マスコミは着水を「ハドソン川の奇跡」と呼び、サリー機長を「英雄」と讃える。

「あれは奇跡ではないし、私も英雄ではない」サリーは、インタビューや著書で繰り返し

**『ハドソン川の奇跡』**
監督=クリント・イーストウッド/出演=トム・ハンクスほか

語っている。なぜなら「奇跡」とは「あり得ないことが起こること」であり、「英雄」とは「自分の命を顧みない」者だ。つまりイチかバチかのギャンブルに乗客の命を賭けたことになる。それでは国家運輸委員の主張と同じだ。しかし、サリーは、危険を冒したつもりは毛頭ない。最も安全な方法を選んだだけなのだ。

左右のエンジンは両方とも鳥によって停止し、飛行機は滑空していただけだった。下降し続けるだけで推力を加えることはできない。もし空港に引き返そうとしていたら、冒頭の悪夢は現実になっていただろう。

フライトレコーダーによれば、サリーがエンジン停止を知ってから着水を決断するまでに要した時間はわずか38秒。それより一瞬でも遅れていたら155人の命はなかった。彼はこう語っている。「私のパイロットとしての42年間の経験は、その38秒のためにあった」

監督生活44年のイーストウッドもまた、決断が速い。かつては早撃ちのガンマン役でスターになった彼は、監督としてもハリウッド一の早撮りで有名だ。撮影現場ではセッティングであれこれ悩まない。最近は基本的に照明を使わず、自然光で撮るのでますます撮影が速くなった。テイクも1回か2回でOK。『J・エドガー』で、いろいろな演技を試したがるレオナルド・ディカプリオと対立したこともあった。

サリーが世間から理解されない姿には、イーストウッド自身が重ねられているのだろう。犯人を情け容赦なく射殺する『ダーティハリー』では、犯罪者の人権を踏みにじるファシストと呼ばれた。戦争映画『ハートブレイク・リッジ/勝利の戦場』では「レーガン政権のグレナダ侵攻を茶化している」といわれ、軍の協力を拒否された。下半身不随になったボクサーを描いた『ミリオンダラー・ベイビー』は「聖書で禁じられた尊厳死を認める内容だ」と保守的キリスト教徒から攻撃され、『アメリカン・スナイパー』は「イラク戦争を賛美している」とリベラルから批判された。実際、イーストウッドはイラク攻撃に反対したし、『アメリカン・スナイパー』はPTSDの恐怖がテーマで、主人公を賛美していない。だが、そうかと思うと共和党大会でオバマ政権を批判し、今、ドナルド・トランプに投票すると言って物議を醸している。イーストウッドは左右の党派性を気にしない。いや、人を右か左にカテゴライズしたがる人々を煙に巻き続けている。

『ハドソン川の奇跡』で、トム・ハンクスはいつも眉間にしわを寄せて苦虫を噛み潰したような表情をしている。トム・ハンクスもサリーも本当はもっと気さくな人物なのに。彼はきっと、サリー機長を演じるイーストウッドを演じているのだろう。

2016.11

『バース・オブ・ア・ネイション』

# 罪深き『國民の創生』に挑んだ若き黒人監督の罪

D・W・グリフィス監督の『國民の創生』(1915年)は、映画史上における最高傑作のひとつである。それまでの劇映画は、セットの中で演技する俳優たちを固定カメラでただ撮るだけの、舞台の記録のようなものだった。だが、グリフィスはヒロインを演じるリリアン・ギッシュの美しい顔にぐっと寄ってクローズアップしたり、絶体絶命の人々と、それを助けに走るヒーローをカットバックさせたり、現在も続く娯楽映画の基本的なテクニックを開発した。だから、エイゼンシュタインの『戦艦ポチョムキン』(25年)と共に、映画を学ぶ者なら必ず観ることが義務付けられている。

だが、『國民の創生』は取り扱いの難しい映画だ。なぜなら、南北戦争の後、解放された黒人奴隷が選挙に行くのを妨害するKKKを正義の味方として描いているからだ。さらに、この映画がアメリカで国民的に大ヒットしたことで、それまで消滅していたKKKが復活した。彼らは黒人をリンチし、黒人教会に爆弾を投げ込み、それは今も続いている。『國民の創生』は技術的には素晴らしいが罪深い映画なのだ。

『國民の創生』から101年目の今年、同じ『Birth of a Nation』という原題を持つ新作映画『バース・オブ・ア・ネイション』が公開された。

企画・脚本・監督・主演はアフリカ系の俳優ネイト・パーカー。南北戦争の約30年前、1832年に起こった黒人奴隷ナット・ターナーの反乱を描いている。

南部バージニア州の綿花農園で黒人奴隷の息子として生まれたナットは、幼い頃から聡明で、農園主のターナー家から、聖書の勉強を許された。聖書にはこう書かれていた。人は皆、神の子であって、「奴隷も自由人もない」と。

ナットは黒人奴隷に対する虐待の数々を見、体験し、天啓を受ける。自分は奴隷を解放するために神に選ばれた者だと。

ナットは密かに奴隷を組織化し、8月21日の晩、静かに反乱を始めた。寝室で眠っている白人たちをひとりずつ、音を立てぬよう、銃ではなくナイフや斧や鈍器で殺害していった。その数は50人を超えた。

反乱は白人民兵によって2日後に鎮圧され、ナットは絞首刑の後、八つ裂きにされた。

『バース・オブ・ア・ネイション』は、もちろん『國民の創生』の裏返しだ。

「僕が『バース・オブ・ア・ネイション』を作ることで、今後、『國民の創生』はナット・ターナーと結びつけられることになると思ったんだ」ネイト・パーカーは言う。

最近、ハリウッドでは白人至上主義が問題になっている。本来はアジア人の役でも白人俳優をキャストしたり、アカデミー賞候補も白人ばかりだったり。パーカーはそれも「ハリウッドの娯楽映画産業がグリフィスの『國民の創生』の上に築かれた」からだという。

また、全米で警察官が無抵抗の黒人を殺害する事件が多発し、抗議のデモが続いている。デモだけでなく、黒人も銃を取って警官に報復し始めた。その最中に、アメリカで最初に白人に逆襲したナット・ターナーの映画が公開されたのは意義深い。

パーカーはまだ36歳で、映画史に挑戦するこの意欲作を実現させたことで、「ハリウッドに新たな天才登場！」と世界に注目された。ところが、全米公開前、彼が大学生の頃、女学生を友人2人とレイプしたと訴えられた事実が発覚した。裁判でパーカーは同意の上とされて無罪になったが、原告の女性は２０１２年に麻薬中毒治療施設で睡眠薬自殺した。

『バース・オブ・ア・ネイション』
監督・脚本・出演=ネイト・パーカー

彼女は白人だった。

パーカーと共に訴えられた友人は『バース・オブ・ア・ネイション』の共同脚本にクレジットされている。この映画も技術的には素晴らしいが、作り手は罪深いのか？　アメリカは、またしても取り扱いに困っている。

『最後の追跡』

# 21世紀の西部劇でカウボーイを追い詰めるのは銀行のローン

2016.12

テキサスの銀行を次々に襲うトビーとタナーの兄弟。田舎の小さな銀行だからたいした金はなく、客もロクにいないから目撃者も少ない。町もガランとして道路はスカスカなので、あっさり逃げられる。逃走車は地中に埋める。盗んだ金はカジノでいったんチップにしてから換金して「洗浄」する。

『最後の追跡』で描かれる銀行強盗は、地味でスケールも小さい。これは、ほかの犯罪アクション映画のように、派手なカーチェイスや銃撃戦で観客をスカッとさせることが目的ではなく、映画ではめったに描かれない、アメリカの田舎が抱えるさまざまな問題を抉り出している。

事件の捜査にテキサス・レンジャー（挺身隊）が乗り出す。テキサスはかつて、メキシコから独立した後、警察権力を持たなかったので、民兵にバッジを与えた。それがテキサス・レンジャーの始まりだ。レンジャーのマーカス（ジェフ・ブリッジス）は引退を控えた老捜査官だが「最後の狩り」に出動する。

マーカスは、襲われた銀行がみんなテキサス・ミッドランド・バンクの支店で、手口も似通っていることから、同一の犯人による連続犯行だと推理する。

犯人の兄弟は、代々引き継いできた牧場で働くカウボーイ。兄タナー（ベン・フォスター）は母親を虐待する父親を射殺して刑務所に入り、彼の刑期の間に母親はがんになり、弟トビー（クリス・パイン）は治療費を払うために、牧場を担保にミッドランド・バンクから金

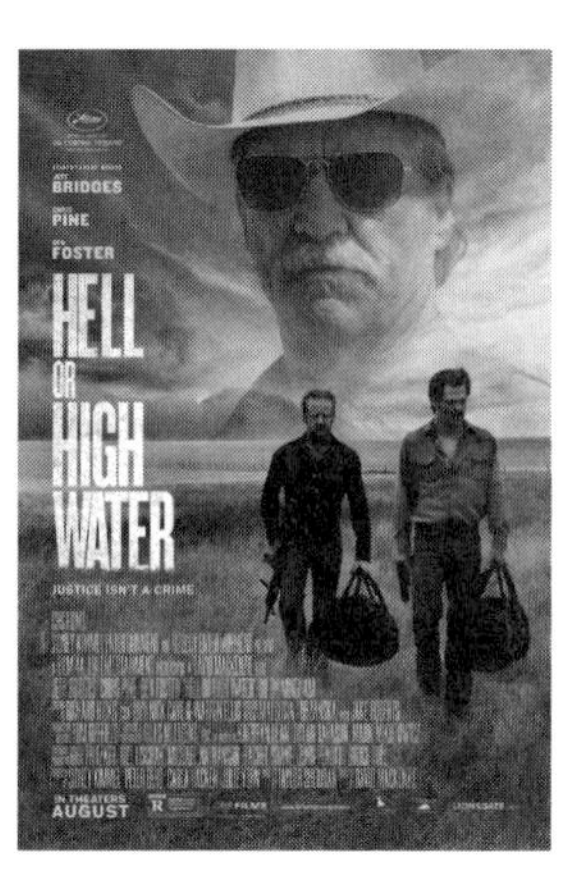


**『最後の追跡』**
監督＝デビッド・マッケンジー／出演＝クリス・パイン、ベン・フォスターほか

を借りた。アメリカの医療費は日本とは桁違いに高い。自己破産の原因の3割が病気の治療だ。3年間の闘病の末、母は死に、莫大な借金だけが残された。トビーが負債と格闘するうちに、妻は子どもたちを連れて家を出た。

「銀行が牧場を差し押さえる前に、金を手に入れるんだ。ヘル・オア・ハイ・ウォーター（地獄だろうと高波だろうと）」

原題のHell or high waterとは、英語の常套句で「たとえ火の中、水の中」「いかなる困難があろうとも」という意味だが、ローンなどの契約用語で「ヘル・オア・ハイ・ウォーター条項」というと、債務者に天災などの不可抗力の事態が発生しようと、返済義務を免除されない条項を意味する。そのためにトビーが綿密に計画したのが、この銀行強盗なのだ。無慈悲な銀行に払う金はその銀行から奪えばいい。

昔からそうだった。1930年代の大恐慌時代、テキサスやカンザスなど西部に銀行強盗が続出した。人々は強盗たちに味方した。彼らもまたローンに苦しみ、家や農場を差し押さえられていたからだ。

しかし、ムショ帰りの兄タナーは気まぐれで暴力的で、何をしでかすかまったく予想がつかない。ダイナーで食事していて、隣にミッドランド・バンクがあるのを見ると、ふらっと銀行に入って、いきなり襲ってしまう。びっくりしたトビーは、親切なウェイトレスへのチップとして銀行で盗んだばかりの100ドル札を置いて、ダイナーを飛び出す。駆け付けた警官たちがダイナーで聞き込みをして、チップの100ドル札を証拠品として押収しようとすると、ウェイトレスは断固として拒否。彼女たちは最低賃金で朝から晩まで毎日働いて、200万円にもならない年収で子どもを育てなければならないのだから。

土地を奪われたのは、彼らだけではない。舞台となるテキサスとオクラホマの州境あたりは、もともと先住民コマンチ族のものだった。かつてコマンチは白人入植者に激しく抵抗したが、敗北した。現在はコマンチ国として自治権を得たが、依然として貧しく、カジノ経営だけが産業だ。トビーたちを追うテキサス・レンジャーのアルベルト捜査官も先住民で、ぼそっとつぶやく。「ここは先祖代々、我々の土地だった。それを白人たちが奪い、それをさらに銀行が奪っていく」

テキサスの田舎に金はない。だが、銃だけは腐るほどある。それがトビーたちを追い詰めていく。『最後の追跡』は、ドナルド・トランプを支持するような人々の現実を見せる。トランプが大統領になればアメリカ経済は危機に陥るかもしれないが、そんなことは気にしない。彼らはとっくにアンダー・ウォーター（借金漬け）だから。

2017.01

『ハミルトン』

# なぜ"建国の父"のミュージカルはトランプを怒らせた？

今回だけ、映画ではなく、ブロードウェイのミュージカルについて書きます。

11月18日、ニューヨークはブロードウェイのリチャード・ロジャーズ劇場で上演中の『ハミルトン』の客席に、インディアナ州知事マイク・ペンスがいた。『ハミルトン』は合衆国憲法の起草者、アレクサンダー・ハミルトンの生涯を全編ヒップホップで歌い上げたミュージカルで、トニー賞11部門を独占、ピュリッツァー賞にも輝いた大ヒット作。チケットを取るのは不可能に近く、一番後ろの席でも5万円以上で転売されているほどだ。

そして、マイク・ペンスは、この10日前の大統領選挙で勝利したドナルド・トランプの副大統領候補だ。ペンスに気づくと観客からはブーイングが飛んだ。なぜなら、『ハミルトン』は、移民排斥を掲げ、白人労働者階級の支持を集めたトランプに真っ向から挑むミュージカルで、初代大統領ジョージ・ワシントンやトマス・ジェファーソンなどアメリカ建国の父たちのキャスティング役を全員、黒人、ヒスパニック、アジア系と、非白人だけで固めているのだ。

『ハミルトン』の企画・製作・脚本・監督・作詞・作曲、そして主役のハミルトンを演じるのは、ホワイトハウス主催の音楽と詩の夕べ（09年）に招かれた、当時27歳のミュージカル演出家リン・マニュエル・ミランダ（現在36歳）。プエルトリコ系移民の子としてニューヨークに生まれた。

ハミルトンもまた移民だった。カリブ海の孤島に私生児として生まれ、親を失い、貧しい孤児として育ち、アメリカに渡った。しかし、独学で弁護士になり、ジョージ・ワシントンの片腕として独立戦争を勝利に導き、初代財務長官になった。

ハミルトンは天才だった。独立当初、アメリカは13州がバラバラの国家になるはずだったが、ハミルトンは中央政府を持つ世界最初の連邦制度を打ち出した。憲法の起草に参加し、三権分立と最高裁の違憲審査による「法の支配」という立憲国家のシステムを世界で最初に確立した。世界で初めて中央銀行を設立し、ドル紙幣を発行した。つまりアメリカという国は、ハミルトンが40代までにほとんどひとりで創造したといっていい。

それほどの天才がなぜ大統領になれず、忘れられてきたのか？

開幕早々、若きハミルトンの才気を見た友人アーロン・バー（後の副大統領）が忠告する。「トーク・レス、スマイル・モア（もっと言葉を少なくして微笑んだほうがいい）」。マイノリティである君は生き抜くために笑顔を武器にしろ。そうやって敵を増やすと、いつか撃たれるぞ、と。

ちなみにリン・マニュエル・ミランダは09年1月、オバマ大統領の就任パーティに招待され、「現在構想中のミュージカルの歌」として、この「トーク・レス、スマイル・モア」を披露した。オバマは彼の忠告を聞いたかのように決して怒らず笑顔を絶やさずに二期をつとめあげ、任期終わりの支持率は67％という記録的な高さだった。

しかし、ハミルトンは聞く耳を持たず、差別と闘いながら社会のピラミッドをがむしゃらによじ登っていく。歌がラップなので、ギャングスターの出世物語にも見える。

主要キャラクターのうち唯一白人が演じるのは、アメリカの独立を潰そうとする英国王ジョージ三世。つまり『ハミルトン』は、宗主国と植民地の戦いを、白人対有色人種の戦いとして見せている。

**『ハミルトン』**
監督・脚本ほか=リン・マニュエル・ミランダ

『ハミルトン』の非白人キャストには、教育上の意味もある。アメリカ建国の歴史は、白人の歴史だった。非白人の子どもたちにとって、これは他人事にすぎなかった。しかし『ハミルトン』はそれを、平等を求めて戦ったマイノリティの物語として読み替える。独立宣言にある「すべての人間は平等に作られている」が、当初、白人男性だけを意味していたものが、全世界すべての人間へと読み替えられていったように。

カーテンコールが始まるとマイク・ペンスはすぐに出口に急いだが、ステージから、副大統領バー役の黒人俳優ブランドン・ディクソンが、ペンスを呼び止めた。

「副大統領に選ばれたペンス様、ご来場、感謝します。でも、私たちは恐れています。あなたがたの新政権が、私たちの権利を守ってくれないのではないかと。しかし、あなたがこの芝居に感銘を受け、男性、女性、異なる人種、異なる信条、そして異なる出自のさまざまな人々によるアメリカの価値を守ってくれるよう切に願います」

ところが、トランプはすぐにツイッターで「『ハミルトン』の役者どもは失礼だ！　謝れ！」とわめき散らした。思った通りというか……。

2017.02

『スノーデン』

# オリバー・ストーンが自身を投影したスノーデンと〝父殺し〟

2013年、NSA（国家安全保障局）の職員だったエドワード・スノーデン（当時29歳）が、アメリカ政府が国民の電話やメールを監視するプログラム「プリズム」の存在を暴露し、ロシアに亡命した。スノーデンは良心による内部告発者か、それとも名声目当ての売国奴か、評価は今も真っ2つに分かれている。

オリバー・ストーン監督の映画『スノーデン』に対する反応も、賛否両論にはっきり分かれた。映画批評家には概ね好評だが、政治やサイバー・セキュリティ方面のジャーナリストは事実と違う点を疑問視している。

映画では、スノーデンは9・11テロの後、アメリカをテロから守るために陸軍に志願するが、訓練中の事故で脚を骨折して除隊。コンピュータ技術を国防に生かそうとCIAに入り、後にNSAのハッカー部隊で中国のサイバー・アタックと戦う。だが、実際の彼は、NSAと契約するDell社のシスアドにすぎず、諜報活動には従事していなかった。

映画のスノーデンは13年5月に機密をいっきにUSBメモリに保存して外部に持ち出すが、これも完全な創作。実際は12年4月から1年かけて少しずつデータを盗みながら働いていた。1年もかかったのは、機密が170万件にも及ぶからだ。

プリズムを暴露した後、スノーデンは香港の新聞の取材に対して、NSAが中国を含む世界各国にハッキングを仕掛けている証拠を持っていると明かした。だが、中国とのサイバー諜報戦争はNSAの通常業務であり、国民監視と関係ない。また、スノーデンが盗んだデータには90万件の国防機密が含まれており、完全に情報漏洩罪にあたるアメリカ国民を危険にさらす行為だが、映画ではその部分が省略されている。

また、スノーデンのロシアへの亡命を手引きしたのは実際にはウィキリークス主宰者のジュリアン・アサンジなのだが、それも映画では描かれない。ウィキリークスは16年の大統領選挙中にロシア政府がハッキングで盗んだヒラリー・クリントン候補のメールを公開するなど、反米親ロシア傾向を強めている。アサンジがスノーデンをロシアに逃がしたことを描いたら、アメリカ人にとってスノーデンの印象はだいぶ悪くなっただろう。

何よりも大きな脚色は、映画の最大の悪役であるNSAの大物、コービン・オブライエン（リス・エヴァンス）だ。彼は実在しない。オブライエンのモデルはジョージ・オーウェルの小説『1984年』に登場するキャラクターで、国民監視国家の洗脳と拷問のエキスパートだ。『スノーデン』のオブライエンが巨大な顔になってスノーデンにのしかかる場面は、『1984年』で国民を監視する独裁者ビッグ・ブラザーそのものだ。

**『スノーデン』**
監督＝オリバー・ストーン／出演＝ジョセフ・ゴードン＝レビット、シャイリーン・ウッドリーほか

オブライエンはスノーデンの師匠であり、父のような存在だが、スノーデンは監視社会の恐ろしさに気づき、反乱を起こす。「父殺し」はストーンが一貫して追求してきたテーマだ。出世作『プラトーン』（86年）の主人公は愛国心からベトナム戦争に身を投じ、鬼軍曹バーンズを尊敬するが、彼が民間人を虐殺する現場を目撃し、バーンズを射殺する。

ストーンは、自分を徹底的に支配、管理する父親から逃れるために、ベトナム戦争に志願した。ストーンは『ニクソン』（95年）を監督した際、盗聴に取りつかれたニクソン大統領に自分の父親を重ねたとも言っている。

『スノーデン』のスノーデンはストーンなのだ。2人とも兵隊になるほどアメリカを愛しながら、アメリカの罪を追及し続ける。父を愛し、憎むように。

2017.03

『フェンス』

# デンゼル・ワシントンが築いた裏庭の〝壁〟を人種は超えられるのか?

1957年、ペンシルヴェニア州ピッツバーグ。54歳になるトロイ・マクソン(デンゼル・ワシントン)は南部生まれのアフリカ系。清掃局員として18年間、ゴミの回収を続けて、小さいながらも自分の家を持つことができた。その裏庭を囲む柵(フェンス)を作ろうとするのだが……。

デンゼル・ワシントン監督作『フェンス』は2時間以上ある映画だが、この裏庭からほとんど出ない。原作が舞台劇だから。黒人作家オーガスト・ウィルソンが83年に発表した戯曲を読んだデンゼルは、まずブロードウェイでこれを上演し、その時の妻役のヴィオラ・ディヴィスと共に映画化した。そして、アカデミー賞の作品賞、脚色賞、主演男優賞、助演女優賞にノミネートされた。

50代の中年男が、裏庭で柵を作るだけの映画が?

いやいや、実はこの柵には、黒人の、アメリカの、いや、すべての人々の〝業〟が象徴されている。

「俺にとっては死神だって外角ストレート(打ちやすい球という意味)みたいなもんだ」

若い頃、トロイはニグロ・リーグ(黒人だけのプロ野球リーグ)でベーブ・ルースよりも多くのホームランを打ったスラッガーだった。しかし30年代当時、黒人はメジャー・リーグには入れず、47年にジャッキー・ロビンソンが初めて人種の壁を破った時には40歳を過ぎていた。

トロイは「毒親」だ。息子が2人いる（腹違い）。弟のコリイは高校生。アメフトで大学進学を目指している。ところがトロイは「俺みたいに失望するに決まってる」と勝手に部活を辞めさせてしまう。

ジャズ・ミュージシャンを目指す兄ライオンズに対してもトロイは「音楽なんてやってないで俺みたいにまともな職に就け」と突き放す。50年代当時、スポーツとジャズは黒人にとってアメリカン・ドリームの近道だったのに、トロイはわかっていない。

『フェンス』は『セールスマンの死』（49年）の黒人版だと言われている。アーサー・ミラーの戯曲『セールスマンの死』の主人公は、自分こそ男らしくて働き者の、父親の鑑だと信じていたが、還暦を過ぎてクビになる。自慢の息子は高校でアメフト選手だったが、成人してもロクに仕事がない。青白いガリ勉とバカにしていた近所の少年は立派な弁護士になったのに。すでにアメリカン・ドリームへの道は、ブルーカラーからホワイトカラーに移ろうとしていたのだ。『セールスマンの死』は、白人ワーキング・クラスの挫折の崩壊をなによりも早く予言していた。

『フェンス』のトロイは、自分の夢が砕けた腹いせに息子たちの夢も砕こうとする。それが息子のためだと思っているからタチが悪い。しかも、『マイ・ボディーガード』『デンジャラス・ラン』『イコライザー』などで、マシンガンを持った敵の軍団をガンガン殺してきた無敵のデンゼルだから、堪忍袋の緒を切らせた息子が殴りかかっても、あっという間に返り討ちだ。

トロイをそんな人間にしたのが黒人として生きてきた苦難だと知っている妻ローズは、献身的に夫に尽くす。そして柵作りを勧める。高さ1メートルほどの木の板の柵には、防犯効果も何もない。これは象徴なのだ。ローズにとっては、家族がバラバラにならないよう支える囲い。だが、トロイにとって柵は自分の独善を現実から守るための壁だ。『フェンス』がトランプ大統領が選出された年に公開されたのは意味深い。トランプに投票したのは『セールスマンの死』の主人公のような高齢の白人ワーキング・クラスで、トロイのように壁を求めている。こんな壁では不法移民は防げない。壁の下を掘って入ってくるから。これも象徴なのだ。押し寄せるグローバリゼーションを拒絶する防波堤の。

**『フェンス』**
監督・主演=デンゼル・ワシントン／出演=ヴィオラ・デイヴィス、ミケルティ・ウィリアムソンほか

## 2017.04

# 『ゲット・アウト』

# 白人だけの高級住宅地に招かれた黒人の「招かれざる客」？

ケイ&ピールというお笑いコンビが面白い。テレビ版『ファーゴ』で、どうしようもないバカタレのFBI捜査官を演じた2人組がそうだ。ノッポでギョロ目のスキンヘッドがキーガン・マイケル・ケイ。デブチンでメガネのほうがジョーダン・ピール。ケイもピールも父親がアフリカ系で母親は白人。黒人社会と白人社会の間で育ったケイ&ピールのコントには、当然キツい人種ネタが多い。

ケイが夜道を歩いていると、何もしていないのに警官に逮捕されてしまう。そこにピールが現れてケイを救い、時空の裂け目を通って「ニグロタウン」に逃げ込む。ミュージカルになって、黒人たちが笑顔で歌って踊る。「ニグロタウンではタクシーが止まってくれる」「ニグロタウンではパーカーのフードをかぶってても撃たれない」。フロリダではフードをかぶった高校生が何もしていないのに射殺され、犯人は無罪になった。

そのジョーダン・ピールが脚本・監督した『ゲット・アウト』というホラー映画が、アメリカで大ヒットしている。主人公はアフリカ系の若いカメラマン、クリス。恋人のローズは明るい白人女性。今度の休みに、2人はローズの実家へ行くことになっている。

「ご両親に、僕がアフリカ系だと言った？」

「ううん。でも大丈夫、パパもママもレイシストじゃないから」

そう言われてもクリスは不安を隠せない。1967年に『招かれざる客』という映画があった。老夫婦（スペンサー・トレイシーとキャサリン・ヘップバーン）の一人娘が結婚したいとい

『ゲット・アウト』
監督=ジョーダン・ピール／出演=ダニエル・カルーヤ、アリソン・ウィリアムズほか

う相手を連れて実家に帰ると、彼は黒人（シドニー・ポワチエ）だった、という話。トレイシーの役柄はリベラルな新聞記者だが、いざ自分の娘が黒人と結婚するとなると許せない。筆者も、結婚前に初めて妻の実家を訪問した時は本当に緊張した。自分の父親が韓国人だからだ。

ローズの実家アーミテージ家は、郊外の高級住宅地にあった。住んでいるのは白人の金持ちばかり。でも、クリスを見たアーミテージ夫妻は温かいハグで彼を迎えてくれる。2人は偏見のない人々だった。ただ、アーミテージ家の庭師とメイドは黒人で、なぜかロボットのように無表情なのが気になる。

週末、近所の住人たちがアーミテージ家に集まってガーデン・パーティが開かれた。そしてビンゴが行われる。いや、ビンゴのようだが、どこかおかしい。そう、彼らはクリスを競売にかけているのだ！

これを観て、ケイ&ピールの、こんなコントを思い出した。南北戦争前の南部ルイジアナで、黒人奴隷たちが競売にかけられている。ケイとピールも裸で立たされる。「人間を競売するなんて冗談じゃねえよ」。だが、2人ともブヨブヨのだらしない体なので売れ残ってしまう。最初は喜んでいたケイとピールだが、ひょろひょろのやせっぽちの黒人までが先に売れてしまうと、さすがにプライドが傷ついて、思わず怒鳴ってしまう。

「お前ら、あんなヘナチョコ野郎のほうがいいってのかよ！」

すると白人の奴隷商人にたしなめられる。

「お前らは、人を外見で判断する差別主義者だ！」

去年は『ラビング　愛という名前のふたり』という映画もあった。南部では異人種間結婚が違法だった60年代、夫が白人で妻が黒人のラビング夫妻が最高裁まで争った事実を描いている。これで異人種間結婚禁止法に違憲判決が出たのは67年。その当時、異人種間結婚に反対していた男ジェフ・セッションズが今年、ドナルド・トランプ政権の司法長官に任命された。ジョーダン・ピールはこう語っている。「オバマが大統領になった時、『もう人種差別は過去のものになった』と言われたけど、それは甘かったね」

あ、念のため、『ゲット・アウト』はホラーだけどコメディです。なにしろ監督がジョーダンだから。

2017.05

『ドリーム』

# 宇宙競争の陰に隠されてきた黒人女性のコンピュータたち

電子式のコンピュータが開発される前からコンピュータはあった。コンピュータとは「計算する人」、つまり、最初は人間だった。

1957年、ソ連は人類初の人工衛星スプートニクに地球を周回させた。NASAはソ連に追いつくため、有人ロケットを宇宙に打ち出す「マーキュリー計画」をスタートする。そのために選ばれた7人の宇宙飛行士の物語は『ライト・スタッフ』（83年）という映画にもなったが、そのロケットの軌道計算をしたコンピュータは、実は人間で、しかも女性で黒人だった。それを描く映画が『ドリーム』だ。『ドリーム』は大スターもスーパーヒーローも出ていない実録ドラマだが、米国内では大ヒットし、『ラ・ラ・ランド』を超える1億6800万ドルの興行収入を稼ぎ出した。

主人公キャサリン・ジョンソンは数学の天才少女で、14歳で高校を、18歳で大学を卒業したが、彼女の育ったウェスト・ヴァージニア州では、ほかの南部各州と同じく、人種隔離法があり、黒人、それも女性の職場は、メイド、ウェイトレス、黒人学校の教師などに限られていた。だから、53年に隣州ヴァージニアのNACA（米航空諮問委員会）に飛び込んだ。NACAは航空機の開発を行う政府機関だが、機械仕掛けのコンピュータがまだ存在していない35年から、コンピュータとして黒人女性たちを雇っていた。優れた才能を安い人件費でこき使うためだ。

NACAはマーキュリー計画のためにNASA（米国航空宇宙局）に発展するが、人種隔離は続いていた。黒人女性たちの計算グループは「カラード（有色人種）コンピュータ」と呼ばれ、NASAの西の片隅に隔離されていた。

キャサリンだけは本部に抜擢されたが、そこにも差別はあった。まず、本部にはカラード用トイレがない。キャサリンは歩いて十分以上かかる西の端の黒人女性用トイレまで往復しなければならなかった。本部ではコーヒー用のポットまで白人用と黒人用に分けられていた。

国民の期待を背負って「ライト・スタッフ」たちがNASAにやってきた。アメリカ人で初めて地球を周回することになる宇宙飛行士ジョン・グレンはキャサリンたちを見て「大きなレストランでもあるのかな？」と首をかしげる。黒人女性といえばウェイトレスとしか思っていないのだ。

本部の白人男性たちもキャサリンを単に計算機として扱った。やらせるのは検算ばかり。彼女の意見は無視するし、レポートを提出しても読もうとしない。重要な会議にも出席させない。「黙って計算だけしてろ」とさえ言われる。それでもキャサリンはあきらめずにレポートを出し続ける。

マーキュリー計画のリーダー、アル・ハリソン（ケヴィン・コスナー）はやっとキャサリンに気づいた。彼女を重要な会議に呼び、黒人女性を見て怪訝そうなジョン・グレンたちを前にして、「君の実力を見せてやれ」とキャサリンにチョークを手渡すシーンは感動的だ。

ところが、ついにIBMが開発した電子式コンピュータが導入される。キャサリンたち人間コンピュータの役目は終わってしまう。居場所がまた奪われてしまう。

だが、生まれたばかりのコンピュータはプログラム・ミスやらトラブルでまともに機能しない。そんなあやふやな計算で宇宙に向かって生きた人間を発射するのか。ジョン・グレンはロケットに乗り込むのを拒否する。「あんな機械じゃなくて、キャサリンに検算させろ。彼女が保証してくれたら、俺は宇宙に行く」

ジョン・グレンは無事に地球周回に成功し、キャサリンはその後もアポロによる月面着陸やスペース・シャトル計画などに参加し、86年までNASAに勤続した。

『ドリーム』がアメリカで大ヒットしたのは、小学校や中学校の先生が映画館に生徒を連れて行ったことも大きい要因だ。科学には男も女も肌の色も貧富も関係ない、と教えるために。

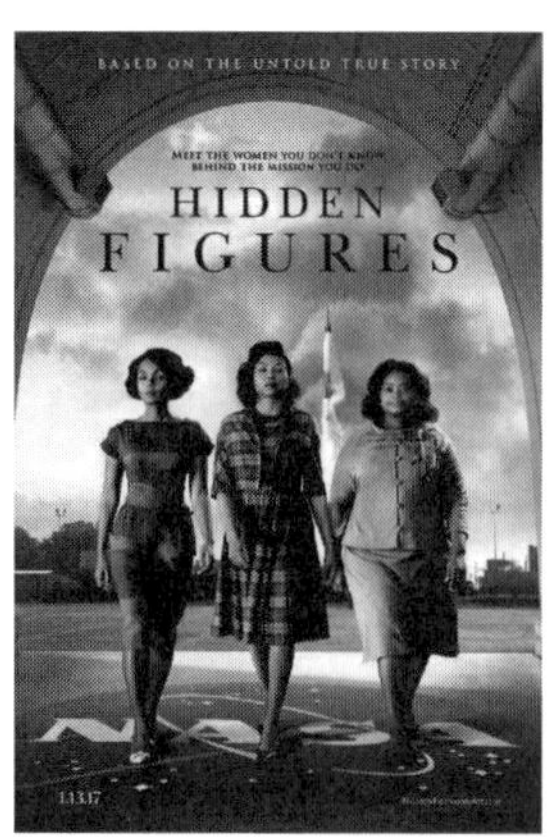


**『ドリーム』**
監督=セルドア・メルフィ／出演=タラジ・P・ヘンソン、ジャネール・モネイほか

2017.06

『ファウンダー　ハンバーガー帝国のヒミツ』

# "マクドナルド的"がアメリカを支配する

『ファウンダー　ハンバーガー帝国のヒミツ』は、マクドナルドのファウンダー（創業者）、レイ・クロックを描く実録映画である。

え？　マクドナルドの創業者はマクドナルド氏じゃないの？

それこそまさにこの映画のポイントだ。

1954年、レイ・クロック（マイケル・キートン）は、ミルクセーキを一度に5杯シェイクできる機械をセールスしていた。そこに、ロサンゼルス郊外の住宅地サン・バーナディーノから8台も注文があった。一度にこんなにたくさんのミルクセーキを作るのか？　どれだけ繁盛してるんだ？

その店こそがマクドナルド兄弟のハンバーガー店だった。

兄弟は最初、バーベキュー屋を経営していたが、ふと気づいた。注文の8割はハンバーガーとフライドポテトだった。だったら、それ以外の商品をメニューから外そう。ここから徹底した無駄の排除が始まった。

ハンバーガーの焼き方は客の注文に応じない。レタスやトマトなどもはさまない。ピクルスは2切れを挟むだけに統一する。

バーガーを手のひらサイズにし、紙袋に包むことで、片手で食べられるようにする。これで一切の食器が必要なくなり、食器洗いやウェイトレスのコストが節減できる。

作る過程もフォードが自動車工場で使った流れ作業を参考に、焼く係、ピクルスを載せ

『ファウンダー
ハンバーガー帝国のヒミツ』
監督=ジョン・リー・ハンコック／
出演=マイケル・キートンほか

る係、パンではさむだけの係と、単純作業に分業する。これで時間を短縮し、大量生産が可能になった。

焼き方も秒単位でマニュアル化し、熟練した調理師ではなく、まったくの未経験者でもすぐにハンバーガーを作れるので、最低賃金で雇うことができる。

こうしてマクドナルドのハンバーガーは1個15セント（しかもチップがいらない！）、注文受けてから手渡しまで30秒以内という「速い、安い」に客は殺到した。ファストフードの始まりだ。

これで成功して豪邸を持った兄弟にはそれ以上の欲がなかった。だが、レイ・クロックは必死だった。若い頃から数えきれない仕事をしてきて、もう52歳になってしまった。アメリカン・ドリームをつかむ最後のチャンスだ。フランチャイズ契約をして、最初の店をオープンすると、クロックはほとんど眠らずに店を管理して成功させ、瞬く間にチェーン店を全米に広げた。そして、クロックはマクドナルド兄弟からマクドナルドを奪い取ろうとする。

「潰さなければ、こっちが潰されるんだ」と創業者に牙をむくクロックは『ファウンダー』のヒーローであり悪役だ。だからマクドナルドはこの映画に一切協力していない。同社のロゴは全編に登場するにもかかわらず。批評や芸術的表現においては著作権侵害に問われない「フェアユース」のおかげだ。

その後、マクドナルド的なものがアメリカを支配した。ファミレス、スーパー、ショッピングモール……アメリカ中どこに行っても同じ、清潔で無個性で均一なチェーン店はローカルなビジネスやその土地の名物や文化を一掃してしまった。

アメリカでは最近、グルメ・バーガーがブームだ。放牧で育てた牛肉を使い、焼き方や付け合わせ、味付けも客が自由に注文する。もう「速い、安い」にこだわるのは貧困層だけになってしまった。

しかし、なぜ今、『ファウンダー』が作られたのか？　レイ・クロックは毎朝、ノーマン・V・ピール牧師の『積極的考え方の力（パワー・オブ・ポジティブ・シンキング）』（ダイヤモンド社）なる自己啓発書の朗読レコードを聴き、戦意を高揚させる。実はこのピール牧師の教会こそ、まるで宗教に関心のないドナルド・トランプが唯一、通っていた教会なのだ。

マクドナルド兄弟がクロックに「自分でチェーンを始めればよかったのに」と言うとクロックは「欲しかったのはあんたの名前だ」と答える。マクドナルドという名前は、子どもたちが親しんでいる。「マクドナルドじいさんは牛を持っていました。イーアイ、イーアイ、オー」という童謡があるから。

もしクロック・バーガーだったら失敗していただろう。クロックはチェコ系の名前で、アメリカっぽくない。マクドナルドは客の注文に応じず、まったく同じハンバーガーを大量生産したが、50年代アメリカはすべてを均一化した。チェコ系もポーランド系もロシア系もメルティングポット（坩堝）でどろどろに溶かされてアメリカ人という型にはめられた。

トランプの祖父もドランフというドイツ系の名字をアメリカ風に改名した。その孫はアメリカ第一を唱え、移民を規制している。

## 2017.07

# 『ワンダーウーマン』

# 女性解放のシンボルかボンテージ・コミックか？

『ワンダーウーマン』は6月1日に日本を除く世界で公開され、週末だけで250億円を超える興行収入を記録した。これは女性が監督した映画で史上最大のヒットだ。

ワンダーウーマンはスーパーマンやバットマンと同じDCコミックスのスーパーヒーローで、本名はダイアナ。古代ギリシャの神話に書かれた女性だけの戦闘部族アマゾネスのお姫さまだ。時は第一次世界大戦。アマゾネスの島に米軍のパイロット、スティーヴが不時着し、ドイツ軍の毒ガス（当時の大量殺戮兵器）を阻止しなければ、と言う。ダイアナは助けに行きたいと言うが、母は反対する。「男には、助ける価値はありません」。実はアマゾネスは、かつて男たちの奴隷として虐待されていたからだ。

監督のパティ・ジェンキンスの長編デビュー作『モンスター』（03年）は、父や男たちに性的に虐待され続け、ついに銃で逆襲した女性死刑囚アイリーン・ウォノスの実録映画だった。ジェンキンズはその後の14年間を、『ワンダーウーマン』を監督するために費やした。

ロンドンに着いたダイアナは、政治家と軍人の会議で「女なんか入れるな！」と怒鳴られる。当時の英米の女性に参政権はなく、女性たちは権利を求めて激しい戦いを続けていた。そして英国の婦人参政権運動の闘士エメリン・パンクハーストは『ワンダーウーマン』の原作者ウィリアム・モールトン・マーストンと会っている。

1911年、アメリカのハーバード大学の学生たちはパンクハーストを講師として招待したが、当時のハーバードは女人禁制だったので、講演は学外のホールで行われた。客席の最前列にいた学生マーストンは、30年後に『ワンダーウーマン』の生みの親となった。

ワンダーウーマンは「真実の投げ縄」という武器を使う。これに縛られると、本当のことを口走ってしまう。実は原作者マーストンは精神科医で、ウソ発見器の発明者だった。41年、マーストンは出版社にマンガの原作を依頼された。彼が精神科医として「コミックは教育に使える」という論文を書いたからだ。「女性のヒーローにすべきよ」と助言したのは、マーストンの妻エリザベスだった。彼女は多くの法学院が女性の入学を禁じていた当時、数少ない女性弁護士だった。

そして『ワンダーウーマン』が生まれた。マーストンはアマゾネスたちの両腕に金属の腕輪をさせた。それは奴隷だったことを忘れない戒めだ。この腕輪は銃弾をはね返すが、ある種の呪いがかけられ、左右を鎖で繋がれるとアマゾネスたちは無力になる。ワンダーウーマンは毎回、敵に鎖で縛られてピンチに陥る。

鎖は女性参政権運動のシンボルでもあった。運動家たちは鎖で自らを縛って、女性の置かれた状況を世間にアピールした。当時、もうひとつの女性運動、産児制限の提唱者、マーガレット・サンガーも自ら口枷をしたり、鎖で縛られた女性の絵で避妊や中絶の権利を奪われた状況を表現した。

サンガーは避妊具や避妊法のパンフを配布した件で妹と共に猥褻罪で逮捕されたが、妹の娘オリーヴ・バーンはマーストンの助手で、ウソ発見器の写真にも写っている。よく見るとオリーヴはワンダーウーマンと同じ腕輪をつけている。それは結婚指輪の代わりだった。

2014年に出版された『ワンダーウーマンの隠された歴史』によれば、マーストンはエリザベスと結婚したまま、オリーヴと事実婚状態にあった。というか3人は同居してい

**『ワンダーウーマン』**
監督＝パティ・ジェンキンス／出演＝ガル・ガドットほか

た。アマゾネスの島に迷い込んだスティーヴはマーストンを象徴していた。彼はエリザベスとオリーヴのそれぞれと2人ずつ子どもをもうけた。

マーストンは矛盾に満ちた男だった。女性の解放を訴えながら、実は縛られた女性の姿に興奮した。ワンダーウーマンは、実はボンデージ・コミックだったのだ。

マーストンは47年に亡くなったが、残された2人の妻は死ぬまで一緒に暮らした。彼らの物語も映画化された。タイトルは『マーストン教授とワンダーウーマンたち』である。

# あとがき

「こんなにタイムリーなことになって驚いています」

『ズートピア』で2017年度のアカデミー最優秀アニメーション賞を受賞したバイロン・ハワード監督は授賞式のステージでそうスピーチしました。共同監督のリッチ・ムーアもオスカーを握って、「世界中の人々が、異者に対する恐怖よりも寛容になることの力強さを描いたこの物語を愛してくれてうれしいです」と話しました。

ムーア監督が言うように、『ズートピア』は異者に対する恐怖を描いています。ズートピアでは草食獣と肉食獣が共存しています。しかしそのバランスはきわめて繊細なものです。いったん草食獣の中にある肉食獣への恐怖が暴走すると、数において勝る草食獣は肉食獣を社会にとって危険な異分子として弾圧することになります。

『ズートピア』が公開された2016年、大統領選挙に出馬した大富豪ドナルド・トランプはマイノリティへの恐怖を煽っていました。メキシコ系移民を「強姦魔や麻薬の売人」と決めつけ、メキシコとの国境に壁を築こうと言いました。また、テロを防ぐためにイスラム教徒の入国を禁じようとも言いました。

しかし、『ズートピア』はトランプを批判するために作られた映画ではありません。アメリカ映画は通常、企画から公開まで4年以上かかります。『ズートピア』は6年かかっています。『ズートピア』はザイトガイスト（時代の精神）を掴んだのでしょう。それに、ハリウッドはもともとズートピアみたいなところなのです。

アメリカ映画はマイノリティのための娯楽として始まりました。20世紀初め、工業化するアメリカは労働者を求め、ヨーロッパの移民を大量に受け入れました。アイルランドやイタリア、ギリシア、ロシア、ポーランド、チェコなどから貧しい農民たちが大西洋を渡って来ました。

英語はおろか、貧しすぎて母国語さえ読めない彼らにとって、映画は唯一、共通の娯楽でした。当時の映画はサイレントだったからです。

映画に目をつけたのはユダヤ系移民でした。東部の農業や工業は既にWASP（白人アングロサクソン・プロテスタント）に独占され、差別されたユダヤ系には参入する余地がありませんでした。そこでエスタブリッシュメント（既得権者）の目が届かない西の果てカリフォルニアで、英語のできない移民向けの低級な見世物と思われていた映画を作ることにしたのです。それがハリウッドの始まりです。

ハリウッドで作られる映画にはひとつのはっきりした傾向がありました。弱い者や貧しい者たちへの応援歌だったのです。たとえばバスター・キートンのようなヘナチョコでやせっぽちの男が乱暴な大男や傲慢な金持ちに大逆転する映画はその典型です。観客が貧しい庶民であり、作る側も欧州で迫害を受けてきたユダヤ系だからそれは当然です。

そのためハリウッド映画は最初からずっと「反権威的」「社会主義的」と批判され続けてきました。それが爆発したのが1950年代の「アカ狩り」でした。マッカーシー上院議員率いる政府委員会がハリウッドの監督や脚本家、俳優たちをアカ（共産主義者）だと疑い、協力しない者を投獄したのです。先述したようにハリウッドは移民の集まりですから、実質的にアカ狩りは思想弾圧の仮面をかぶった民族弾圧でもありました。

その時、ハリウッドの映画人たちは権力に屈して、「アカ」とされた映画人たちを業界から締め出しました。60年代に映画人たちは反省して、追放された者たちは復帰できましたが、アカ狩りはハリウッドに大きな傷を残しました。

そんなハリウッドが移民排斥を掲げるトランプに反対するのは、金持ちインテリの道楽などではなく、業界を守るためです。女優メリル・ストリープは2017年のゴールデン・グローブ賞授賞式でこうスピーチしました。

「ハリウッドとは何でしょう？　さまざまな出自を持つ人々の集団です。私はニュージャージーで生まれ育ちました。『フェンス』のヴィオラ・デイヴィスは南部サウスカロライナの黒人小作農民の小屋に生まれました。エイミー・アダムズはイタリア、ナタリー・ポートマンはイスラエル生まれ。ルース・ネガはエチオピアで生まれ、アイルランドで育って、映画『ラビング愛という名のふたり』で南部ヴァージニアのアフリカ系女性を演じました。ライアン・ゴスリングはカナダ人で、デヴ・パテルはケニアで生まれ、ロンドンで育って、『LIONライオン25年目のただいま』でタスマニア育ちのインド人を演じています」

ストリープは現役の俳優ばかり例に挙げていますが、ハリウッドはIT産業と同じく昔から世界中から才能を集めてきました。フリッツ・ラング、ダグラス・サーク、エルンスト・ルビッチ、ウィリアム・ワイラー、ビリー・ワイルダー、ミロシュ・フォアマン……ハリウッド映画の巨匠たちは外国生まれの移民や難民、亡命者たちでした。

「かようにハリウッドには、はぐれ者と異邦人がうじゃうじゃいます」メリル・ストリープは続けました。「それをみんな追い出したら、アメフトと総合格闘技しか観るものがなくなってしまいます」

これは大失言！　プロのアメフトも、オーストラリア、カメルーン、ナイジェリア、ガーナ、ケニア、ジャマイカ、ドイツ、イギリス、カナダなど外国人選手が大勢います。メジャー・リーグやバスケットボールは言うまでもありません。格闘技の外人率はさらに高いです。外国人を追い出したら、娯楽もスポーツも衰退してしまいます。

トランプはメリル・ストリープの演説に腹を立てて、「過大評価された女優だ」とツイートしました。かつては好きな女優はメリル・ストリープと言っていたのに！

さらにトランプはアカデミー賞授賞式に対しても「政治的に偏り過ぎて、あでやかさを失った」と批判しました。無理もありません。全編にわたってトランプ批判が散りばめられていたからです。

たとえば外国語映画賞は、イラン映画『セールスマン』が受賞しましたが、監督アスガル・ファルハディは式への出席をボイコットしました。トランプが就任直後に出したイスラム系諸国からの入国禁止令に抗議するためです。

司会のジミー・キンメルは「ドナルド・トランプ大統領に感謝します」と挨拶しました。「去年、アカデミー賞候補が白人ばかりで差別的だと叩かれましたから」。つまりトランプがあまりに差別的だからアカデミー賞は叩かれなくなったと。

ユダヤ系によって築かれたハリウッドですが、映画の主人公は白人のストレートな美男美女ばかりだと批判され続けてきました。しかし、２０１７年のアカデミー賞には多くのアフリカ系映画人がノミネートされ、助演男女優は両方ともアフリカ系が受賞しました。そしてアフリカ系の貧困層の少年がゲイである自分を受け入れるまでの物語『ムーンライト』が作品賞と脚色賞に輝きました。

『ムーンライト』は脚本家タレル・アルヴィン・マクレイニーの実人生に基づいています。マクレイニーと監督のバリー・ジェンキンズは２人ともフロリダの貧困層向け住宅で育ったアフリカ系で、麻薬中毒の母に育児放棄されましたが、学校の教師によってその芸術的才能を見出され、貧困から救い出されました。

「自分を映す鏡がない、自分の人生が反映されていないと感じている皆さん！　アカデミー会員は皆さんの味方です！」

ジェンキンズ監督が言っている「鏡」とは映画のことです。黒人の貧しいゲイの少年を主人公にした『ムーンライト』は、同じような境遇の人々に「君は1人じゃない」と励ましてくれます。しかも、それがアカデミー賞を獲ったのです。

「ACLUも皆さんの味方です！」

ACLU（自由人権協会）は、人権を侵害された人々を無料で弁護する弁護士の協会。ジェンキンズがここでその名を出したのは、トランプのイスラム系入国禁止令で入管を通れなくて全米各地の空港で一夜を過ごした大勢の人々のために、ACLUの弁護士たちが駆け付けて彼らを解放したからです。だからジェンキンズはイスラム系の人々にも呼びかけているわけです。

「私たちは貴方たちの味方です。これから4年間、私たちは貴方たちを孤独にはしません」

4年間とは、トランプ大統領の任期を意味しています。

それでも、トランプを支持した、田舎の白人労働者たちは言うでしょう。

「おれたちの鏡は？　ハリウッドのリベラルどもは俺たちのことなんかどうでもいいのか」

そんなことはありません。今回は受賞こそ逃しましたが、作品賞と脚本賞にノミネートされた『最後の追跡』は、親から受け継いだ牧場を銀行に差し押さえられてしまったカウボーイの兄弟が主人公です。牧場を奪われないように、彼らはせっせと銀行を強盗しては、奪った金でこつこつと銀行に返済していきます。アメリカの現実を皮肉に映した傑作でした。

トランプも選挙中は田舎の白人労働者の人気を集めるため、他の共和党員や対立候補のヒラリー・クリントンを「ウォール街の金融屋どもから資金をもらってやがる！」と激しく攻撃していました。ところが大統領になったトランプが財務長官に任命したスティーヴン・ムニューシンは、２００８年から始まったサブプライムローン崩壊の際に、ワンウェスト銀行のＣＥＯとして全米で13万戸以上の家を差し押さえし、フォアクロージャー・キング（差し押さえ王）と呼ばれた男でした。トランプは当選してから、あれだけ激しかったウォール街批判をぴたりとやめてしまいました。

トランプ自身は好きな映画にオーソン・ウェルズ監督の『市民ケーン』（41年）を挙げていますが『市民ケーン』も、当時の時代を映しています。

ウェルズ扮するケーンは新聞王としてメディアをコントロールし、ついには大統領の座も目指します。当時のアメリカ人なら誰でもケーンが新聞王ランドルフ・ハーストをモデルにしていることがわかったでしょう。ケーンもハーストも嘘のニュースをばらまいて新聞の部数を伸ばし、若い愛人の気を引くために城のような豪邸まで建てたからです。

もちろんハーストは怒り狂い、自分が経営する新聞やラジオで『市民ケーン』を酷評させました。アメリカの映画批評家やコラムニストは新聞社に所属しているのでハーストに逆らうことはできません。しかしハリウッドの映画人たちは『市民ケーン』をアカデミー賞の作品賞と監督賞にノミネートしました。そこでハーストはプロデューサーや俳優に圧力をかけて『市民ケーン』の受賞を阻止しました。『市民ケーン』は現在、世界映画史上のベスト5に必ず入る名作ですが、アカデミー賞は獲れていないのです。

トランプは『市民ケーン』についてこう語っています。

「ケーンは財産や名声を積み上げて行くが、その結果が良いものとは限らない。『市民ケーン』から学べるのは、富はすべてではないということだ。富はケーンを幸福にしなかった。現実においても、富は人を孤独にしていくと思う。ケーンは頂点まで華やかに昇り詰めるが、ひっそりと崩壊していく。それは経済的な崩壊ではなく、人格的な崩壊だが、崩壊には違いない」

トランプは市民ケーンでも届かなかった大統領の座をつかみ、アメリカ、いや世界の頂点に立ちました。しかし、連日ツイッターで自分に協力しない共和党議員やマスコミを口汚く罵倒し、次から次に閣僚のクビを切り続けているのを見ると、決して幸福そうには見えません。ハリウッドでは今、『市民トランプ』が作られ始めているかもしれません。

ずっと連載を担当してくれて、今回の単行本もまとめてくれた「サイゾー」編集部の岩崎貴久さんに感謝します。

（2017年7月31日）

※本書は「サイゾー」2007年12月号～2017年7月号の連載に加筆・修正したものです。

**町山智浩**（まちやま·ともひろ）

1962年、東京都生まれ。映画評論家。映画雑誌『映画秘宝』を創刊後、渡米し、現在は米カリフォルニア州バークレーに在住。アメリカの文化や政治に関する著者も多数。近著に『トランプがローリングストーンズでやってきた 』（文藝春秋）、『アメリカ大統領選は大騒ぎ』（講談社）、『最も危険なアメリカ映画』、『映画と本の意外な関係！』（ともに集英社インターナショナル）などがある。

**今のアメリカがわかる映画100本**

2017年9月19日　初版第1版発行

著者　町山智浩

編集協力　橋川良寛（株式会社blueprint）
春日洋一郎

デザイン　勝浦悠介

装丁イラスト　田中英樹

発行者　揖斐憲

発行所　株式会社サイゾー
〒150-0043　東京都渋谷区道玄坂1-19-2-3F
電話　03-5784-0790

印刷・製本　株式会社シナノパブリッシングプレス


ISBN 978-4-86625-089-2